CLAUDIA ELISABETH

Die Schwäne kennen den Weg

Dieses Buch ist auch als eBook erhältlich.

Copyright © 2020 CLAUDIA ELISABETH
Alle Rechte vorbehalten

Claudia Elisabeth Bammert
Blausternweg 32
80995 München
www.claudia-elisabeth.de
info@claudia-elisabeth.de

Das Werk ist urheberrechtlich geschützt.
Sämtliche, auch auszugsweise Verwertungen bleiben vorbehalten.

Covergestaltung: Andreas Hagl, pixelhoch.de
Coverfoto: Claudia Elisabeth Bammert

ISBN 978-3-00-065471-8

CLAUDIA ELISABETH

Die Schwäne kennen den Weg

Das Ende des Lebens ist erst der Anfang

Roman

Ähnlichkeiten mit lebenden oder verstorbenen Personen sind rein zufällig.

Für meine Tochter und das Glitzern auf dem Schnee.

1 Der Störenfried

Ein dunkler Wagen fuhr langsam die Auffahrt entlang. Hannes saß zwar direkt am Fenster, wer in dem Auto war, konnte er aber nicht erkennen. Jetzt hielt der Wagen am Eingangsrondell. Kurz darauf trat der Portier durch die große Glastür ins Freie und ging auf das Auto zu. Der Fahrer stieg aus. Er wechselte ein paar Worte mit dem Portier, dann öffnete er die hintere Wagentür. Eine Weile geschah nichts. Portier und Fahrer blickten beide in das Innere des Wagens. Auch aus der Ferne konnte Hannes erkennen, dass beide sich große Mühe gaben, jeden Anschein von Ungeduld zu vermeiden.

Schließlich ging der Fahrer auf die hintere Wagentür zu. Er bückte sich ein wenig, und langsam, sehr langsam zog sich ein groß gewachsener Mann an seinem Arm in die Höhe. Hannes konnte auf die Entfernung wenig erkennen. Der Mann trug einen dunklen Mantel. Sein silbernes Haar glänzte in der Nachmittagssonne. Jetzt, wo er stand, wirkte er kein bisschen gebrechlich. Im Gegenteil. Eine kraftvolle Präsenz ging von ihm aus. Hannes sah ihn ja nur von hinten, dennoch nahm er wahr, mit welcher Eleganz und Souveränität die dunkle Gestalt den Vorplatz des Eingangsbereichs beherrschte. Jetzt bedeckte der Mann seinen Kopf und das silberne Haar mit einem dunklen Hut und langsam, wieder sehr langsam schritt er am Arm des Fahrers auf den Eingang zu.

Ausgerechnet jetzt kam Olga mit der Kaffeekanne zu Hannes an den Tisch. „Möchten Sie noch eine Tasse, Herr Sieberg?" Hannes setzte sich auf seinem Stuhl zurecht und atmete tief ein und aus. Er musste sich ein paar Sekunden sortieren, bis er der jungen Dame mit den langen blonden Haaren antwortete: „Danke. Ja. Gerne."

Bevor Olga mit ihrer Kanne einen Tisch weitergezogen war, lächelte sie Hannes noch einmal fröhlich an. Diese schönen blauen Augen, dachte er. Dieses zarte, junge Mädchen. Doch im nächsten Moment sah er wieder zu dem schwarzen Wagen hinüber. Der Portier unterhielt sich eben noch mit dem Fahrer. Dann verschwand er mit zwei großen Koffern im Eingangsbereich. Kurz darauf bog die dunkle Limousine um das Eingangsrondell und fuhr die Auffahrt zurück. Diesmal konnte Hannes den Fahrer erkennen, einen Mann mit Kinnbart, um die 30 vielleicht.

„Stylish, der Bart", dachte Hannes. „Sieht aus wie bei einem Promi-Fußballer." Hannes machte einen tiefen Atemzug. Dann nahm er einen Schluck Kaffee. Direkt ein Ereignis heute, dieser dunkle Wagen, dachte er. Sonst tut sich hier ja sowieso nichts.

Was für ein Gedanke auf einmal? Hannes lehnte sich zurück, verschränkte die Hände hinter dem Kopf, stemmte seine Schultern gegen die Stuhllehne und streckte die Arme schließlich nach oben. Er war selbst erstaunt über seinen kritischen Gedanken. Denn was auch immer sich hier so ereignete, das interessierte ihn doch wirklich nicht. Er wollte gar nicht, dass sich irgendetwas ereignete. Jede Geschäftigkeit, die sich um ihn herum abspielte, störte ihn. Alles störte ihn in seinen Überlegungen und Träumen.

Das Strecken der Arme hatte ihm gut getan, der halbe Zentimeter, den er jetzt vielleicht länger war. Mach mal wieder Sport, Hannes, dachte er. Immer nur Sitzen.

Er überlegte, wie oft er hier, an diesem Tisch, schon gesessen hatte. Es war Oktober. Also war er schon ein halbes Jahr hier. Er hatte gar kein Zeitgefühl mehr. Das Verweilen an diesem Tisch und das Hinausblicken auf die Einfahrt waren ihm ein stabiler und vertrauter Rahmen geworden. Nicht zu klein und nicht zu groß. Überschaubar. Eine äußere Einfassung. Das Äußere war gefasst. Doch am Äußeren nahm Hannes nicht wirklich teil. Er saß, er aß, er betrachtete die Einfahrt, die Grünanlagen, die kleinen Gartenlaternen.

Der letzte Rahmen. Dieser Bereich bleibt ihm nun. Wie lange wird er hier noch sitzen? Wie wird es ihm weiterhin ergehen, wie wird er sich fühlen? Wird er irgendwann schwermütig werden? Nicht mehr wollen, verbittert sein? Einsam inmitten all der anderen.

Bisher fühlte er sich allerdings nicht einsam. Er war allein. Ja. Aber selbstgewählt allein.

Hannes dachte daran, wie oft er entsprechende Szenen aus anderer Perspektive erlebt hatte: Er, als junger Mann, und alte Leute, an Tischen und auf Bänken sitzend. Erblickt hatte er sie wohl, doch nicht wirklich gesehen. Altes, Langsames, Verbrauchtes, Kraftloses, Mühevolles – das tauchte zwar immer mal wieder im Blickfeld auf. Aber es streifte einen nur. Hatte mit dem eigenen Leben nichts zu tun. Die Aufmerksamkeit war ganz woanders. Es war die Zeit des Jagens und Sammelns. Die Zeit der großen Leidenschaften.

Dann dachte Hannes an seine Mutter. Wenn er früher mit seinen Kumpels wegging und sich zuvor noch von ihr verabschiedete, nach Rasierwasser duftend und meist in seiner geliebten schwarzen Lederjacke, gab sie ihm oft ein paar Worte mit auf den Weg. Wie Recht sie hätten, die jungen Leute. Man sei schließlich nur einmal jung! Wir sollten unsere Jugend genießen. Ach, wie schön, dass sie das so sehen konnte. Hannes lächelte. Wie lang war das alles her.

Sein Poesiealbum aus Kindertagen fiel ihm ein. Eine seiner Tanten hatte ihm einen Spruch hineingeschrieben, den er noch immer auswendig konnte: *Die Alten ehre stets, du bleibst nicht ewig Kind. Sie waren, wie du bist. Und du wirst, wie sie sind.*

Nun bin ich, wie sie sind. Wie sie waren. Bald werde ich Staub sein, wie sie es bereits sind. Dann werde ich – vielleicht – noch eine Erinnerung sein. Irgendwo. In einem verstaubten Bilderrahmen. Vielleicht.

Weitaus jüngere Menschen als du landen bereits als Erinnerung in einem verstaubten Bilderrahmen, entgegnete

Hannes sich selbst. Du dagegen hast einen weiten Lebensbogen spannen dürfen.

Das war nun wirklich wahr. Das sah Hannes ein. Und ich hadere ja auch nicht, protestierte er im Stillen.

Seine Jahre als Ehemann, Familienvater und Geschäftsmann – das war die längste Strecke in seinem Leben gewesen. In diesen Jahrzehnten hatte er sich gut eingerichtet. Erfolg und Wohlstand hatten sich bald eingestellt. Und das Vertrauen in die eigenen Kräfte und Fähigkeiten. Die Lust, sich auszuprobieren.

Das mit dem Vertrauen in die eigenen Kräfte und Fähigkeiten, das hatte allerdings gedauert. Schüchtern und mit wenig Selbstbewusstsein ausgestattet war er auf ihm weitgehend unbekannten Gewässern durch seine Schul- und Lehrjahre geschlingert. Und war in dieser Zeit mehr oder weniger lose mit ein paar Gleichaltrigen befreundet gewesen. Lose war das richtige Wort, dachte Hannes. Lose in Bezug auf wirkliche Freundschaft und lose in Bezug auf wirkliche Orientierung. Er war dort entlanggeschippert, wo sich gerade eine Schleuse für ihn geöffnet hatte. Bewusst darüber nachgedacht, wohin er sein Boot eigentlich steuern wollte, hatte er damals nicht. Alles hatte sich irgendwie ergeben.

Und dann kam seine Eva. Und mit ihr die Ordnung in sein Leben. Außen wie innen. Zuvor war alles nur kompliziert gewesen zwischen ihm und den Frauen. Da hatte er mehr Kummer als Liebe erlebt. Er war ein Gefühlsmensch. Große Gefühle konnten ihn schnell aus der Bahn werfen. Zumindest in der Zeit vor Eva war das so.

Viele von seinen Kumpels hatten schon früh einen strategischen Plan von ihrem Leben gehabt. Sie waren mit den Mädchen ausgegangen, deren Väter Bauunternehmer oder Fabrikbesitzer waren. Wie glücklich sie letztendlich mit ihren guten Partien geworden waren? Aber was soll diese Spekulation, Hannes? Wie sagt Marylin Monroe so schön in *Blondinen bevorzugt: Wenn ein Mädchen sich ständig Sorgen um Geld machen muss, wie soll es dann noch Zeit für die Liebe haben?!*

Wenn Hannes damals Liebeskummer gehabt hatte, war seine beste Medizin sein Tonbandgerät gewesen. Und Johnny Cash. Er war für ihn damals wie ein großer Bruder, an den er sich anlehnen und mit dem er über alles reden konnte. Obwohl Cash ja lange Zeit wegen seiner Tablettensucht selbst jemanden zum Anlehnen gebraucht hätte. Tonbänder habe ich nun ja nicht mehr, dachte Hannes. Aber Johnny Cash auf CD!

Bei den meisten von Hannes' damaligen Kumpels hatte sich irgendwann die Spur verloren. Richtig dazugehört hatte Hannes ohnehin nie so wirklich. In den ersten Jahren seiner Ehe erfuhr er noch öfter etwas über den einen oder anderen. Meistens ging es dann um Erfolgsgeschichten. Meistens um einen, der es geschafft hatte.

Es schaffen! Etwas schaffen! Das war die Zielmarke eines jungen Mannes. Damals. Und ist es natürlich auch heute. Eine Existenz schaffen. Großes schaffen. Etwas aus sich machen. Das muss so sein, dachte Hannes. Man muss in diesen Jahren an seinem äußeren Rahmen zimmern. Und ihn dann nach und nach füllen. Grashalm für Grashalm zusammentragen und ein sicheres Nest daraus basteln. Das ist die Zeit dafür. Später ist es irgendwann zu spät.

Und wenn man Glück hat, viel Glück, dann hält das behagliche Nest ein paar Jahrzehnte.

In den letzten Jahren bekam Hannes dann immer öfter andere Informationen: Was, Karl Eckstein ist gestorben? Er war doch erst 66! Und er sah doch noch so gut aus! Ja, so ist das Leben ...

Da war Hannes dann spätestens klar, dass das Alter an die Tür klopfte. Dass auch er irgendwann aus seinem sicheren Nest herausfallen würde. Ist es einem denn zu verdenken, dass sich vor lauter Behaglichkeit Gedanken an das Verlassen des Nests so gar nicht melden wollen? Wobei noch die Frage ist, ob das selbst gebastelte Nest gemeint ist – oder gleich der ganze Planet.

Bei Hannes war vor einem halben Jahr die Bastelarbeit seines Familienheims gemeint. Dieses Nest hat er verlassen. Und das auch noch freiwillig. Denn sein liebgewonnenes Alleinsein konnte er dort leider nicht mehr genießen. Seit dem Tod seiner Frau hatte sich ständig Besuch angekündigt. Nachbarn, Verwandte, ehemalige Mitarbeiter und Geschäftspartner – viele wollten ihm beistehen. Hannes, du musst wieder unter Leute! Fahr doch mit uns in Urlaub, du brauchst Tapetenwechsel. Komm doch zu uns zum Abendessen, du brauchst eine warme Suppe. Das Leben geht weiter, Hannes!

Na, und das wollte er dann bitteschön noch selbstbestimmt leben – und seine Ruhe haben. Bevor es hier auf diesem Planeten mit ihm vorbei sein würde.

Hannes ließ seinen Blick über den Speisesaal schweifen. Kaum mehr jemand da von der Nachmittagsgesellschaft. Mit keinem hatte er gesprochen. So wie immer. Außer mit Olga. So wie immer.

Wenn sie an seinen Tisch kam, dann schwappte jedes Mal eine kleine erfrischende Welle über ihn. Die jungen Leute, die das Leben noch vor sich hatten – schön, dass sie sich hier unter das alte Volk mischten. Das jugendliche Lachen inmitten der grauen Haarschöpfe. Es macht aber auch traurig, ja klar, dachte Hannes, es macht auch wehmütig. Das eigene Leben, es geht eben zu Ende. Doch mit diesen jungen Leuten geht es weiter. Und man hat ja seinen Teil abbekommen. Und seinen Teil zum Leben beigetragen. Hoffentlich hat man das, dachte er.

Hannes lebte in der Welt seiner stillen Gedanken. Fast sein ganzes Leben war das so. Und diese Gedanken drehten sich nun ums Altwerden. Und ums Sterben.

Das Alter. Nun ist es da. Irgendwann kommt es, überfallartig. Plötzlich ist man alt. Wann genau hat er die Grenze überschritten? Bis wann war er noch jung? Wann waren seine *besten Jahre* vorbei? Wo war der Wechsel?

Hannes erinnerte sich an ein Buch, das er einmal gelesen hatte. Da ging es um jemanden, der den Moment erkennen wollte, in dem es plötzlich Nacht wurde. War es ein Priester? Ja, er meinte sich zu erinnern, dass es ein Geistlicher war. Auf jeden Fall: Jeden Abend setzte sich dieser Mann ans Fenster, blickte nach draußen und beobachtete angestrengt das Tageslicht. Er wollte das *Umkippen* erkennen. Den Zeitpunkt erfassen, wann das Licht weg – und die Nacht da war.

Es gelang diesem Mann nicht. Jeden Tag aufs Neue war es wieder – plötzlich – Nacht! Es war nicht zu begreifen. Wo war der Übergang?!

Mit solchen Gedanken war Hannes beschäftigt. Das war die innere Füllung seines äußeren Rahmens. Und immer sieht man nur den äußeren Rahmen eines Menschen, dachte er. Immer nur den Rahmen. Und hat wenig Ahnung von der Füllung, wie jeder in seinem Inneren diesen Rahmen ausfüllt. Wie ist es denn um meine Mitbewohner hier bestellt? Mag sein, dass es für die meisten in erster Linie der Fernseher ist, der sie ausfüllt. Oder es sind die Zeitschriften im Wartezimmer beim Arzt. Egal. Die innere Füllung ist privat. Und jeder hat seine eigene Mischung. Die muss einem irgendetwas geben – was einen weitermachen lässt, was einem Kraft gibt, Lebendigkeit, Sinn. Im Idealfall sollte es eine solche Mischung sein.

In seinem Inneren spürte Hannes durchaus Lebendigkeit. Sie war mal kraftvoll, aber auch mal schwach, mal zuversichtlich, mal skeptisch, mal dankbar, mal hadernd. Und mit der Zeit fiel Hannes auf, wie sich die Gegensätzlichkeit auf seiner Empfindungspalette nicht mehr abwechselte, sondern ihn mehr und mehr gleichzeitig erfüllte. Es gab nicht mehr entweder nah oder fern. Entweder laut oder still. Es gab auch: Ich spüre es nah, obwohl es fern ist. Ich bin hier und gleichzeitig schon weg. Ich bin müde – und möchte mich doch auf den Weg machen.

Intensives und Entrücktes spielte sich in Hannes' Gedankenwelt ab. Dankbare Erinnerungen, im Herzen abgespeicherte Glücksmomente, manchmal auch ein diffuses Hoffen auf etwas Neues, das vielleicht doch noch auf ihn wartete. Oder es zog eine große Schwere in ihn ein, tiefe Trauer und Schmerz. Doch immer öfter war es ein tief empfundener Frieden. Wenn Frieden in ihm war, gab es nur noch sein ruhiges Atmen. Ein regelmäßiges Geben und Nehmen. Ein Maß, das für ihn bestimmt war, und eines, das für die Welt bestimmt war.

Mit diesem friedlichen Atem spürte er Gerechtigkeit, spürte er Ausgleich. Es war ein göttliches Maß. Dann war er in einem Zustand, in dem er sich mit so vielem verbunden fühlte. Mit den Zweigen, die über der Einfahrt im Wind schaukelten, mit den Wolken am Himmel, den Spatzen, die auf dem Weg umherpickten.

Und wenn ein Mittagessen oder eine Kaffeestunde zu Ende war, die Zeiten für sein stilles Sinnieren, seine Kontemplation, musste Hannes eine Art von Pausetaste drücken. Dann setzte sich wieder äußerlich sichtbare Aktion in Gang und er musste sich eine Zeitlang im Außen bewähren. Musste ein wenig Abschied nehmen von seiner inneren Welt, sich wieder einfügen in die Rahmenwelt. Das fiel ihm nicht leicht. Das störte ihn. Jeden Tag ein wenig mehr.

An einem Tisch alleine sitzen, alleine einen Kaffee trinken oder ein Glas Wein, das war Hannes so vertraut. Das zieht sich wie ein roter Faden durch sein Leben.

An diesem Tisch saß er nun seit April, dreimal täglich. Oft viermal – wenn er auch seinen Nachmittagskaffee im Speisesaal trank. So wie heute.

Das war nicht jeden Tag der Fall. Manchmal ging er auch gleich nach dem Mittagessen hinunter zum See. Dort blieb er dann oft bis zum frühen Abend und nahm seinen Kaffee in der kleinen Cafébar. Keine fünf Minuten vom Heim – und er stand unten am Ufer. Er konnte von Glück sagen, dass er noch so gut zu Fuß war. Viele hier mussten zu ihren Tischen begleitet und gestützt werden. Und das war immer noch Gold im Vergleich zu den vielen Kollegen auf der Pflegestation.

Gestützt. So wie der Mann vorhin. Aber nur, wenn der Mann sich bewegte, musste er gestützt werden. Im ruhigen Stehen schien er erfüllt von Kraft und Stabilität.

Hannes hatte auf einmal wieder das Bild des eleganten Mannes vor Augen. Eine richtige Respektsperson, dachte er. Kein Mann, sondern ein Herr.

Auch Hannes wurde von allen respektiert. Das wusste er. Und dass er gern für sich war, wurde auch von allen registriert und respektiert. Olga und die anderen vom Personal passten auf, dass sie bei einer kleinen Unterhaltung mit ihm nicht plötzlich zu persönlich wurden. Wenn es doch einmal dazu kam, fing Hannes an, tief zu atmen, wandte seinen Kopf ab und verschränkte die Arme vor seiner Brust. Diese Signale wussten die meisten in seiner Umgebung inzwischen richtig zu deuten. An den anderen Tischen blieben Olga & Co. oft länger stehen und plauderten. Da waren Gespräche über sehr private Dinge gang und gäbe. Wenn Hannes wollte, konnte er viel mitbekommen von solchen Unterhaltungen. Wie Menschen doch diesen Austausch brauchten.

Die meiste Zeit seines Lebens stand er mit der Geselligkeit auf Kriegsfuß. Die Stimme seiner Mutter klang ihm wieder in den Ohren. – Hannes, magst du nicht rausgehen und mit den Nachbarskindern spielen? Ist so schönes Wetter draußen. Komm, spiel doch mit den anderen. – Doch Mutters Aufforderung verlief meist im Sande. Hannes verkrümelte sich am liebsten in seinem Zimmer. Schon als Kind konnte er stundenlang auf seinem Bett liegen oder auf dem Boden sitzen. Und lesen. Und malen. Und basteln. Und nach draußen durch das Fenster sehen.

So wie damals war es auch jetzt. Sein innerer und äußerlicher Rückzug war ihm ein sicherer Hafen. Dort hatte er sich eingerichtet, dort lag sein Schiff friedlich vor Anker.

2 Auf höherem strahlenden Flügel

Nach dem Nachmittagskaffee im Speisesaal ging Hannes auf sein Zimmer. Direkt neben dem Fenster stand sein gemütlicher grüner Sessel. Wenn Hannes nachmittags nicht gerade am See war, versank er mit Vorliebe in diesem Sessel und studierte die Zeitung oder las ein Buch aus der Bibliothek.

Für heute nahm er sich die Tageszeitung vor. Nach einer halben Stunde ließ er sie auf seinen Schoß sinken und dirigierte per Fernbedienung den Sessel in eine gemütliche Liegeposition. Er blickte nach draußen. Der See lag zu seinen Füßen. Von seinem Sessel, ja selbst von seinem Bett aus war die schimmernde Wasseroberfläche zu sehen. Auch die Enten und Schwäne konnte er erkennen und sie beobachten, wie sie von der Wasseroberfläche zum Flug abhoben und dort schließlich wieder als sportlich-elegante Wasserskifahrer aufsetzten. So ein Glück, so ein wunderbarer Platz ganz für mich allein, dachte sich Hannes jedes Mal, wenn er aus seinem Zimmer durch die Bäume auf das Wasser blickte.

Ganz genau sah er den Enten und Schwänen und Möwen auch an diesem Nachmittag wieder zu, studierte ihre Bewegungen, genoss das Farbenspiel und die Eleganz ihres Gefieders in der Sonne. Besonders der Moment des Auffliegens der Tiere berührte ihn jedes Mal aufs Neue. Dieses Aufflattern hatte er nun schon so oft beobachtet, hatte sich so genau in die Bewegungsabfolge eingefühlt, dass er bei so manchem *Abflug* förmlich mit dabei war. Beim beschleunigten Flügelschlag der Tiere auf der Wasseroberfläche versuchte Hannes sich vorzustellen, wie sie das Eintauchen in die frische und kühle Leichtigkeit der Lüfte wohl empfanden. Als seien sie unmittelbar vor seinen Augen, sah er die feinen Federn vor sich im Wind aufflattern, nahm ein Gefühl der Leichtigkeit in seinen Füßen wahr und blickte schließlich gleichsam von oben herab auf den See.

Hannes schloss die Augen. Ein friedlicher, ruhiger Atem erfüllte ihn.

Erfüllt und entrückt schwebte er leicht und geborgen dahin. Auf weichen Schwingen gleitete er sanft dem warmen Schein der untergehenden Sonne entgegen.

Das Gesicht seiner Tochter tauchte vor ihm auf. Das Kindergesicht. Und er dachte an die Geschichten von Nils Holgersson und den Wildgänsen. Wie oft hatte er seiner Tochter aus diesem Buch vorgelesen. Der kleine Nils. Getragen von den Wildgänsen.

Eines Tages wird es sich vielleicht so anfühlen. Emporschweben wie ein Schwan. Dem Licht entgegen.

Hannes hatte diese Gedanken und dieses Erleben mit allen Sinnen nun immer öfter. Die Nähe zum Wasser, seine Verbindung zu den Vögeln, das nahm ihm die Angst vor dem Sterben. Er konnte sich so leichter mit der Vergänglichkeit, seiner eigenen und der allen Lebens, in tief empfundenem Frieden konfrontieren. Sich den Gesetzen der Natur unterwerfen, eins werden mit dem Kreislauf des Werdens und Vergehens. Mit Haut und Haar war er erfüllt in solchen Momenten, fühlte bei seinem intensiven inneren Erleben einen warmen, wohligen Schauer seinen Körper durchströmen.

Nach dem Tod seiner Eva hatte er bei einer Psychologin Entspannungstechniken erlernt. Wenn die Therapeutin mit konzentriert-sanfter Stimme beschrieb, wie sich nach und nach sämtliche Regionen des Körpers entspannten, konnte er allein beim Klang der Worte Zeh oder Knie oder Schultern dort schon ein Kribbeln verspüren. Die vertrauensvolle Hingabe an diesen Zustand fiel Hannes von Anfang an sehr leicht. Der Schmerz, den der Tod seiner Frau ihm auch körperlich bereitete, ließ sich damit in ein bewusstes Atmen umlenken. Dann wurde alles leichter.

Das lernen schwangere Frauen bei der Geburtsvorbereitung, erklärte ihm die Psychologin damals. Ja, entgegnete Hannes damals, ja, wenn eine Frau eine Geburt will, ja, dann wird ihr das sicher helfen.

Seit dieser Zeit konnte Hannes sich diesem wohligen Durchströmen von Wärme und Leichtigkeit immer öfter überlassen. Wenn er Angst hatte, wenn er Schmerzen hatte, wenn er sich leicht fühlen wollte.

In den ersten Wochen, in denen er im Heim war, erlebte er diesen Zustand immer dann besonders intensiv, wenn er unten am See war. Ganz nah bei den Schwänen und Möwen. Hier fühlte er sich mit seiner Eva verbunden. An einem Uferabschnitt ragten ein paar Bäume mit ihren ausladenden Ästen bis weit ans Wasser heran.

Hannes setzte sich bei einem Spaziergang kurz nach seiner Ankunft im April auf einen der Äste. Es war Ostern. Ganz still war es, und er saß dort und genoss das Licht der Frühlingssonne auf dem golden schimmernden Wasserspiegel. Er sah in den flirrenden Schein, schloss die Augen, spürte kaum mehr seinen Atem. Wie damals bei seiner Psychologin: Der wohlige Wärmeschauer begann in seinen Füßen zu kribbeln und erfüllte von dort ausgehend seinen gesamten Körper.

Danach konnte er wieder den friedlichen Atem in sich einfließen lassen. Er saugte die Luft kraftvoll in sich ein, ganz tief, in die Mitte seines Körpers. Das Atmen wurde richtig laut. Dann öffnete er vorsichtig die Augen. Und fühlte sich vollkommen entspannt und ausgeruht. Ein Zustand, den er in dieser Intensität bisher nicht kannte.

Und je stärker er seine körperliche Entspannung erlebte, desto mehr nahm Hannes ein Gefühl des Abschieds in sich wahr. Als würde er üben, seinen Körper für einige Atemzüge zu verlassen. So zu lassen, wie er war. Um ihn eines Tages ganz zurücklassen zu können.

Für einige Momente verlor alles, was ihn umgab, sein Körper und die Welt, an Bedeutung. Noch hielt sein Körper ihn in dieser Welt. Noch. Und solange er seinen Körper hatte, musste er ernährt und bewegt werden – und wenigstens in einem Mindestmaß einigermaßen sozial integriert. Auch wenn er im Grunde seines Herzens als Eremit leben wollte. In einer Hütte. Am See. Ein bisschen noch. Nur noch ein bisschen.

Seinen Körper wollte er manchmal vorübergehend verschwinden lassen. Hannes dachte an das Buch über die Nibelungensage. Auch daraus hatte er Marion einige Male vorgelesen. Zum Schatz der Nibelungen gehörte auch die Tarnkappe, die unsichtbar machte. So einen Tarnumhang wünschte sich Hannes manchmal. Wenn ihn keiner finden, keiner stören sollte.

Hannes öffnete die Augen. Ja, sein Körper war noch da. Und fand es recht gemütlich im grünen Sessel. Angeblich ist der Mensch ja ein soziales Wesen, dachte Hannes nun. Den einen oder anderen Heimbewohner fand er ja auch ganz interessant oder sogar liebenswert. Manchmal wurde er gefragt, ob er nicht mitkommen wolle, zu einem geselligen Nachmittag, einem Vortrag, einer Fotoausstellung. Im großen Saal gab es jede Woche mindestens zwei Veranstaltungen. Aber es war Hannes einfach zu anstrengend, immer wieder andere Geschichten zu hören. Wer wann was erlebt hatte, mit wem und warum und wie schlimm und wie schön. Ob jemand Familie hatte oder nicht. Ob jemand krank war oder nicht. Ob jemand traurig war, hier zu sein, oder zufrieden.

Gerne hätten die Leute mehr von diesem Hannes Sieberg erfahren, von dem man doch so gut wie gar nichts wusste. Wo kam er her, hatte er Familie, war er krank?

Hannes dagegen stellte sich andere Fragen. In erster Linie: Was ist denn so eine Gemeinschaft wirklich wert? Jeder ist und bleibt doch letztendlich allein. Bei aller Mitteilsamkeit und allem Austausch – wie sich die Dinge wirklich in jedem einzelnen Leben abgespielt haben, das lässt sich auch dem besten Freund nicht in tausend gemeinsamen, noch so aufrichtig geführten Gesprächen mitteilen. Und warum muss es denn überhaupt mitgeteilt werden? Was jeder einzelne fühlt oder wovor er Angst hat – ich muss das nicht wissen. Ist doch auch alles viel zu viel. Kann doch kein Mensch erfassen.

Jeder ist mit seinem eigenen Leben beschäftigt. Und wer besonders anspruchsvoll ist, der macht wenigstens den Versuch, sich und sein eigenes Leben irgendwie zu begreifen, mit seinen Verletzungen Frieden zu machen und eines Tages ohne Angst sein Leben loszulassen. Mit dieser übermenschlichen Aufgabe am Ende eines Menschenlebens ist jeder mutterseelenallein.

Und wohl dem, der dann zumindest das Gefühl hat, doch ein wenig Sinn gemacht zu haben in dieser Welt. Hannes versuchte seit Jahren, eine Art von Sinnbilanz in sich aufzustellen, eine innere Ordnung für sich selbst. Ein Hauch von Sinn, am Ende seiner Endlichkeit.

Mit diesem ehrgeizigen Ziel hatte Hannes also sein letztes Lebenskapitel aufgeschlagen. Seine innere Buchhaltung sollte für ihn stimmen in seiner letzten Stunde. Dann kann sie kommen. Dann hat er keine Angst vor der Stunde.

Es ist eine große Wartehalle hier. Und ich möchte möglichst sinnvoll warten. Und vorbereitet sein.

Jetzt, in diesem Moment, trafen sich andere zum Kartenspielen oder zum gemeinsamen Fernsehen. Wie er das kannte: Die Geselligkeit, die andere, nur ein paar Meter von ihm entfernt, erlebten. Er könnte dabei sein. Er hätte es immer gekonnt. War es auch manchmal. Aber wollte es eigentlich nicht. Auch als Junge. Auch als junger Mann nicht. Auch damals nicht. Als er noch nicht wusste, wo er sich befand: Am Anfang seiner Endlichkeit.

Doch gerade jetzt, wo er sich auf seinen Tod schon ganz gut eingestellt hatte – wollte er da nicht noch ein kleines bisschen Irdisches erleben? Ob er es doch noch einmal versuchen sollte, sich ein wenig nach außen zu öffnen? Danach kommt nur noch Ewigkeit. Das Unbegreifliche. Was heißt hier *nur*?

Hannes nahm die Zeitung, las jedoch nur wenige Zeilen und nickte schnell in seinem Sessel ein. Als er erwachte, war es Abend. Er zog sich um und dachte an den Mann mit dem silbernen Haar, der heute Nachmittag angekommen war. Ob er nur jemanden besucht? Oder hier eingezogen ist?

Hannes stand auf und ging an seinen CD-Player. Schubert. Christa Ludwig. *Auf dem Wasser zu singen*: *Bis ich auf höherem strahlenden Flügel selber entschwinde der wechselnden Zeit.*

3 Das Nachtgespenst

Als Hannes zum Abendessen in den Speisesaal kam, war es schon ziemlich voll dort. Er steuerte zielstrebig auf seinen Tisch am Fenster zu. Auf dem Weg dorthin grüßte er freundlich, wenn ihn jemand ansah oder er nah an den anderen Tischen vorbeiging.

Heute Abend stand auf jedem Tisch eine kleine Kerze. Es war Spätherbst und die Gemütlichkeit der kürzer werdenden Tage hatte im Speisesaal Einzug gehalten. Draußen war es schon fast dunkel. Als Hannes sich an den Tisch setzte, sah er im Fenster sein Spiegelbild. Der ganze Saal spiegelte sich an der Fensterfront. Das war ihm gestern noch nicht aufgefallen. Ab heute ging es also langsam Richtung Winter. Gerade wollte er den Kerzenschimmer auf sich wirken lassen, als ein Riesenlärm den ganzen Speisesaal aufschreckt.

Hannes dreht sich zur Seite und sieht, wie Olga ganz blass im Raum steht und dann auf einmal schnell in Richtung Küche läuft. Es scheint einiges an Geschirr zu Bruch gegangen zu sein.

Hannes richtet sich wieder auf seinem Stuhl ein. Und wie er erneut auf das Spiegelbild des Speisesaals auf den Fensterscheiben blickt, schimmert ein auffallend glänzender silberner Haarschopf durch eine Vielzahl von Köpfen und Tischen hindurch. Er ist es, der Mann von heute Nachmittag. Hannes weiß nicht warum, aber er empfindet diese Neuigkeit als sehr angenehm.

Es ist noch ein wenig von klirrenden Scherben, die zusammengekehrt werden, zu hören. Dann nimmt der Abend seinen gewohnten Altersheim-Speisesaal-Verlauf. Als Olga an seinen Tisch kommt, um ihm Tee zu bringen, sagt sie kein Wort. Hannes fällt auf, dass sie noch immer sehr blass ist. Er will sich gerade nach ihrem Befinden erkundigen, da ist sie auch schon einen Tisch weiter.

Hannes dreht sich erneut zum Saal hin. Der Mann mit dem glänzenden silbernen Haar ist aufgestanden. Eine kleine Runde von Leuten umringt ihn. Frau Kelch, die Heimleiterin, ist auch dabei. Es wird lebhaft gelacht und geplaudert. Hannes' Eindruck von heute Nachmittag bestätigt sich: Es ist ein stattlicher und eleganter Mann, der auch hier den Raum in jeder Hinsicht überragt. Gutaussehend ist er auch noch. Er hat markante, aber feine Gesichtszüge und eine sonnengebräunte Haut. Ohne ein Wort zu verstehen, nimmt Hannes auch aus der Entfernung wahr, dass der Mann die Schar um sich herum mit Charme und launigen Worten unterhält.

Als Hannes wenig später sein Essen beendet hat und sich umdreht, ist kein Silberschopf mehr zu sehen. Auch insgesamt hat sich der Saal mittlerweile deutlich geleert. Hannes klemmt seine Zeitung unter den Arm und macht sich auf den Weg in Richtung Bibliothek. Er nutzt gerne die Abendstunden, um es sich dort noch etwas gemütlich zu machen. Auch die Bibliothek ist ein Ort, den er in der Regel ganz für sich allein hat. Besonders am Abend. Die meisten anderen Heimbewohner sitzen um diese Zeit vor dem Fernseher. Dazu kommt, dass die Bibliothek etwas abgelegen liegt, im zweiten Stock. Wer nicht mehr gut zu Fuß ist, dem wird der Weg dorthin schnell zu mühsam. Doch bei ausreichender Motivation wäre auch das zu schaffen, denkt sich Hannes so manches Mal. Außerdem gibt es einen Aufzug – dessen Dienste ich Gott sei Dank noch nicht benötige.

Gegen zehn Uhr hat Hannes seine Lektüre beendet und begibt sich auf sein Zimmer. Wenig später liegt er im Bett. Gerade will er das Licht ausmachen, als ihm einfällt, dass er seine Brille in der Bibliothek vergessen hat. Er denkt sich zunächst, ach, ich hol sie morgen früh, doch dann fasst er den Entschluss, noch einmal aufzustehen.

Er zieht seinen Morgenmantel über und steuert erneut die Bibliothek im zweiten Stock an. Kaum hat er sie betreten und seine Brille auch schon entdeckt, hört er ein lautes Krachen auf dem Flur und kurz darauf ein leises Stöhnen. Hannes läuft sofort zur Tür. Zunächst sieht er niemanden. Doch dann vernimmt er wieder das Stöhnen. Er geht weiter den Flur entlang. Da liegt ein Stock. Daneben schimmert etwas. Silbern.

„Wo ich heute auch bin – ständig scheppert es!" Die Silberlocke liegt auf dem Boden. „Kommen Sie. Ich helfe Ihnen. Haben Sie Schmerzen? Soll ich eine Krankenschwester rufen?" „Nein. Bloß nicht nochmal ein Durcheinander. Mir reicht noch der Vorfall heute Abend im Speisesaal."

„Wie Sie meinen." Hannes spürt die Entschlossenheit in der Stimme des Mannes. Er bückt sich über den Gestrauchelten und erkennt an der Art und Weise, wie dieser sich an ihm hochzieht, einmal mehr, dass es der Neuankömmling von heute Nachmittag ist, den er gerade rettet.

„Kommen Sie, ich bringe Sie auf Ihr Zimmer." Der Mann am Stock nickt dankend, keucht ein wenig und weist ihm den Weg. „In dieser Ecke des Heims war ich noch nicht", meint Hannes. „Ich wusste gar nicht, dass dort auch Zimmer sind." Statt einer Antwort gibt der Mann, der sich bei ihm untergehakt hat, nur ein leises Keuchen von sich. Er hat starke Schmerzen, denkt sich Hannes. Eigentlich müsste ich die Krankenstation informieren. Aber der Silbermann sieht das nun mal anders.

„Der Schlüssel ist in meiner linken Jackentasche." Sie stehen vor einer eleganten weißen Flügeltüre. Hannes öffnet. Der Mann neben ihm hinkt in die Wohnung. Das Licht geht an. Hannes steht in einem geräumigen Flur mit hohen Wänden und edlem Parkettboden. Er blickt in einen riesigen Spiegel. Was er darin erkennt: Seinen Morgenmantel, seine Hausschuhe, sich selbst in ziemlich müder Ausgabe – und daneben eine hochgewachsene Eminenz mit gewelltem silbernem Haar in einem eleganten dunklen Hausanzug. Trotz der Schmerzen, die dieser Mann im Moment ganz offensichtlich erträgt, umgibt ihn eine faszinierende Strahlkraft, eine kaum zu beschreibende Ausstrahlung von Vitalität und Glanz. Er lächelt charmant und verschmitzt zugleich. Der Stock, auf den er sich stützt, will dabei so gar nicht ins Bild passen.

„Kommen Sie", sagt der Silberstrahl. „Auf den Schrecken trinken wir einen."

4 Graf Koks

Als Hannes aufwacht und auf den Wecker sieht, ist es erst fünf Uhr. Er hat unruhig geschlafen diese Nacht. Er hatte mit dem Verunglückten in der Küche seiner Wohnung noch zwei Schnäpse getrunken. „Auf meinen Retter in der Not!", prostete dieser ihm zu.

Georg Heeren. Jetzt war er per Georg mit der gestrauchelten Silberlocke.

Hannes knipst seine Nachttischlampe an. Irgendwie kann er nicht mehr schlafen. Er steht auf, zieht sich an und macht sich mit seinem Wasserkocher eine Tasse Tee. Dann stellt er den Tee auf das Fensterbrett, setzt sich in seinen grünen Sessel und knipst das Licht wieder aus. Noch ist es dunkel draußen, nur die kleinen Gartenlaternen leuchten.

Mit einem tiefen Seufzer lehnt er sich im Sessel zurück. Er greift nach der Teetasse. Seine fast immer kalten Hände erfreuen sich an dem warmen Porzellan. Auch wenn er es nun im Dunkeln nicht lesen kann: Er hat die Teetasse mit dem Spruch *The World lies in a Cup of Tea* genommen. Evas Schwester Marga hat sie ihnen einmal geschenkt. Dass ihn diese Tasse nun ausgerechnet an seine Schwägerin erinnern muss! Hannes hatte immer ein sehr distanziertes Verhältnis zu ihr. Als er den ersten Schluck Tee genommen hat, weiß er wieder, warum die Tasse mit ihm umgezogen ist. Es tut gut, den Tee zusammen mit dem dünnen, feinen Porzellan an seinen Lippen zu spüren.

Langsam merkt Hannes, dass er wieder müde wird. Er schließt die Augen und weiß, wenn er sie öffnet, ist das Erste, was er sehen wird, sein See.

Als ihm schließlich die Wasseroberfläche im Morgenlicht entgegenschimmert, ist es schon halb zehn, Frühstückszeit also schon vorbei. Da er aber großen Hunger hat, macht sich Hannes trotzdem auf den Weg zum Speisesaal. Die Mädchen sind gerade mit dem Abräumen der Tische beschäftigt.

Hannes geht auf eines von ihnen zu: „Entschuldigen Sie, ist Olga heute nicht da?" „Olga hat sich krankgemeldet." „Krank. Oh. Das tut mir leid." Hannes ist nun ein wenig verlegen. „Ich habe heute verschlafen. Dürfte ich ausnahmsweise noch ein kleines Frühstück haben? Oder zumindest eine Tasse Kaffee?" „Na klar. Setzen Sie sich. Ich bringe Ihnen gleich noch etwas." Nett von dem Mädchen, denkt sich Hannes. Sie hätte auch anders reagieren können.

Es wird ein sehr schnelles Frühstück. Durch das fleißige Räumen und Säubern im Speisesaal fühlt sich Hannes' sonst so heimeliger Ankerplatz am Fenster heute früh an wie ein Stehimbiss am Hauptbahnhof. Zu wirklichem Genuss gehört eben doch die Ruhe, denkt sich Hannes. Doch komisch: Erst wenn der Speisesaal prall gefüllt ist, habe ich wirklich meine Ruhe. Die drei, vier Mädels hier machen zwar Lärm – aber bringen nicht den Trubel zustande, das Gewühl, das ich für mein spürbares Alleinsein brauche. Erst wenn das gleichmäßige Hintergrundrauschen der Geselligkeit herrscht, an der ich nicht teilnehme, dann weiß ich wirklich, wo mein Platz ist. Dann kann ich mich einrichten. In meiner Seitenkapelle. Dann ist es, als hätte Siegfried aus der Nibelungensage seinen Tarnumhang übergeworfen. Als Abstand von der Welt. Keine Fragen, keine Antworten, keine Konfrontation. Wer mein Leben belauern will, kommt nicht durch zu mir.

Ein Kaffee am Hauptbahnhof wäre mir so gesehen jetzt lieber. Da würde garantiert niemand auf mich achten. Da hätte ich meine Nische, an der die Prozession vorbeizieht und in der mich niemand sieht. Es gibt sie, die Ruhe im Lauten. Und es gibt das Unsichtbarsein im Gewühl. Je geschäftiger das Außen, desto freier mein innerer Weg. Dann ist es leicht, allein zu sein.

Schwierig wird es mit ein bisschen laut, mit ein paar wenigen Leuten. Wenn man da nicht aufpasst, gehört man schnell dazu. Dann nähert sich der Tentakel der Gruppenkrake.

Die Putzkolonne ist inzwischen weitergezogen – samt Krake, Gott sei Dank. Niemand hat ihn gefragt, warum er heute so spät dran ist.

Bevor Hannes den Speisesaal verlässt, biegt er kurz in Richtung Küche ab, bedankt sich noch einmal bei dem Mädchen. Steffi heißt sie, Hannes hat sie nach ihrem Namen gefragt. Dann schlägt er den Weg in Richtung Bibliothek ein. So wie gestern Abend.

Nach dem Frühstück holt er sich für gewöhnlich eine der Zeitungen, die dort ausliegen. Im Grunde ist er der einzige, der sich dafür interessiert. Daher behält er die Zeitung dann meist auch den ganzen Tag über bei sich. Bisher hat sich noch niemand darüber beschwert. Als er die Tür zur Bibliothek öffnet, fällt ihm ein, dass ja auch seine Brille noch hier sein müsste. Durch seinen Einsatz bei Georgs Sturz gestern ist er nicht mehr dazugekommen, sie mitzunehmen. Und ja, da liegt sie, unberührt, an dem Tisch, an dem er gestern Abend gesessen hat.

Aber wo sind die Zeitungen heute Morgen? Auf der alten Kommode am Eingang liegt nur eine bestickte Tischdecke, aber keine Zeitung, wie sonst um diese Zeit. Komisch. Hannes geht nach unten zum Portier. „Sind heute früh noch keine Zeitungen gekommen, Herr Zelmat?" „Aber ja. Ich habe sie wie immer hier an der Pforte zum Abholen bereit gelegt. Und eines der Mädchen wird sie wie immer in die Bibliothek gebracht haben. Waren Sie schon in der Bibliothek?" Hannes nickt, befürchtet eine längere Diskussion wegen dieser Kleinigkeit, bedankt sich daher schnell und wünscht Herrn Zelmat einen schönen Tag.

Ich werde später einmal bei der Verwaltung nachfragen, denkt sich Hannes. Aber jetzt gehe ich erst einmal zu Georg und erkundige mich nach seinem Befinden. Vermutlich hat er sich das Frühstück aufs Zimmer bringen lassen. Hannes begibt sich also in den zweiten Stock, biegt in den langen Gang in Richtung Altbau ab und steht schließlich wieder vor der eleganten weißen Flügeltür. Er klopft.

Ein Mann öffnet. Hannes erkennt ihn sofort. Es ist der Mann mit dem stylishen Fußballer-Kinnbart, der gestern am Steuer des Wagens saß, mit dem Georg ankam. „Guten Morgen. Ich wollte gern zu Herrn Heeren." Von nebenan erschallt eine kräftige Stimme: „Peer, alles ok. Hannes, komm rein. Aber erschrick nicht. Über Nacht bin ich ein bisschen lila angelaufen."

Der Mann, Peer, führt Hannes in einen riesigen hellen Raum. Ein Altbau wie aus dem Bilderbuch. Hohe Wände mit Stuckdecke, bodenlange weiße Vorhänge, Antiquitäten aus dunklem Holz mit Goldbeschlägen. Und jede Menge frischer Blumen, auf dem großen Esstisch und auf mehreren Kommoden. „Ja, ich weiß, lieber Hannes. Ich gönne mir hier eine ganz schöne Extrawurst. Ist eine lange Geschichte. Aber keine von Bedeutung. Wie schön, dass du mich besuchen kommst. Hast du schon gefrühstückt?"

Auf Hannes wirkt Georg wie ein Adliger, der zur Audienz empfängt. Oder wie Graf Koks persönlich. Er sitzt in einem antiken herrschaftlichen Sessel. Seiner eleganten Erscheinung tut selbst der Bluterguss an seiner rechten Schläfe keinen Abbruch. Er trägt ein edles schwarzes Hemd aus einem fein schimmernden Stoff. Sein silbernes Haar und die gebräunte Haut kommen dadurch noch mehr zur Geltung. Gleichzeitig hat er, trotz seines Alters, eine irgendwie jugendliche Lässigkeit an sich. So sind auch die obersten Hemdknöpfe nicht zugeknöpft. Südländisches Flair umgibt ihn und die ganze Wohnung. Vielleicht ist er ein Mafioso? Hannes muss innerlich schmunzeln. „Ich hatte vorhin einen Kaffee ..."

„Komm, setz dich zu mir und iss mit mir. Lass dich bloß von dem ganzen Brimborium hier nicht beeindrucken. Ich hatte keine Ahnung, womit sie die Bude hier ausstaffiert haben. Da will wohl jemand sein schlechtes Gewissen beruhigen. Aber es ist warm und sauber, Peer steht mir zur Seite und vor allem habe ich sehr viel Platz. Platz ist ganz, ganz wichtig für mich. Aber wenn ich wieder besser laufen kann, werde ich jeden Tag im Speisesaal essen wie alle anderen auch. Darauf freue ich mich jetzt schon."

Hannes fühlt sich etwas eigenartig in dem edlen Antikstuhl, den ihm der junge Mann zurechtgerückt hat. „Mensch, Georg. Du residierst hier wirklich wie der Papst persönlich. Irgendwann musst du mir schon einmal deine Geschichte erzählen. Auch wenn du sie nicht als bedeutend empfindest." „Papst ist gut! Ach, die eigene Geschichte. Wenn man alt ist, was ist das alles noch wert. Interessiert doch keinen mehr. Interessant ist doch nur noch das Erbe, das man hinterlassen wird. Aber das hört sich jetzt so verbittert an. Noch geht's mir einigermaßen gut. Wenn nur meine Hüfte nicht ständig aus der Reihe tanzen würde."

Peer bringt frischen Kaffee und zwei große Teller mit Rührei und Speck. „Aber jetzt greif zu, Hannes. Lass es dir schmecken." Hannes merkt, dass ihn sein Quasi-Stehimbiss heute Morgen nicht wirklich satt gemacht hat. Er lässt sich das English Breakfast mit Georg schmecken. Während sie so am Tisch sitzen, bewundert Hannes immer wieder Georgs markante Gesichtszüge, seine feine gebräunte Haut. Wie alt mag er wohl sein? Achtzig? Ja, vielleicht ein paar Jahre älter als er selbst. Gestern um diese Zeit hatte er noch keine Ahnung von der Existenz dieses Mannes. Und jetzt, einen Sturz und ein paar Schnäpse später, kommt es ihm vor, wie bei einem Freund zu sitzen, wie bei jemandem, mit dem ihn etwas Besonderes verbindet.

Hannes hatte ja nie so wirklich einen Freund. Nur die paar Kumpels in seiner Sturm-und-Drang-Zeit, als er sein Moped hatte. Da gab es Albert. Dessen Eltern gehörte die Kfz-Werkstatt, in der Hannes arbeitete. Bei den gemeinsamen Mopedausflügen war es immer lustig mit Albert. Aber sobald Mädels dabei waren oder andere Jungs wohlhabender Eltern, haben sich Albert und die anderen immer lustig gemacht über ihn. Als Kfz-Mechaniker bekam er seine Hände nie richtig sauber. Und am Wochenende arbeitete er noch an der Tankstelle. *Wer hat Angst vorm Schwarzen Mann?* Haha. Die anderen fanden es witzig, ihn so zu begrüßen. Die anderen, die Söhne aus reichem Haus. Solche, wie Georg wohl einer war.

Na, Mädels, habt keine Angst vorm Schwarzen Mann! Wir beschützen euch! Albert und seine Gang legten die Arme um ihren weiblichen Fanclub – und die Mädels lachten.

Hannes hat sehr darunter gelitten. Ließ es sich aber nicht anmerken. Er tat so, als mache es ihm nichts aus. Auch wenn diese Treffen für ihn meist eine Qual waren – er musste ausgehen! Denn er wollte ja ein Mädchen kennenlernen! Eine andere Möglichkeit gab es damals eben nicht.

Irgendwann war Hannes so verzweifelt, dass er sich den Kopf zerbrach, wie er dieser Rolle des ewigen *Underdogs* entrinnen konnte … Und er dachte sich, er müsse die Burschen mit ihren eigenen Waffen schlagen. Nun, was waren ihre Waffen? Sie deuteten auf ihn, auf einen äußerlichen Makel in ihrer inszenierten Welt. Ihre Finger taten ihm weh. In ihren Augen war es ein Makel, wenn man einem Menschen ansah, dass er durch einfache körperliche Arbeit sein Geld verdiente. Hannes' Mutter dagegen war stolz auf ihn und seine Arbeit: *Mein Junge, du bist so fleißig. Und ehrlich. Du wirst es noch weit bringen, wirst sehen.*

Sein *Makel* war also die Haut an seinen Händen. Dabei hatte er eine schöne, leicht gebräunte Haut. Und sehnige Hände und schmale lange Finger. *Die schönen Hände hast du von deinem Vater, Hannes.*

Gut, dann musste man irgendwie von dem Öl und der Schmiere ablenken, dachte sich Hannes damals. Und überlegte sich, dass er das mit schöner Kleidung tun wollte! Das war ja auch die Waffe der anderen! Und wenn er für die anderen schon der *Schwarze Mann* war – dann sollten sie Schwarz haben! Er nahm Geld von seinem Ersparten und zog los, um eine elegante schwarze Hose, schicke schwarze Schuhe und eine edle schwarze Lederjacke zu kaufen. Das war eine Investition für ihn! Und: Es half! Natürlich gab es die eine oder andere gehässige Bemerkung. Aber nur am Anfang. Dann stänkerte keiner mehr. Irgendwie hatten sie mehr Respekt.

Eigentlich traurig. Aber so läuft das Spiel eben. Auf die Verpackung kommt es an.

Die Hemden ließ Hannes damals immer ein wenig aufgeknöpft. Seine gebräunte Haut und eine Stelle, an der kein Öl und keine Schmiere waren, die wollte er schon zeigen. So wie Georg gerade seine gebräunte Haut in seinem leicht geöffneten Hemd zeigt.

Mit steigender Akzeptanz unter seinen Kumpels wuchs auch sein Selbstbewusstsein. Komplett schwarz war seine Garderobe zu dieser Zeit. Farben waren nichts für ihn. Und die Kneipenabende an den Wochenenden, sie blieben trotzdem anstrengend für ihn. Wirklich entspannt war er nie dabei.

Hannes denkt wieder an seine Mutter. Sie wollte doch immer, dass er mit den anderen Kindern spielte. Als er im Mopedalter war, hat er ja dann schließlich doch ihren Rat befolgt. Und als ob er es schon vorher, als Kind, als er lieber zu Hause blieb und las und malte, geahnt hätte – es war einfach nichts für ihn. Alleine ging es ihm eben besser.

„Was ist, Hannes? Schmeckt dir das Frühstück nicht? Du schaust so traurig drein."

Hannes verschluckt sich beinahe an seinem Kaffee. „Nein, nein, Georg. Alles wunderbar. Ich war nur gerade ein wenig in Gedanken."

„Wie lange bist du eigentlich schon hier, Hannes?"

„Ein halbes Jahr."

„Und würdest du sagen, du hast dich schon eingelebt?"

„Hmm. Das kommt darauf an, was du unter Einleben verstehst ……….. Einleben."

Hannes spricht das letzte Wort auf einmal ganz leise aus und ganz langsam. „Wenn man es anders betont, heißt es EIN LEBEN."

„Du bist wohl ein kleiner Philosoph, Hannes. Aber du hast recht, ja, EIN LEBEN! Aber nun sag: Was ist es denn nun für ein Leben hier im Heim?"

Hannes schweigt. Er merkt, dass Georg eben nicht gespürt hat, was er spürte. Das Feine. Zerbrechliche. Eine andere Ebene. Georg war einfach darüber hinweggegangen.

Hannes ist enttäuscht. Er wusste ja selbst nicht, was ihn antrieb, als er vorhin hier rauf wollte. Zu diesem wildfremden, zu diesem unsensiblen Menschen.

Er fängt an, tief ein- und auszuatmen, ganz so, als wolle er sich damit beruhigen, sich kräftemäßig Verstärkung holen. Er wendet seinen Kopf zur Seite, hält sich den rechten Arm schräg vor die Brust. Er möchte jetzt ganz schnell gehen. Und er will nichts erklären. Er sehnt sich nach seinem Sessel. Nach dem Blick durch sein Fenster. Er steht auf.

„Georg. Vielen Dank für das tolle Frühstück. Mir geht es gerade nicht so gut. Bitte entschuldige. Ich wünsche dir weiterhin gute Besserung."

„Hab ich irgendetwas Falsches gesagt, Hannes? Bitte bleib doch noch. Ich entschuldige mich. Manchmal rolle ich über andere drüber und merke es gar nicht."

„Nein, Georg. Du musst dich nicht entschuldigen. Ich möchte jetzt nur gerne auf mein Zimmer gehen. Wir sehen uns im Speisesaal, wenn es dir wieder besser geht."

Für einige Sekunden herrscht Stille.

„Ja, Hannes. Wir sehen uns im Speisesaal. Es war sehr schön, dass du mich besucht hast. Ich danke dir dafür." Georgs Stimme ist mit einem Mal leise geworden. Und er spricht langsam.

Der Parkettboden knarzt. Peer begleitet Hannes auf dem Weg Richtung Flügeltür. Im Hinausgehen werden Hannes' Schritte plötzlich langsamer. Er überlegt auf einmal, ob er vielleicht doch wieder umdrehen soll. Doch seine Füße gehen wie von alleine weiter. Im Vorbeigehen fällt sein Blick auf ein Sofa. Darauf sind die vier Zeitungen, die sonst immer in der Bibliothek ausliegen, verteilt. Es geht ihm jetzt nicht um die Zeitungen, aber er möchte noch etwas sagen. Dann dreht er sich zu Peer: „Entschuldigen Sie, die Zeitungen auf dem Sofa dort, sind die vielleicht aus der Bibliothek?"

„Ja, ich habe sie heute Morgen für Herrn Heeren geholt. Der Portier sagte mir, dass sie dort jeden Morgen ausliegen."

„Dürfte ich Sie bitten, dass Sie mir vielleicht eine davon geben?"

„Einen Moment", antwortet Peer. „Bitte warten Sie kurz."

Peer betritt noch einmal den Salon, es folgt ein kurzes Gespräch mit Georg. Anschließend kommt Peer zurück, alle vier Zeitungen über dem Arm. „Bitte, nehmen Sie."

„Eine hätte mir schon genügt", meint Hannes. „Bitte sagen Sie Herrn Heeren, dass es mir leid tut."

Peer lächelt kurz und nickt. Hannes geht durch die Tür und verabschiedet sich.

5 Ready for Takeoff

Spatz müsste man sein, denkt sich Hannes. Er beobachtet die Spatzen auf seiner Terrasse, wie sie um die Wette picken. Die Papiertüte von seinem letzten Einkauf beim Bäcker hat er auf der Terrasse ausgeleert. Und dort wird nun gefeiert.

Aber es ist letztlich ein Kampf, denkt sich Hannes, und kein Fest. Freuen tun sich alle über die Brotkrumen. Aber jeder will für sich das Meiste. Da ist es ganz schnell aus mit der Freundschaft.

Das gnadenlose Einmaleins der Biologie.

Hannes überlegt. Wenn einer dieser Spatzen nun so wäre wie er. Wie würde der picken? Wo würde er picken? Wann würde er wegfliegen? Wo würde er hinfliegen? Würde er wieder zurückkommen?

Sein Spatzen-Pendant würde immer im Abseits picken, das ist klar. Und dort im Abseits? Da liegen doch keine Brotkrumen. Dort gibt es gar nichts zu picken. Da ist er allein. Und hungrig. Und was, wenn die schwarze Katze ums Eck schleicht? Das kriegen die in der Mitte noch gar nicht mit, da geht's ihm schon an den Kragen. Kann ihm das sein abgelegenes Plätzchen wert sein?

Warum kann er nicht in der Mitte picken? Da könnten die Katzenkrallen auch in andere Federn greifen. Aber die Spatzen in der Mitte würden ihm – noch bevor die Katze kommt – schon alles wegpicken, würden ihn mit ihren Schnäbeln verletzen. Er will mit ihnen nicht kämpfen, verzichtet lieber auf die Brotkrumen. Lieber wegfliegen und allein nach neuen Brotkrumen suchen. Oder nach einem Wurm. Oder notfalls hungrig allein sein.

Wegfliegen würde er schließlich. Zum See. Oder zu einer Pfütze. Würde Wasser schlürfen. Sich baden, mit den Flügeln im Wasser plantschen.

Und wenn dann die Katze kommt: Dann ist er schutzlos. Keiner wird ihn warnen.

Kann er das wollen, der Spatz am See?

Ob schwarze Katze, pickende Schnäbel in seinem Gefieder, hungrige Mäuler in der Überzahl – einmal ist es sowieso vorbei. Da möchte ich lieber, dass es am See passiert, und dass ich allein bin. Lieber am See als auf der Terrasse in der Masse, wo es immer nur um Krümel geht.

Aber Krümel braucht auch der Spatz, der alleine ist, hin und wieder.

Ach, mit den Spatzen kam Hannes auch nicht weiter.

Er war irgendwie durcheinander.

Es war Mittagszeit. Aber Hannes hatte keinen Appetit. Er hatte ja auch zweimal gefrühstückt. Doch das war es nicht. Er war innerlich unruhig.

Er schnappte sich Hut und Mantel und machte sich auf zum See.

Ein kleiner Kiesweg schlängelte sich vom Heim hinunter. Für die meisten der Heimbewohner war der Weg zu steil. Mit Rollatoren ließ er sich schon gar nicht benutzen. Es gab noch einen großen Parkplatz, ein, zwei Kilometer weiter. Dorthin ließen sich viele vom heimeigenen Sammeltaxi bringen, wenn sie ein bisschen am Ufer spazieren oder das Seerestaurant oder die Cafébar besuchen wollten.

Für Hannes hieß das: Auch dieser kleine Kiesweg zählte zu seinen vielen kleinen Glücken an diesem Ort. Hier war er meist allein auf weiter Flur. So auch heute. Jeder Schritt auf dem Kiesweg machte ihn ein kleines bisschen lockerer, ließ ihn ein kleines bisschen mehr atmen, befreite ihn ein kleines bisschen mehr von dem Unwohlsein, das seit der Unterhaltung mit Georg in ihm hochgekrochen war.

Er nahm sich vor, diesen Georg, den er doch eigentlich auf Anhieb gemocht hatte, ab sofort auf Abstand zu halten. Seit heute Vormittag empfand er die Anwesenheit des neuen Heimbewohners als belastend. Über kurz oder lang würde Georg wieder im Speisesaal erscheinen. Wie sollte Hannes sich dann verhalten? All die Monate, die er nun schon im Heim war, hatte er sich eine so komfortable Distanz aufgebaut, sich sein Nest am Fenster eingerichtet, musste sich niemandem erklären, musste keine privaten Fragen beantworten. Nun war dieser Georg gekommen. Er war ihm nahe gekommen. Hannes war richtiggehend verzweifelt.

Er ging am Ufer entlang. Nun sah er die Enten und Schwäne wieder aus der Nähe, wie sie von der Wasseroberfläche aus starteten oder dort wieder landeten. Diese Leichtigkeit, diese Lebendigkeit. Hannes seufzte. Er hatte wieder das Schwere in sich.

Eva. Meine liebe Eva. Wo sind die Jahre hin?

Leicht möchte ich sein, leicht und frei, wie diese Möwe. Wegfliegen, wann und wohin ich will. Landen, wann und wo ich will. Oder dort landen, wo eine höhere Kraft mich hinhaben will. Bei dir, Eva, bei dir.

6 Die Einladung

Als Hannes wieder zurück in seinem Zimmer war, fiel sein Blick als erstes auf die vier Zeitungen auf seinem Tisch. Er nahm drei davon, brachte sie in die Bibliothek, kam wieder in sein Zimmer und machte es sich in seinem geliebten Sessel, auf seiner grünen Insel, bequem. Die zurückbehaltene Zeitung blätterte er nur ein wenig durch. Zum aufmerksamen Lesen fehlte ihm die innere Ruhe. So dämmerte er den ganzen Nachmittag vor sich hin. Zwischendurch machte er sich eine Kanne Tee. Ansonsten versank er in seinem grünen Sessel und seinen grauen Gedanken.

Gegen Abend war er eingenickt. Im Hintergrund des schlafenden Hannes schimmerte der See in der Dämmerung durch die Bäume. Die Schwäne gleiteten auf ihm dahin. Auf der Terrasse hatten sich wieder ein paar Spatzen zum Krümelpicken versammelt.

Hannes schlief auch noch, als es Zeit gewesen wäre, sich fürs Abendessen umzuziehen. Er hätte es ganz sicher verschlafen. So wie heute Morgen bereits das Frühstück. Aber gegen 19 Uhr klingelte sein Telefon. Hannes brauchte einige Zeit, um sich zu sortieren. Dann sah er auf das Display. Mit dem Läuten des Telefons war klar, dass er nun wieder von innen nach außen kriechen sollte.

Aber er wollte das einfach nicht mehr.

Es war die Nummer seiner Tochter. Er ließ es noch einige Male läuten. Er musste sich erst noch stabilisieren. Weiten und stärken. Dafür atmete er tief in seinen Bauch.

Schließlich nahm er das Gespräch entgegen.

„Vati, du bist ja doch da."

Hannes schwieg.

„Wie geht es dir? Du, am Wochenende bin ich in deiner Nähe. Ich würde dich gerne besuchen."

Es vergingen einige schweigsame Sekunden. Zögernd und verwundert über sich selbst sagte Hannes schließlich: „Ja, ist gut. Komm vorbei. Allerdings ... habe ich nicht viel Zeit. Am besten treffen wir uns unten am See. In der Cafébar. Lass mal überlegen ... Am Sonntag ... 15 Uhr."

„Du hast nicht viel Zeit? Entschuldige, Vati, wenn ich da lachen muss. Du hast doch alle Zeit der Welt. Aber gut. Ich werde da sein. Um 15 Uhr. Bis dahin. Tschüss."

Hannes drückte auf die rote Taste des Telefons, ohne den Gruß der Tochter erwidert zu haben.

Er legte keinen Wert auf ihren Besuch. Daher war es ihm lieber, sie im Café zu treffen statt im Heim. Sonst kamen wieder nur neugierige Fragen: Ach, das ist Ihre Tochter? Wie alt ist sie denn? Was macht sie beruflich? Hat sie Familie? Alles Fragen, die er nicht beantworten wollte. Heute war Freitag. Er hatte also noch etwas Zeit, sich auf das Treffen innerlich vorzubereiten.

Wenig später öffnet Hannes die Tür zum Speisesaal – und hofft inständig, dort keinen Georg anzutreffen. Im Saal ist nicht mehr viel los. Viele sind um diese Zeit schon fertig mit dem Essen und bereits gegangen. Georg ist nirgends zu sehen.

Als Hannes an seinen Tisch am Fenster kommt, sieht er ein Kuvert, das an den Kerzenständer gelehnt ist. „Für Hannes" steht darauf. Mit schwungvoller großer Handschrift, in schwarzer Tinte. Bevor er den Brief öffnen kann, kommt Steffi an seinen Tisch und bringt ihm einen Teller Suppe. Ach ja, Olga ist ja heute krank, kommt es Hannes wieder in den Sinn.

Steffi geht weiter zum nächsten Tisch. Hannes nimmt das Messer von seinem Gedeck und öffnet damit den Umschlag.

„Lieber Hannes, mein lila Make-up ist noch nicht ganz verschwunden. Und der Sturz sitzt mir noch im Hüftknochen. Daher ziehe ich es im Moment vor, die Mahlzeiten in meiner Wohnung einzunehmen. Gerne möchte ich dich einladen, am Sonntag bei mir zu Mittag zu essen. Bitte schreib doch gleich auf diesen Brief, ob du kommen kannst oder auch magst. Wäre dir 12.30 Uhr recht? Peer holt das Kuvert später wieder vom Speisesaal ab. Es grüßt dich herzlich – Georg"

Mit einem tiefen Seufzer steckt Hannes den Brief wieder in das Kuvert zurück. Jetzt esse ich erst einmal meine Suppe. Wunderbar. Kürbissuppe. Die macht so richtig satt und zufrieden. Macht einen innerlich rund, wie der Kürbis es außen ist.

Als Steffi wieder bei ihm vorbeikommt, bestellt er ein Glas Wein.

Er nimmt das Kuvert noch einmal an sich und öffnet es erneut. Betrachtet die schwungvollen Worte auf dem Brief. Ja, die Schrift passt zu ihm. Sie ist großzügig und elegant. Füllt den Raum.

Sonntag Mittag.

Um 15 Uhr treffe ich mich allerdings mit Marion. Ich werde mich also eine halbe Stunde vorher von Georg verabschieden.

Hannes kramt seinen Kugelschreiber aus der Jackentasche. Auf den unteren Rand des Papiers schreibt er: „Lieber Georg, danke für die Einladung. Ich komme sehr gerne. Gruß. Hannes". Kuvert samt Brief lehnt er wieder an den Kerzenständer.

Er nimmt einen Schluck Wein. Er fühlt sich wohl mit der Zusage.

Als Steffi das Hauptgericht bringt, lächelt Hannes sie an. „Steffi, die Kürbissuppe war wunderbar. Was gibt es denn jetzt Feines?" „Rinderroulade, Herr Sieberg. Mit selbstgemachtem Kartoffelpüree und Blaukraut." „Kraut auch selbstgemacht?" Jetzt wird Steffi verlegen. „Oh, ich denke schon. Ich kann gern fragen." „Nein nein. Die Frage war gar nicht ernst gemeint. Ich danke Ihnen, Steffi."

Hannes sieht nach draußen, blickt zufrieden in das Licht der Gartenlaternen entlang der Einfahrt. Er macht eine kleine Pause beim Essen. Wenig Zucker, und das Blaukraut hat Biss. Zufrieden stellt Hannes fest: Es ist selbstgemacht. Ist eben doch ein gutes Haus hier.

Die Freuden des Alters, denkt er sich.

Am Samstag lässt Hannes sich entspannt durch den Tag treiben. Noch vor dem Frühstück spaziert er hinunter zum See. Ach Eva, heute geht es mir viel besser. Das ewige Alleinsein ist auf Dauer vielleicht doch nicht gesund.

Der Rest des Tages ist ausgefüllt mit allen vier Terminen im Speisesaal, dazwischen mit Lektüre in Bibliothek und Sessel am Fenster.

So werden auch der Sonntag Morgen und der Sonntag Vormittag von Hannes absolviert. Gegen 10 Uhr macht Hannes sich Gedanken über seine Garderobe für das Mittagessen bei Georg. Während seine übliche Kleidung meist aus Cordhose und Strickpullover besteht, wählt er heute eine schwarze Jeans, ein dunkelgraues Wollsakko und ein hellblaues Hemd, dazu einen grau-blau gemusterten Seidenschal. Das alles trägt Evas Handschrift. Sie hatten die Sachen noch gemeinsam gekauft.

Um 12.25 Uhr ist Hannes startklar. Mit einer Flasche Chianti verlässt er sein Zimmer und begibt sich in den zweiten Stock.

7 Allein gegen die Mafia

Der edle Salon, den Hannes bereits seit zwei Tagen kennt, empfängt ihn heute mit einer festlich geschmückten Tafel. Der große ovale Tisch in der Mitte des Raumes ist mit feinem Porzellan, Blumenschmuck und Kerzen gedeckt.

Mit der eleganten Limousine hat es angefangen, denkt Hannes. Eleganz und Stil auf der ganzen Linie. „Lieber Georg, erwartest du sonst noch jemanden außer mir? Die Queen vielleicht?"

Georg lacht. Er steht am Fenster und stützt sich auf einen Stuhl. Dann geht er auf Hannes zu. Langsam, aber ohne Stock. Er gibt ihm die Hand. Seine andere Hand drückt dabei kurz Hannes' anderen Arm.

Hannes muss bei dieser Berührung an ein Management-Training denken, das er einmal besucht hat. Da erklärte ein Coach, wie wichtig es sei, durch körperliche Signale mehr Verbundenheit und Nähe mit seinen Mitarbeitern herzustellen. Aber selbstverständlich professionell. Nach dem Motto: Menschlichkeit zahlt sich aus – in barer Münze. Jedenfalls wurde der Manager-Runde in diesem Seminar damals empfohlen: *Be physical! But keep the distance!*

Zu dieser Zeit steckte Hannes' Werbeagentur in einer Krise. Er musste Mitarbeiter entlassen.

Diese Berührung von Georg eben: War sie echt? War sie *gelernt?*

Georg lächelt ihn an. „Ich freue mich sehr, dass du gekommen bist. Und bitte: Du darfst den ganzen Schmodder hier nicht überbewerten. Es ist so, dass in dieser Wohnung nun mal nichts anderes zu finden ist, sie wurde so ausgestattet. Wenn Ikea-Teller im Schrank gestanden hätten, hätte Peer die aufgedeckt. Nur die Blumen, das muss ich zugeben, das ist mir schon wichtig. Dafür habe ich Peer in die Stadt geschickt. Aber nun setz dich, Hannes. Ein Glas Champagner?"

„Ich habe schon befürchtet, dass sich das Ganze hier bei dir in dieser Liga abspielen wird. Ja, gerne ein Glas Champagner. Dir hab ich auch ein gutes Schlückchen mitgebracht. Ich hoffe, du freust dich über eine Flasche Chianti."

„Ich danke dir. Und wie ich mich da freue! Ohne meine regelmäßigen Rotwein-Abende wäre ich nicht so alt geworden!" Er nimmt die Flasche entgegen, setzt seine Lesebrille auf und betrachtet das Etikett. Er nickt, lächelt zufrieden und stellt die Flasche auf eine Anrichte an der Wand. „Letzten Herbst war ich mal wieder in der Toskana, direkt im Chianti-Gebiet. In Greve."

„Da war ich vor zwei Jahren! Mit meiner Frau. Und der Schal hier, den ich trage, der ist aus San Gimignano."

„Du weißt die feinen Dinge des Lebens zu schätzen."

Georg wendet sich an Peer. „Peer, du kümmerst dich um den Champagner?"

Hannes nimmt in dem gleichen Sessel Platz, in dem er schon beim gemeinsamen Frühstück gesessen hat. Und Georg ebenfalls auf seinem angestammten Thron. Peer zündet die Kerzen an. Die Flasche wartet bereits im Champagnerkühler auf dem Tisch. Peer nimmt die Flasche heraus. Gekonnt entfernt er den Korken. Die Luft entweicht langsam. Hannes bekommt das erste Glas serviert.

Nun füllt Peer das Glas für Georg, der dabei mit seinen Augen ganz genau beobachtet, ob Peer auch alles richtig macht.

Die Lesebrille betont Georgs Kennerblick, findet Hannes, und lässt ihn gleichzeitig etwas älter aussehen.

Als die gefüllten Gläser auf dem Tisch stehen, nickt Georg zufrieden und lächelt.

Hannes stellt fest, dass Georg heute leger gekleidet ist. Dunkelblaue Cordhose und bordeauxfarbener Rollkragenpullover. Macht ihn etwas älter. Das elegante Schwarz, in dem er Georg bisher gesehen hat, lässt ihn jünger, geheimnisvoller erscheinen. Wie fast jeden, der Schwarz trägt. Black ist eben beautiful.

Hannes denkt an seinen geliebten Johnny Cash. Den berühmten Man in Black. Und er denkt an die Strophe *When I was arrested I was dressed in black*. In *Cocaine Blues* singt er das.

Schwarz ist eben wirkliche Kleidung. Ein geheimnisvolles Signal. Ein Satz, der nicht ausgesprochen werden muss, um ihn deutlich zu hören.

Wenn seine Frau kräftige Farben trug, das hatte Hannes immer geliebt. Zu ihr passte es. Zu ihr und ihrer Lebendigkeit. Sie war es, die Schwung in sein Leben brachte. Sie liebte die Geselligkeit. Er dagegen war der Introvertierte, der Grübler. Sie – der Wirbelwind. Zierlich, aber voller Energie. Eva Bella. Sie war seine Italienerin. Auch wenn sie aus dem Schwarzwald stammte. Jeden Tag war sie schick gekleidet und zurechtgemacht, trug immer Pumps, niemals Hosen.

Ein Stehaufmännchen war sie, aber die feminine Ausgabe. Ihre Power schob ihn, den Bedächtigen, jahrelang durchs Leben. Wie gegensätzlich sie doch waren. Aber die große Liebe. Wohl gerade deshalb.

Und Georg heute im Wollpullover – heute fühlt er sich ihm irgendwie näher.

„Ich kann deine Gedanken lesen, lieber Hannes. Nein, ich bin nicht der Prinz auf der Erbse, wie du vielleicht vermutest. Ich bin ganz normal."

Hannes räuspert sich. Er ist ein wenig verlegen. Jetzt lacht er. „Du hast Recht. Ich habe gerade über die Wirkung von Farben sinniert. Bisher habe ich dich immer schwarz gekleidet erlebt. Und heute …"

„… bin ich der Pullover-Prinz!"

Beide lachen.

Georg zieht die Augenbrauen hoch. Er deutet mit beiden Händen zurück auf sich selbst, auf seinen Wollpullover. „Es ist immer die Verpackung, die uns anspricht. Und verwirrt. Alles ist verkleidet. Man weiß nie so recht, wen man vor sich hat." Für einen Moment ist Georg ernst geworden. Doch schnell kehrt wieder das verschmitzte Lächeln in sein Gesicht zurück. „Aber eine hübsche Verpackung – sie macht unsere Welt schöner! Und das kann ihr doch nicht schaden, oder?!" Georg nimmt sein Glas. „Auf unser Wiedersehen, lieber Hannes. Ich freue mich, dass du gekommen bist. Salute!"

Peer bringt eine große Platte Antipasti und stellt sie mitten auf den Tisch.

Hannes nimmt sich etwas Salat, Meeresfrüchte und Brot.

Bevor Georg mit dem Essen beginnt, nimmt er noch eine Tablette ein. „Für die Uhr hier drinnen." Er klopft gegen seine Brust.

„In unserem Alter muss man sich eben Verstärkung holen. Guten Appetit."

Sie beginnen zu essen.

„Bei unserem Frühstück neulich, da hast du mich gefragt, wie es hier so ist, im Altersheim. Ob ich mich schon eingelebt hätte."

Georg sieht von seinem Teller auf. Dann senkt er langsam seinen Kopf nach unten, ein vorsichtiges Nicken, und hält sein Besteck ruhig in der Hand.

„Die Antwort ist ..." Hannes überlegt. Ja, wie ist denn nun seine Antwort? Jetzt erst, in diesem Moment, in dem er selbst die Frage formuliert hat, sucht er nach der wahren Antwort in sich. Georg, das spürt er, hätte sich nicht getraut, diese Frage ein weiteres Mal an ihn zu richten. Er merkt, dass Georg gerade angespannt ist. Er wartet ab, ob ich wieder empfindlich reagieren werde, denkt Hannes.

„Die Antwort ist", wiederholt Hannes, „ich wehre mich dagegen, mich hier einzuleben."

Georg legt langsam das Besteck auf seinem Teller ab und sieht ihn vorsichtig fragend an.

Hannes hat ebenfalls aufgehört zu essen. Er macht einen tiefen Seufzer. Dann lehnt er sich in seinem Sessel zurück. „Als alte Männer begegnen wir uns, Georg. Wenn wir uns früher getroffen hätten, dann wären wir vielleicht Konkurrenten gewesen. Hätten einander misstraut. Erst wenn man in Rente ist, merkt man, wie anstrengend das Berufsleben war."

„Vielleicht wären wir aber auch Kollegen gewesen. Gute Kollegen. Oder Geschäftspartner. Gute Geschäftspartner. Und hätten einander VERtraut."

„Ok." Hannes ist etwas verlegen. „Sowas gibt es natürlich auch ... Ich will damit sagen: Wenn man alt ist, merkt man spätestens, dass wir alle im selben Boot sitzen. Wie unterschiedlich die Leben auch sein mögen, aus denen wir hierher kommen."

„Ja, so ist es."

„Was ich damit meine, wenn ich sage, dass ich mich wehre: Ich erkenne keinen Sinn darin, mich hier einzurichten, mich hier einzuleben. Wozu? Ist doch lächerlich. Für die kurze Zeit, die einem hier noch bleibt. Wir haben doch unser Leben hinter uns, Georg. Ob als Konkurrenten oder als Geschäftspartner."

„Du weißt nicht, wie kurz oder lang sie sein wird. Die Zeit, die uns noch bleibt. Herr Kollege!"

Beide lachen kurz auf. Gleich darauf wird es wieder still. Das verlegene Schaben des Bestecks auf den Tellern ist der einzige Klang im italienischen Esszimmer.

Als die beiden Männer mit der Vorspeise fertig sind, räumt Peer Teller und Besteck ab.

„Hannes, als Hauptspeise gibt es Lachs mit Gemüse. Ist für mich eine wunderbare Kindheitserinnerung. Wenn es das bei uns zu Hause gab, sagte mein Vater immer: Komm! Lach mit Gemüse! Ich hoffe, du magst das."

„Das Lachen meinst du?" Hannes denkt selbst über seine Frage nach. Wann hat er eigentlich das letzte Mal gelacht? So richtig?

„Beides! Das Essen und das Lachen! Möchtest du einen Chardonnay dazu? Ich habe ihn aus Frankreich kommen lassen."

„Danke. Ja, gerne. Wieviele Gänge folgen denn noch? So viel Zeit habe ich nämlich heute Mittag gar nicht. Ich bekomme nachmittags Besuch."

„Ach ja? Darf ich fragen von wem?"

„Von meiner Tochter."

Georg nickt. „Wie lange hast du denn noch Zeit? Ich meine, um wieviel Uhr kommt sie?"

„Gegen drei."

„Na, da ist es ja noch ein bisschen hin, Gott sei Dank."

Nach den ersten Bissen macht Hannes eine kleine Essenspause. „Darf ich dich noch etwas fragen? Es betrifft diese Wohnung hier."

„Du darfst, lieber Hannes. Du darfst ... Du fragst dich sicher, wie es kommt, dass sämtliche Heimbewohner nur ein mehr oder weniger kleines Zimmer bewohnen, manchmal auch zwei, und Monsieur hier oben residiert wie Graf Koks?"

Manche Fragen muss man gar nicht selbst stellen, denkt Hannes. Sie beantworten sich von selbst. Und er grinst ein wenig in sich hinein: Genau. Graf Koks. Das war mein erster Gedanke, als ich das erste Mal hier reinkam.

„Das hat mit meiner Familie zu tun." Georg nimmt den letzten Schluck aus seinem Champagnerglas.

Peer bringt den Chardonnay und zwei Weißweingläser, kurz darauf den Fisch.

„Mein Großvater hat dieses Anwesen um die Jahrhundertwende gekauft. Er war ein schwerreicher Industrieller. Einer, der mit allen Wassern gewaschen war. Eine etwas zwielichtige Gestalt. Ich kann mich noch an ihn erinnern. Als er sich zur Ruhe setzte, wünschte er sich eine Villa an einem See. Die hat er dann hier gefunden. Als mein Vater den Besitz erbte, konnte er mit der Gegend weit weniger anfangen als mein Großvater. Mein Vater liebte das Leben in der Stadt. Anders meine Mutter. Sie war oft hier mit mir und meinem Bruder. Irgendwann verkaufte mein Vater das Anwesen an die jetzige Verwaltungsgesellschaft. Meine Mutter bestand darauf, diese Wohnung aus der Verkaufsmasse auszuschließen. Sie war oft hier. Seit sie tot ist, gehört die Wohnung mir. Ich war bisher aber ganz selten hier."

„Und dein Bruder?"

Georg schweigt.

Hannes sieht zu ihm auf. Georg hat den Kopf gesenkt. Seine Hand streicht über das Tischtuch. Es vergehen einige Sekunden der Stille.

„Er ist ertrunken ... Hier ... Im See."

Hannes legt das Besteck auf seinem Teller ab. „Das ...."

„Er war acht Jahre alt."

Beide Männer schweigen sehr lange.

Obwohl Georg noch einen halbvollen Teller vor sich stehen hat, legt er nun seine Serviette auf den Tisch. Er steht auf. Immer noch etwas beschwerlich. Dass er Schmerzen hat, erkennt Hannes an einem kurzen Zucken in seinem Gesicht.

„Meiner Hüfte geht es besser, wie du siehst. Ab morgen werde ich jeden Tag im Speisesaal essen."

„Das freut mich", sagt Hannes kaum hörbar. Er legt sein Besteck ebenfalls über seinen Teller und steht ebenfalls auf.

Die beiden Männer gehen zur großen Fensterfront. Georg öffnet die Balkontür. Sie treten hinaus in einen kühlen, aber sonnigen Oktobertag. Sie blicken auf den See.

„Ich war dabei, als es geschah. Ich war fünf Jahre alt. Ich konnte noch nicht schwimmen. Ich konnte ihm nicht helfen. Ich war ganz allein." Georg fängt an zu weinen.

„Oh mein Gott." Hannes verschränkt die Hände vor seiner Brust, wie um sein Herz zu schützen, und wendet sich ein wenig von Georg ab. Dann merkt er, dass Georg sich beruhigt.

„Und deine Mutter?"

Georg schweigt wieder. Hannes erkennt ein unruhiges Zucken um seine Mundwinkel.

Dann schreit Georg: „Meine Mutter? Meine Mutter? Sie war zu der Zeit im Bootshaus und hat sich von einem ihrer Lover vögeln lassen!"

Hannes senkt den Kopf. Er atmet schwer.

Die Männer stehen nebeneinander. Sie starren auf den See.

Dann weinen sie beide.

8 Das Ende vor dem Anfang

In der Cafébar sind heute nicht viele Gäste. Das Wetter ist seit dem Nachmittag etwas ungemütlich geworden. Das lockt weniger Sonntagsspaziergänger an den See als sonst. Der Wind pfeift um den kleinen Holzbungalow, in dem sich das Café befindet, Regentropfen prasseln an die Fensterscheiben.

Normalerweise würde ich es jetzt richtig genießen, hier zu sein, denkt sich Hannes. Er sitzt an einem kleinen Tisch an der großen Fensterfront in Richtung See. Dort sind die Plätze an anderen Sonntagen als Erstes belegt.

Es steht bereits eine leergetrunkene Espressotasse vor ihm auf dem Tisch, als mit lautem Absatzgeklapper eine zierliche junge Frau auf Hannes zusteuert. Beim Gehen schüttelt sie ihr völlig durchnässtes lockiges Haar. In einem kurzen Trenchcoat stöckelt sie auf Hannes zu. Als sie direkt vor ihm steht, schüttelt sie ihr Haar und auch sich selbst noch einmal kräftig. „Uuuuuu, ich fühle mich wie frisch geduscht! Hallo Vati!"

Die Frau fällt ihm um den Hals. Hannes dreht sich etwas weg dabei. „Gibt es da, wo du wohnst, keine Regenschirme?" Er macht eine Pause, sieht kurz von ihrem Minimantel abwärts zu ihren Pumps und ergänzt: „ ... und keine wetterfeste Kleidung? Und sag mir jetzt bitte nicht, du hast kein Geld dafür."

Die Frau zieht ihren Mantel aus und legt ihn über einen Stuhl. Sie trägt ein rotes, eng anliegendes Wollkleid mit tiefem

V-Ausschnitt. Eine lange, goldfarbene Kette betont ihre üppigen Formen zusätzlich.

„Wie geht es dir, Vati? Hast du dich schon ein bisschen eingelebt? Wir haben uns ja seit April nicht mehr gesehen."

Gegen das Wort *einleben* ist Hannes inzwischen allergisch. Aber er zwingt sich dazu, sich nicht aufzuregen, und atmet daher tief und entspannt ein und aus. Mit diesen tiefen Atemzügen kommt das Licht vom See in mich, so wie damals, an Ostern, denkt er sich.

„Ich soll dich von Tante Marga grüßen."

Irgendwann muss ich ja doch mal etwas sagen, denkt sich Hannes. „Ach, du hast Kontakt zu ihr? Warum? Gibt sie dir Geld?"

Marion verdreht die Augen. „Mein Gott. Ja ... Manchmal. Was soll's? Sie hat doch sowieso keine Kinder."

„Da geht es ihr wie mir."

Der Kellner kommt an den Tisch. Marion bestellt ein Glas Prosecco. Hannes noch einen Espresso.
„Hör zu, Vati. Ich wollte dich um etwas bitten. Es geht um Tim und Ben."

„Aha."

„Ihr Vater hat mir geschrieben. Das neue Schuljahr hat begonnen, und sie mussten viele Bücher kaufen und neue Klamotten. Die beiden wachsen derart schnell, werden mal richtige Riesen werden. Ich hab ein paar Fotos dabei. Willst du mal sehen?" Sie fängt an, in ihrer Handtasche zu kramen.

„Nein. Will ich nicht sehen!" Hannes schlägt mit der Faust auf den Tisch. Er fängt an, aufgeregt zu schnaufen. Dann sieht er zum Fenster hinaus. Auf den See. Dann nach oben zu den Wolken.

„Marion, ich bin nur hierher gekommen, um dir noch einmal deutlich zu sagen, dass ich endgültig keinen Kontakt mehr zu dir möchte. Ich möchte von dir in Ruhe gelassen werden. Wenn du das nächste Mal anrufst, werde ich auflegen. Wenn du noch einmal hier aufkreuzen solltest, werde ich an dir vorbeigehen. Deine Mutter und ich, wir haben kein Kind mehr!"

Der Kellner bringt die Getränke. Genau in dem Moment, als er das Glas vor Marion stellt, fängt sie laut zu schluchzen an. Der Kellner sieht Hannes mit fragenden Augen an. Hannes schüttelt den Kopf. Der Kellner entfernt sich.

Hannes nimmt die Espressotasse und leert sie in einem Schluck. Dann steht er auf. Er bezahlt an der Bar. Danach geht er zur Toilette.

Als er zurückkommt und entschlossen ist, ohne Abschied das Café zu verlassen, sieht er, wie sich vor dem Hintergrund des hellblauen Sees das enge rote Kleid abzeichnet. Die Frau im roten Kleid steht nun. Und neben ihr ein groß gewachsener Mann. In einem dunklen Mantel. Hannes sieht ihn nur von hinten.

Sein Herz schlägt ihm bis zum Hals. Es ist Georg.

Da sieht Marion zu ihm herüber. Und Georg dreht sich um.

Hannes kann sich nicht mehr bewegen. Mit offenem Mund, versteinert sieht er Georg in die Augen. Georg sieht ihn fragend an, legt die Stirn in Falten. Dann dreht er sich wieder zu Marion. Sie blickt auf den Boden, zieht ihren Mantel an, nimmt etwas vom Tisch und steckt es in ihre Handtasche. Dann geht sie, ohne Georg oder Hannes anzusehen, eilig aus dem Café.

Hannes sieht ihr nach. Seine Augen füllen sich mit Tränen. Das Schlucken tut ihm weh.
Er kann sich nicht bewegen.

Da sieht der Kellner hinter der Bar zu ihm auf. Eben will er zu Hannes gehen. Da ist es Georg, der auf Hannes zugeht.

„Hannes. Was ist mit dir? Ich wusste nicht, dass du hier bist. Wolltest du dich nicht mit deiner Tochter treffen?"

Hannes kann nicht sprechen. Er zittert.

Da fasst ihn Georg am Arm. „Was ist mit dir? Wollen wir uns setzen?"

Hannes atmet tief ein. Tief aus. Wieder tief ein und aus. Dann drückt er Georgs Arm weg und geht nach draußen. Er hat seinen Regenschirm in der Hand, doch er spannt ihn nicht auf. Er fängt an zu laufen. Erst in Richtung See, dann ein Stück am Ufer entlang. Regen prasselt auf sein Haar. Der Wind fährt in seinen nur lose übergeworfenen Mantel. Er schreit etwas in Richtung See.

„Hannes! Bitte warte auf mich! Bitte! Ich kann doch nicht so schnell laufen. Bitte, Hannes!" Georg ist in seine Richtung gelaufen. Er muss aber dazwischen immer wieder stehen bleiben und sich vom anstrengenden Laufen erholen.

Da bleibt Hannes stehen. Er hört die Verzweiflung in Georgs Stimme.

Keuchend steht Georg jetzt neben ihm. Seine Haare sind nun dunkelgrau, sie kleben patschnass an seinem Gesicht. „Bitte", er keucht, „bitte, Hannes. Sag mir, was los ist. Kennst du diese Frau?"

Hannes' Augen füllen sich wieder mit Tränen. Er sieht zum See. Er sieht zu den Wolken. Dann läuft er wieder weg. Doch im Weglaufen dreht er sich noch einmal um. Er schreit: „Das ist mein Besuch von heute!"

Hannes läuft, ohne sich noch einmal umzudrehen. Bis der Weg nach oben ihm zu steil wird – und es ihm ein wenig schwindlig wird. Er bleibt stehen. Muss sich kurz ausruhen. Tränen laufen ihm übers Gesicht. Nun kommt ihm auch noch jemand entgegen auf dem kleinen Weg. Noch nie ist er hier jemandem begegnet. Heute schon. Es ist Olga. Mit ihrem Freund. Und ihrem Hund. Sie grüßt ihn, sieht ihn erschrocken an. Doch Hannes sieht sie nicht an. Stapft weiter den Kiesweg nach oben. Er ist völlig außer Atem. Nachdem er von Olga und seiner Begleitung ein gutes Stück entfernt ist, bleibt er noch einmal stehen. Für einige Minuten.

Komplett durchnässt und am Ende seiner Kräfte kommt er schließlich in seinem Zimmer an. Er lässt seinen tropfnassen Mantel und den Schirm einfach auf den Boden fallen. Dann wirft er sich aufs Bett. Er schluchzt wie ein kleines Kind. Alles tut ihm weh. Sein Kopfkissen ist ganz nass. „Lieber Gott", ruft er, „lieber Gott, ich kann nicht mehr."

9 Die Schatten der Vergangenheit

So, wie er sich am Nachmittag aufs Bett geworfen hat, wacht Hannes am Abend auf. Er friert. Er hat Halsschmerzen.

Er nimmt sehr lange eine sehr heiße Dusche. Danach geht es ihm etwas besser. Er zieht seinen Schlafanzug und seinen Bademantel an, macht sich einen Tee und legt sich aufs Bett. Dann schaltet er den Fernseher an. Er will sich von irgendetwas berieseln lassen. Egal wovon.

Bei einer Talkshow bleibt er hängen. Es geht ihm besser. Und sein Atem wird ruhig. Ablenkung ist doch manchmal das einzig Wahre. Hannes schließt die Augen. Und ist wenig später eingeschlafen.

Als er gegen drei Uhr früh ein weiteres Mal aufwacht und im Fernsehen eine neue Talkshow läuft, macht er den Fernseher aus. Er steht auf, putzt sich die Zähne, nimmt eine Halstablette und legt sich wieder schlafen.

Am nächsten Morgen hat er noch immer Halsschmerzen. Er stellt sich vor den Spiegel in seinem Badezimmer. Er hat Mitleid mit dem Mann, den er da sieht. Er möchte ihn lieber nicht ansehen. Er nimmt eine Halstablette und eine Aspirin. Dann zieht er sich einen dicken und weichen Rollkragenpullover über und seine Lieblingscordhose.

Er sieht aus dem Fenster. Der See liegt im Nebel.

In einer halben Stunde gibt es Frühstück. Am liebsten würde er heute in einem Café in der Stadt frühstücken, am besten den ganzen Tag in der Stadt verbringen. Aber er fühlt sich miserabel. Außerdem hat er kein Auto mehr. Und was soll's. Irgendwann würde er Georg sowieso wiedersehen. Ob das heute sein wird oder morgen oder nächste Woche.

Hannes fühlt sich heute wie durchsichtig. Kommt sich leicht vor wie eine Feder. Und nicht nur der See liegt im Nebel. Hannes ist es, als habe er seinen eigenen. Der umhüllt ihn, lässt ihn ein bisschen frieren. Aber er schützt ihn auch, federt ihn ab.

Er denkt an die fliegenden Federn, an das Schlagen der Flügel, wenn die Schwäne vom See abheben. Wie ihre Füße dabei noch einige Male die Wasseroberfläche berühren, das Wasser dann immer weniger antippen, der Kontakt immer kürzer wird, immer feiner. Bis es keine Berührung mehr gibt. Nur noch Schweben. Durch den Nebel. In den Sonnenuntergang.

Mitten im Zimmer steht Hannes. Seine Augen hat er geschlossen. Die Luft in diesem Zimmer, ihm ist, als würde sie knapp. Ihm ist nach Frische. Er öffnet die Augen und geht zur Terrassentür. Er öffnet sie. Und bleibt an der Tür stehen. Wieder und wieder holt Hannes tief Luft. Es ist, als wolle er sich richtig sattessen. Eine große Menge an Luft – wie nennt man das eigentlich, überlegt er. Eine Brise wäre zu wenig. Ein Hauch auch. Ein Schwall vielleicht? Nein, das wäre Wasser. Aber im Grunde ist es Wasser. Ach, unsere kleinen, begrenzten Worte können das eben nicht fassen.

Seine Augen hat Hannes nun wieder geschlossen. Die Luft ist kalt. Und feucht. Er will ihn trinken, den Nebel. Gib mir etwas von deiner Frische, deinem Schweben. Nebel und Wolken – das ist doch eins. Nebel ist eine Wolke auf Erden. Nimm mich mit. Lass mich schweben.

Jetzt wird Hannes aber doch kalt. Er öffnet die Augen, schließt die Tür. Nun setzt sich der Nebel innen auf der Fensterscheibe ab. Hannes nickt zufrieden. Der Nebel bleibt bei mir. Das ist gut.

Er verlässt sein Zimmer. Als erstes geht er in die Bibliothek. Alle vier Zeitungen liegen wieder an ihrem Platz, so wie immer. Er nimmt sich eine davon und begibt sich nach unten in den Speisesaal. Es ist noch niemand dort. Doch die Tische sind schon eingedeckt, und es duftet nach Kaffee. Da fällt Hannes wieder die gestrige Begegnung mit Olga ein.

Er setzt sich an seinen Platz und schlägt die Zeitung auf. „Guten Morgen, Herr Sieberg. Hier kommt Ihr Early-Morning-Coffee." Freundliche blaue Augen strahlen ihn an. Wie immer.

Wenn man es schön hat und behaglich – dann soll es bleiben wie immer. Die gemütliche Kaffeetafel, die hübschen Mädchen – das soll bleiben. Das kleine süße Töchterchen, als es keines mehr ist – es soll gehen. Für immer.

Hannes nickt Olga lächelnd zu, sagt aber nichts. Sie stellt ihm eine kleine Kaffeekanne auf den Tisch, blickt ihn noch einmal an und geht dann wieder in die Küche.

Langsam füllt sich der Saal und wird lauter. Hannes sieht in seine Zeitung, liest aber nicht. Irgendwann liegt die Zeitung nur noch auf seinen Beinen. Er schenkt sich eine Tasse Kaffee ein.

Tut das gut, wie die Wärme durch seine Kehle fließt. Durch diese Engstelle muss alles, was uns am Leben erhält, sinniert er. Ob Zweizentnermann oder zwei Stunden alter Säugling – das ist unser Flaschenhals. Allein unser Körperbau hat uns doch schon Demut auferlegt.

Versunken sitzt er da und blickt in seine Kaffeetasse. Da bemerkt er am Boden neben sich ein Paar dunkelbraune Halbschuhe. „Darf ich mich kurz zu dir setzen?" Ohne aufzusehen, antwortet Hannes mit einem Nicken.

Georg zieht den zweiten Stuhl an Hannes' Tisch etwas zu sich heran und setzt sich. Er sitzt nicht direkt am Tisch, mehr an der Seite, Hannes zugewandt. „Ich werde ab heute immer im Speisesaal essen, Hannes." Er macht eine kleine Pause. „Ich habe mir schon vor Wochen den Tisch da hinten", er dreht sich kurz um, „ausgesucht, weil er so schön in einer kleinen Ecke am Fenster steht, genau wie hier an deinem Platz. Ich würde mich jetzt dort hinsetzen. Wenn es dich stört, Hannes, dann lasse ich mir einen anderen Platz geben."

Hannes sieht ihn noch immer nicht an. Und er sagt nichts.

Da steht Georg auf. Hannes sieht ihm nach, wie er von ihm weggeht. Georgs Schritte sind nun etwas stabiler als an den letzten Tagen. Er geht ganz aufgerichtet. Er geht nicht, er schreitet. Sein silbernes Haar glänzt. Er geht die Fensterfront entlang, parallel zur Auffahrt. Er geht jetzt denselben Weg, wie ihn vor ein paar Tagen der dunkle Wagen draußen entlangfuhr.

Hannes sieht den silbernen Haarschopf in der Entfernung schimmern. Sieht, wie er zum Fenster hinausblickt. Der Silberschopf sieht nicht zu ihm herüber.

Heute ist es Steffi, die in dem Bereich dort drüben bedient. Komisch, sonst ist da auch immer Olga.

Er bedeutet mir viel, dieser Mann, denkt Hannes. Aber was war das gestern im Café? Was hatte Georg dort plötzlich zu suchen? Kennt er Marion? Oder hat Marion ihn angequatscht? Er selbst war doch nur ein paar Minuten auf der Toilette. Was ist mit diesem Georg? Er hat ihn fasziniert, von Anfang an. Doch nun denkt er sich: Wo viel Licht, da viel Schatten. Er schleppt etwas mit sich herum. Die furchtbare Geschichte mit seinem Bruder.

Doch das kann ich schließlich genauso über mich sagen. In 80 Lebensjahren, da kommt eine Menge Schatten zusammen. Jeder schleppt an seinem Bündel Dunkelheit. Der Blick von Marion, wie sie mich ansah, als ich von der Toilette kam, der hat mir nicht gefallen. Er gefällt mir zwar nicht, seit sie zwölf war. Aber der Blick gestern war nochmal anders. Ein Blick, der doch so gar nicht zu ihr passt.

Ihre Augen … Sie waren … ja, sie waren … traurig.

Es tut Hannes weh, dass dies nun der letzte Blick war, den er von Marion in sich gespeichert hat. Das Bild zuvor, das billige rote Kleid, das wäre ihm lieber gewesen als letzte Erinnerung.

10 ... und die ganze Vogelschar

Der Speisesaal hat sich inzwischen fast geleert. Steffi ist damit beschäftigt, die Tische abzuräumen. Olga hat Hannes nicht mehr gesehen. Als Steffi an seinen Tisch kommt, fragt er: „Ist Olga nicht mehr da?" „Sie ist nach Hause gegangen. Hat sich auf einmal krank gefühlt." „Oh, das tut mir leid."

Hannes denkt daran, wie Olga ihn heute Morgen angelächelt hat. Vielleicht hat sie sich gestern bei dem Regenwetter erkältet. Ich hab ja heute auch Halsweh. Obwohl, bei mir, es war nicht das Wetter gestern, das mir weh getan hat.

Nun ist der Saal so leer, dass niemand mehr an den Tischen zwischen Hannes und Georg sitzt. Hannes richtet sich in seinem Stuhl auf. Er sieht zu Georg hinüber. Mit verschränkten Armen sitzt er dort und blickt gedankenverloren nach draußen durch die Fenster. Er sieht traurig aus.

Hannes steht auf. Ohne nachzudenken geht er geradewegs auf Georgs Tisch zu – und setzt sich zu ihm. Georg sieht nicht auf.

Auch Hannes verschränkt nun die Arme und sieht hinaus auf die Einfahrt und die Grünanlagen. Keiner sagt etwas.

Nun ist niemand mehr im Saal. Normalerweise rückt im Anschluss an das Frühstück immer die Putzkolonne an. Bis jetzt aber ist sie nicht zu sehen und nicht zu hören.

Die beiden Männer sitzen und schweigen. Lange sitzen sie dort. Sie blicken auf das Gras, auf den Kies, auf das bunte Laub am Boden. Hannes spürt den ruhigen Rhythmus seines Atems. Und er hört auch Georgs regelmäßigen Atem.

Irgendwann fasst sich Hannes ein Herz und fragt leise: „Hast du Kinder, Georg?"

Georg atmet weiter ruhig vor sich hin. Sagt nichts.

Hannes dreht seinen Kopf wieder in Richtung Fenster. Sieht weiter auf den Boden. Da kommt auf einmal ein Spatz angeflogen. Und noch einer. Und noch einer. Gerade hat er sich auf die Beobachtung ihres Pickens eingestimmt, da hört er Georg sagen „Peer ist mein Sohn."

Hannes hebt seinen Kopf und sieht zu Georg hinüber. Er sieht heute müde aus. Traurig und müde.

Nun ist in der Nähe ein Staubsauger angeschaltet worden. „Ich glaube, wir sollten gehen", meint Hannes.

Die beiden Männer stehen auf. Hannes wirft noch einmal einen Blick auf die Spatzen, die inzwischen in einer lebhaften Schar auf dem Kiesweg umherpicken.

Georg und Hannes gehen den Flur entlang, in Richtung Aufzug. „Georg, wollen wir uns ein bisschen in die Bibliothek setzen?"

„Können wir bei dir noch einen Tee trinken?"

Hannes wundert sich über diesen Vorschlag. Er hätte verstanden, wenn Georg ihn noch mit in seine Wohnung gebeten hätte. Aber in Hannes' kleines Zimmer? Nicht einmal sein Bett hatte er heute Morgen gemacht.

„Mein Zimmer ist sehr klein, Georg. Ich weiß nicht ... Da wirst du dich vielleicht nicht so wohlfühlen wie bei dir oben."

„Ich bin nicht gerne in der Wohnung dort oben. Lieber würde ich in dein Zimmer kommen, auch wenn es noch so klein ist. Wäre es dir recht?"

„Ich muss zwar noch mein Bett machen. Aber ja. Wenn du dich oben tatsächlich nicht so wohl fühlst, dann gehen wir zu mir. Einen schönen Blick auf den See hab ich immerhin auch zu bieten."

„Niemand muss hier irgendetwas bieten, Hannes. Und mir schon gar nicht."

„Kannst du die Treppe runtergehen? Oder nehmen wir lieber den Aufzug?"

Sie nehmen den Aufzug.

Wenig später sitzt Georg auf einem kleinen Stuhl an der Terrassentür und Hannes in seinem grünen Sessel – nachdem er als allererstes sein Bett gemacht und Georg mindestens dreimal seinen Sessel angeboten hat. Zwei Teetassen stehen dampfend auf dem Fenstersims.

„Schau, die Spatzen." Georg sieht auf die Terrasse. „Da siehst du mal, wieviel schöner dein Zimmer hier ist im Vergleich zu meiner Wohnung. Auf meinem Balkon picken keine Spatzen."

Hannes lacht. Dann wird er wieder ernst. Keiner der beiden sagt etwas.

„Ich würde gerne eine Zigarette rauchen auf deiner Terrasse. Könntest du mir kurz deinen Mantel leihen? Bleib sitzen. Ich hole ihn mir von deiner Garderobe."

Georg steht auf.

Ganz schmerzfrei ist er noch nicht, merkt Hannes. Aber er beißt die Zähne zusammen.

Georg holt den Mantel und öffnet die Balkontür. „Tut mir leid, ihr süßen Spatzen. Jetzt muss ich euer kleines Fest stören." Er schließt die Tür von außen.

Hannes sieht ihm zu, wie er mit tiefen Zügen seine Zigarette genießt. Er selbst hat nur kurz geraucht. In seiner Sturm-und-Drang-Zeit. Als er sein Moped hatte. Georg blickt Richtung See, beobachtet die Wolken. Dann geht er in die Hocke, er versucht es zumindest. Doch es gelingt ihm nicht recht. Nun bückt er sich in Richtung Boden. Die Spatzen umringen ihn. Hannes sieht, wie Georg die Lippen bewegt. Es gibt Frauenversteher, und es gibt Vogelversteher, denkt er sich. Nach ein paar Minuten öffnet Georg die Terrassentür einen Spalt. „Hannes, wo kann ich die Kippe hintun?" „Draußen im Holzregal stehen ein paar Blumentöpfe. Nimm dir einen davon und tu sie da rein." „Versteh schon: Die Guten ins Töpfchen ..."

Als Georg wieder hereinkommt und mit ihm ein deutlicher Zigarettengeruch, blickt er Hannes in seinem Sessel an und meint: „Heute bist du mal Graf Koks." Die beiden lachen.

Dann sagt wieder keiner von beiden etwas.

„Dass du ein Zitat aus einem Märchen kennst, Georg, das hätte ich nicht vermutet."

„Ich auch nicht. Das kam mir auf einmal über die Lippen."

Wieder folgen einige Sekunden des Schweigens.

„Die Mutter von Peer", wie vorhin schon im Speisesaal, ist es Hannes, der die Stille durchbricht, „lebt sie noch?"

Jetzt sieht Georg ihn an. „Das wissen weder Peer noch ich."

„Habt Ihr keinen Kontakt mehr mit ihr?"

„Das kann man so sagen." Georg schweigt einige Sekunden. „Peers Mutter war eine Prostituierte."

Hannes blickt auf den Boden.

„Ich bin ganz sicher sein Vater. Ich hab es feststellen lassen."

Beide nehmen ihre Tassen vom Fenstersims und trinken von ihrem Tee.

„Jetzt sind die Spatzen wieder da." Hannes sieht über Georgs Schulter nach draußen auf die Terrasse. „Sie sind nie lange weg von meiner Terrasse. Im Ausstreuen von Krümeln bin ich zuverlässig."

„So bist du nie allein."

Ich bin seit Freitag nicht mehr allein, denkt sich Hannes. Seit die dunkle Limousine ums Eck bog.

„Hannes, ich fühle mich richtig wohl in deinem Zimmer. Es ist klein, ja. Und normalerweise halte ich es in kleinen Räumen überhaupt nicht aus. Ich brauche ganz viel Platz. Aber hier, finde ich, ist genug Platz. Oder?"

„Also, mir genügt es auch. Ein zweiter Graf-Koks-Sessel wäre vielleicht noch etwas. Aber dann könnte man sich hier drin gar nicht mehr umdrehen."

„Ein zweiter Sessel? Für Besucher? So wie mich? Wirklich nicht."

„Wenn du mich das nächste Mal besuchst, dann kannst du hier im Sessel sitzen. Wir könnten uns abwechseln."

Georg lacht. „Kommt gar nicht in Frage. Der kleine Stuhl hier passt besser zu mir. Ich bin groß genug. Und hab mich oft für noch größer gehalten. Und wenn wir hier öfter beieinander sitzen könnten, wir zwei, das würde mir sehr gefallen."

„Wenn es dir nicht zu viel wird: Du könntest ja auch manchmal bei mir im Speisesaal sitzen, wenn du magst. Mir fällt gerade auf, dass es auf die Dauer gar nicht so schön ist, immer allein zu sitzen." Und das aus seinem Munde! Hannes ist sprachlos über sich selbst.

„Nicht so schön?! Grausam ist das Alleinsein! Grausam! Ich kann es nicht ertragen. Übrigens war das auch der Grund, warum ich gestern Nachmittag noch hinunter ins Café bin. Nach deinem Besuch gestern wollte Peer zu sich nach Hause fahren. Und ich wollte nicht allein sein. Daher bin ich in das Café. Und dort …"

„Darüber sprechen wir ein andermal". Hannes ist erstaunlich ruhig, als er das sagt.

„Ja, Hannes."

Georg steht auf. „Danke für den Tee. Wir sehen uns beim Mittagessen. Und ich komme sehr, sehr gern zu dir an deinen Tisch." Er geht in Richtung Tür. Kurz davor bleibt er stehen und dreht sich noch einmal um. „Mein Vater … Er hat mir dieses Märchen einmal vorgelesen … Das mit *Die Guten ins Töpfchen* … Viele Märchen hat er mir vorgelesen. Und viele Kinderlieder hab ich mit ihm gesungen. Auf einmal fällt mir das alles wieder ein."

11 Die Alten und das junge Gemüse

Nachdem Georg gegangen ist, funktioniert Hannes erst einmal seinen Sessel zur Liege um. Dann nimmt er seine Wolldecke. Damit er das Mittagessen nicht verschläft, stellt er sich den Wecker. Er deckt sich bis unter die Nase zu. Der gleiche Platz, der gleiche Blick auf den See, wie er es seit einem halben Jahr kennt. Doch seit der vergangenen Stunde nun ein neuer Platz für ihn.

Jetzt kommt er zur Ruhe. Er hat das Gefühl, er muss nicht mehr alles alleine tragen.

Tonnen fallen von ihm ab.

Wenig später ist er eingeschlafen.

Als der Wecker klingelt, fühlt er sich gut ausgeruht. Die Halsschmerzen sind fast weg.

Wenig später betritt er den Speisesaal. Georg sitzt bereits mit einer Zeitung an seinem (Hannes'!) Tisch.

„Mahlzeit!" Hannes rückt sich den Stuhl zurecht und nimmt Platz. Georg faltet die Zeitung zusammen.

„Na, wie fühlt es sich an – mit dem Neuen an deinem Tisch? Eine Zeitung aus der Bibliothek hat er sich auch schon geschnappt!" Georg zwinkert ihm zu.

„Gut fühlt es sich an, sehr gut. Und ich freue mich über meinen neuen Kollegen in der Presseabteilung!"

Steffi kommt an ihren Tisch und serviert die Suppe. „Aha, hier kommen heute also gleich zwei Suppenteller hin …"

„Und das bleibt auch bis auf Weiteres so!" Hannes lächelt Steffi an.

„Bis auf Weiteres ist gut!" Georg lacht laut auf. „Alles unter Vorbehalt. Entweder haben wir irgendwann genug voneinander – oder einer von uns wird abberufen. Genau wie im Wartezimmer: Der nächste bitte!"

„Das passt zu einem Spruch, den ich neulich gelesen habe. Von Anthony Hopkins: *Keiner von uns kommt lebend aus diesem Leben hier raus. Also esst leckeres Essen und seid albern. Für nichts anderes ist Zeit!*"

„Da hat er Recht, der Toni. In diesem Sinne – auf die Lebendigkeit!" Georg erhebt sein Wasserglas und die beiden prosten sich zu.

Steffi steht eben noch mit dem Servierwagen an ihrem Tisch, hört den beiden zu und lächelt. Dann geht sie weiter.

„Steffi denkt bestimmt: Die zwei sind wie die beiden Ollen aus der Muppet Show! Wie heißen sie doch gleich: Waldorf und Statler."

„Auf Waldorf und Astoria!" Georg lacht und erhebt erneut sein Wasserglas.

Wie fröhlich und albern es heute an diesem Tisch zugeht. Hannes ist wie ausgewechselt. So gelöst war er schon lange nicht mehr.

Als Steffi noch einmal vorbeigeht, meint Hannes zu Georg: „Heute früh war Olga noch hier. Dann ging es ihr wohl nicht gut und sie ist nach Hause gegangen."

„Ah ja? Ich kenne noch nicht so viele Leute hier."

„Die kennst du auf jeden Fall. Am ersten Abend, als du hier warst, da ist doch jede Menge Geschirr kaputt gegangen. Das war ganz in der Nähe von deinem Tisch, an dem du gesessen hast an diesem Abend."

Georg unterbricht das Löffeln seiner Suppe. „Da hat Sherlock aber gut aufgepasst. Aha. Das war also Olga."

„Gestern Nachmittag, als ich weggelaufen bin von dem Café am See, da hab ich sie auch getroffen. Sie und ihren Freund."

„Sie hat einen Freund?"

Hannes stutzt. „Ja. Hat sie. Warum auch nicht. Ist doch ein hübsches Mädchen. Hier in der Heimuniform kommt das ja nicht so zur Geltung."

Georg sagt nichts. Er ist mit seiner Suppe fertig und stellt seinen Teller zurück auf den Servierwagen.

Nun wechselt Hannes das Thema und schlägt für nachmittags einen gemeinsamen Spaziergang am See vor. „Ich bin fast jeden Nachmittag dort."

Steffi kommt nun mit dem Hauptgericht. Georg blickt auf den Servierwagen. „Ha. Was haben wir denn da? Ich fass es nicht: Schon wieder Lachs mit Gemüse. Mal sehen, ob die das so gut können wie mein Peer." Georg nimmt sich seinen Teller. „Wenn ich das esse, denke ich immer an meinen Vater. Zum Glück gibt es kein Gericht, das mich an meine Mutter erinnert."

„Konntest du viel lachen mit deinem Vater?"

„Als ich ganz klein war, ja. Nach dem Unglück mit meinem Bruder war das vorbei. Für immer vorbei. Seit dieser Zeit lebten meine Eltern getrennt. Mein Vater kam nie mehr hierher."

„Ein schlimmes Schicksal für eine Familie. Und ein schlimmes Schicksal für dich."

„Ich hab das mein Leben lang verdrängt. Aber hier holt es mich wieder ein. Das war ja auch klar."

„Ohne Verdrängung würde jeder Mensch durchdrehen. Mich holt hier auch vieles ein, obwohl ich an den Ort selbst ja keine Erinnerung habe. Es ist das Alleinsein. Da wird man automatisch mit verdrängten Dingen konfrontiert."

„Daher bin ich auch so ungern allein. Ich kann überhaupt nicht allein sein. Konnte es nie."

„Bis ich dich hier getroffen habe, dachte ich, ich könne NUR allein sein. Ich habe viel Übung darin. Ich war in meinem Leben sehr viel allein."

„Und ich war praktisch nie allein. Außer als kleiner Junge. Wenn meine Mutter mich bestrafen wollte, sperrte sie mich in einen Schrank. Stundenlang."

„Wie furchtbar. Ich erinnere mich an unser gemeinsames Frühstück in deiner Wohnung. Da hast du mir erzählt, wie wichtig Platz für dich ist. Jetzt weiß ich, warum."

„Das hast du dir gemerkt? Ja, jedes Eingesperrtsein, jedes Alleinsein macht mich fast wahnsinnig."

„So hat jeder seine wunden Stellen. Manchmal tun sie ein ganzes Leben lang weh."

Jetzt nimmt sich auch Hannes seinen Fischteller. „So, jetzt will ich auch mal mit Gemüse lachen!"

Georg lächelt kurz und spricht weiter. „Ich bin nur ungern hierher gekommen, das kannst du dir nun ja gut vorstellen. Letztendlich hat Peer den Ausschlag dafür gegeben, dass ich jetzt da bin."

„Er wollte seinen Vater eben gut versorgt wissen."

„Er ist einer meiner Söhne. Aber das erzähl ich dir ein andermal. Es ist bei uns eine gegenseitige Versorgung. Peer ist die ersten Jahre im Dunstkreis seiner Mutter aufgewachsen. Das hat Spuren hinterlassen. Er ist mehrfach vorbestraft, findet nirgends mehr eine Arbeit. Dafür hat er aber eine tolle Frau gefunden, die ihn wirklich liebt. Wobei – das ist ein großes Wort, finde ich. Liebe. Ich bin da kein Experte. Auf jeden Fall: Die Frau wohnt hier in der Nähe. Und da ich, wie du inzwischen weißt, nicht allein sein kann, und Peer nicht wirklich allein zu zweit sein kann, finanziell meine ich, fiel für mich irgendwann die Wahl auf diese Wohnung hier, die seit dem Tod meiner Mutter leerstand."

Hannes lehnt sich zurück. Er ist fertig mit seinem Mittagessen.

„Das Gemüse hat ausgelacht, was Hannes?"

„Ja, es hat uns wohl beide ausgelacht! Uns zwei Alten von der Muppet Show! Aber ich glaube eher, es freut sich mit uns, dass wir auf unsere alten Tage hier noch einen gemeinsamen Logenplatz ergattert haben!"

„Ich sehe die beiden Nörgler vor mir ... Das könnten wirklich wir zwei sein." Georg kichert vor sich hin.

„Du bist natürlich der größere von uns beiden. Der mit den dicken silbernen Augenbrauen!"

Aus Hannes' vormals so beschaulich stillem Abseits ist also inzwischen ein Logenplatz in der Muppet Show geworden. Sollte irgendjemand hier immer noch einen Tisch und zwei Stühle stehen sehen – so muss er sich gewaltig täuschen ...

Immer noch vor sich hinkichernd sieht Hannes aus dem Fenster. „Das Wetter ist so schön jetzt. Statler!" Kurze Lachunterbrechung. „Wollen wir uns in einer halben Stunde am Eingang treffen und gemeinsam zum See hinunterspazieren? Den Kiesweg schaffst du ja, wie ich seit gestern weiß."

„Ja. Machen wir. In einer halben Stunde am Eingang. Dann können wir weiternörgeln, hihi."

„Ich gehe nur noch kurz in mein Zimmer. Bis gleich. Und brenn in meiner Abwesenheit nicht mit Miss Piggy durch!"

„I'll do my very best!"

Beim Hinausgehen dreht Hannes sich noch einmal um zu Georg. Noch immer gluckst ein Kichern in ihm. Waldorf und Statler. Nörgler und Störenfriede, die man einfach gern haben muss …

12 Ich bin nicht da. Ich bin nicht tot.

In seinem Zimmer angekommen, setzt sich Hannes erst einmal auf sein Bett. Er sieht auf den See. In einer halben Stunde wird er mit Georg dort sein.

Wieviele Brillen es gibt, durch die man die Welt sehen kann! Hannes seufzt laut. Er schüttelt den Kopf.

Wie verzweifelt war ich noch vor kurzem? Abgelehnt hab ich Georg. Und Marion. Davongelaufen bin ich. Allein sein wollte ich.

Und jetzt: Bin ich Waldorf!

Hannes steht auf. Er geht an seine Terrassentür. Er blickt auf den See. Er blickt in die Wolken.

Mein Gott, Eva. Mit 79 Jahren steh ich hier. Wie verzweifelt waren wir fast unser gesamtes Leben wegen unserem Kind. Wie oft konnten wir nächtelang nicht schlafen, vor Sorgen, vor Schmerz. Wegen Marion. Immer wegen Marion.

Wir haben keinen Frieden gefunden. Wir konnten den Schmerz in uns nicht erlösen.

Wenn ich jetzt an Marion denke, wenn ich als Vater an sie denke, dann merke ich, dass mir das schon nicht mehr wirklich gelingt. Ich bin dabei, es nicht mehr ernst zu nehmen. Oder ... ja, wie soll ich es dir sagen ... Ich habe diese Ebene irgendwie verlassen ... Oder ich bin zumindest dabei, sie zu verlassen ...

Ich habe angefangen, mich von der äußeren Form zu verabschieden … Ich denke an sie als … Mitmensch … Ja … Das Leben, wir haben es weitergegeben, Eva. Darauf kommt es an. Was sie daraus macht – es ist ihre Entscheidung. Ihr Weg. Für uns unverständlich, schmerzhaft.

Aber deswegen muss doch der Schmerz nicht ewig in uns bleiben …

Sie hat es doch so gut gehabt bei uns …

Ich wünsche ihr, dass sie in sich selbst eines Tages Frieden findet … Und Freude …

Hannes nimmt Hut und Mantel, verlässt das Zimmer und geht zum Haupteingang. Was für eine unglaubliche Mischung. Ich verstehe es selbst nicht. Warum kann ich mit Georg lachen? Warum gehen solche Gegensätze zusammen?

Georg ist bereits da. Er unterhält sich mit dem Portier. Als er Hannes kommen sieht, hebt er die Hand. Noch ein paar Worte mit Herrn Zelmat und schon kommt er auf Hannes zu.

„Ich hab doch mal vorsichtshalber meinen Stock hier mitgenommen."

„Gut so. Aber nur für den Fall, dass wir unterwegs jemanden verhauen müssen."

„Natürlich. Einen anderen Grund kann ich mir auch nicht denken."

Sie spazieren los. Es geht langsamer voran im Vergleich zu den Spaziergängen, die Hannes alleine unternimmt. Aber jeder gemeinsame Schritt mit Georg ist eine Freude für ihn. „Sobald man einen Rollator hat, ist es aus mit einem Spaziergang hier auf diesem schönen Weg. Grund genug, ihn niemals zu brauchen."

„Ausgemacht. Keiner von uns beiden soll ihn jemals brauchen." Aus Georgs Gesicht blitzt wieder sein schelmisches Lächeln.

„Ausgemacht! Im Zweifelsfall muss ein fürsorglicher Assistent her! Oder besser noch: Eine Assistentin!"

„Wenn's soweit ist, werde ich gemeinsam mit dir eine suchen. Modell Miss Piggy!"

Fröhlich (in Hannes' Kopf tauchen darüber immer mal wieder Fragezeichen auf – doch sie verschwinden schnell wieder) stapfen die beiden den Weg hinunter. Am Ufer angekommen, ist der dicke Baumstamm, auf dem Hannes so gerne sitzt, nicht weit.

„Noch ein paar Schritte, Georg, dann machen wir ein kleines Päuschen."

Schließlich sitzen sie gemeinsam auf dem Baumstamm. Hannes hätte nie gedacht, einmal mit jemand anderem hier zu sitzen. An diesem Ort, der ihm bisher immer so feierlich, aber endzeitlich feierlich vorkam, und der gerade dabei ist, sich in einen weiteren Logenplatz in der Muppet Show zu verwandeln.

Damals, an Ostern, da hatte Hannes hier das wunderbar wärmende Licht erfüllt. Und der ruhige, friedliche Atem. An diesem Ort, an dem er seinen Körper lassen, ja fast zurücklassen konnte. An dem er seiner Frau so nah war.

Und nun – wollte er seinen Körper auf keinen Fall zurücklassen! Er fühlte sich super als Waldorf!

Gerade wollte er Georg beschreiben, was hier, an diesem für ihn so wunderbaren Ort so besonders war, als dieser schon wieder aufsteht. Wortlos. Er nimmt seinen Stock und geht, für seine Verhältnisse ziemlich schnell, weiter den Uferweg entlang.

Hannes folgt ihm rasch.

„Lass uns zur Cafébar gehen, Hannes. Mir ist nicht ganz wohl."

Da erst versteht Hannes. Er hatte nicht mehr daran gedacht. Wie konnte er das vergessen. „Mein Gott, Georg. Verzeih mir. Ich habe nicht mehr daran gedacht."

„Es war ungefähr hier. Ja." Georg bleibt stehen. Er sieht auf den See hinaus. Er fängt zu weinen an. „Es ist das erste Mal, dass ich wieder an diesem Ort stehe. Das erste Mal. Seit achtzig Jahren, Hannes, seit achtzig Jahren. Ich war seitdem nicht mehr hier unten."

Zwei Männer hat Hannes nun in seinem Leben weinen sehen. Georg. Und seinen Schwiegervater. An Evas Grab.

Sie stehen noch eine Weile am Seeufer. Keiner spricht ein Wort. Georg hat irgendwann zu weinen aufgehört.

Schließlich wendet sich Georg zum Gehen.

„Aber gestern, auf dem Weg zur Cafébar, da bist du doch auch hier vorbeigekommen. Oder nicht?"

„Ich bin vom Parkplatz gekommen. Peer hat mich hingefahren. Ich bin vom Rollator-Parkplatz gekommen."

„Und ich dachte, du bist den Kiesweg gegangen."

„Den hätte ich mir gestern nicht zugetraut, zu gehen."

„Und heute schon ..."

„Ja. Heute schon. Mit dir schon."

„Und als wir gemeinsam den Kiesweg heruntergegangen sind, da wusstest du, dass du in ein paar Minuten wieder an der Stelle sein würdest. Nach achtzig Jahren."

„Ja."

„Und das hast du ganz allein mit dir ausgemacht."

„Ja."

„Du, der von sich sagt, er könne nicht allein sein, würde alles verdrängen?"

„Mit dir zusammen kann ich allein sein. Und mich konfrontieren."

Mit mir zusammen kann er allein sein, wiederholt Hannes im Stillen. Sich konfrontieren.

Und warum kann ich mich mit ihm konfrontieren? Mit meiner tiefsten Wunde?

Schweigend gehen sie weiter. Sie reden kein Wort. Schließlich kommen sie an der Cafébar an.

Der heutige Tag zeigt sich noch einmal von seiner milden Seite. Zahlreiche Gäste sitzen bereits im Café. Doch die meisten haben draußen auf der Terrasse Platz genommen. Georg und Hannes gehen hinein. Sie setzen sich an einen freien Tisch, etwas weiter hinten.

Hannes bestellt einen Kaffee, Georg ein Bier.

Sie sitzen sich schweigend gegenüber.

Er ist gerade in seiner Welt. Von der ich nichts weiß, denkt Hannes, zumindest wenig weiß. Doch seine wohl tiefste Wunde, die kenne ich nun.

Ist es das? Dass ich seine Wunde kenne?

Der Kellner bringt die Getränke. Georg nimmt sein Glas und trinkt es sofort halb leer. Hannes rührt in seiner Kaffeetasse.

„Mit Bierglas und Kaffeetasse lässt sich schwer anstoßen, nicht wahr?" Georgs Augen sind auf den Tisch gerichtet.

Hannes lächelt stumm.

„Ich weiß nicht, warum, Hannes, aber … es war Zeit, an diesen Ort zu gehen … Es war gut, dass ich dort war. Endlich. Ein langes Menschenleben später. Er ist in einer besseren Welt."

Über Georgs letzten Satz ist Hannes verwundert, den hätte er nicht in seinem Innenleben vermutet. „Ja, Georg, er ist in einer besseren Welt … Und gleichzeitig ist diese Welt mit uns verbunden … Davon bin ich überzeugt … Es gibt eine Verbindung … Ich kann sie manchmal spüren."

„Ich bin kein gläubiger Mensch, Hannes. Das bin ich weiß Gott, ja, Gott weiß es, nicht. Es gibt vieles in meinem Leben, auf das bin ich alles andere als stolz."

„Aber du glaubst an eine andere Welt."

„Ja, er hat mir davon erzählt. Ich träume von ihm. Fast jede Nacht … Und ich … wünsche mir … zumindest … eine bessere Welt."

„Ich träume auch viel von meiner verstorbenen Frau. Und ich möchte dir etwas zeigen."

Hannes kramt in seiner Manteltasche. Er zieht ein mehrfach gefaltetes Papier heraus. „Das habe ich immer bei mir. Magst du es dir einmal durchlesen?"

Georg nimmt das Papier, faltet es auseinander und liest:

Steh weinend an meinem Grabe nicht.
Ich bin nicht da. Ich schlafe nicht.
Ich bin die tausend Winde, die wehen.
Ich bin das Glitzern auf dem Schnee.
Ich bin die Sonne auf gereiftem Korn.
Ich bin der sanfte Herbstregen.

Wenn du erwachst im Morgenrot,
Dann bin ich das rasche Aufflattern
Der Vögel, die still ihre Kreise ziehen.
Ich bin die Sterne, die nachts funkeln.
Steh weinend an meinem Grabe nicht.
Ich bin nicht da. Ich bin nicht tot.

(Unbekannter Verfasser)

„Ich danke dir, Hannes." Georg faltet das Papier zusammen und gibt es ihm wieder zurück.

Dann nimmt Georg sein Handy. „Ich rufe Peer an. Er soll uns vom Parkplatz abholen."

13 Der Teppich der Erinnerungen

Der nächste Morgen kündigt einen nebligen, novemberhaftgrauen Tag an. Grauenhaft novemberhaft, denkt Hannes. Er hat sich in seinem Bett aufgesetzt, nimmt ein großes Kissen und lehnt sich damit an die Wand. Er blickt auf den See. Dumpf liegt er da, ganz ohne Schimmer. Er hat keinen Schimmer. Hat keinen blassen Schimmer von dem, was andere durch ihn erleiden.

Der goldene Schimmer an sonnigen Tagen – nur schöner Schein. Verlockend verpackt.

Georg will den Tag heute allein verbringen. Das hat er gestern angekündigt. Am frühen Abend, nachdem Peer sie vom See zurückgefahren hatte, gab er Hannes die Hand. „Ganz gegen meine Art, Hannes, ganz gegen meine Art möchte ich heute Abend und auch morgen allein sein. Ganz allein. Auch ohne Peer."

Hannes steht auf und geht zur Terrassentür. Auf dem kleinen Tisch steht noch der Blumentopf mit Georgs Zigarettenkippe. *Die Guten ins Töpfchen ...*

Wo sind eigentlich die Spatzen heute?

Eine halbe Stunde später sitzt Hannes beim Frühstück. Wie schnell man sich an die Nähe zu einem anderen Menschen gewöhnen kann. Es ist gar nicht schön – so allein in der Loge.

„Sind Sie heute Morgen allein, Herr Sieberg?" Olga steht mit der Kaffeekanne neben ihm. „Ja, Herr Heeren kommt erst morgen wieder zum Essen herunter. Schön, dass Sie wieder da sind! Ich hoffe, es geht Ihnen wieder besser, liebe Olga."

„Danke, Herr Sieberg. Ja, es geht mir wieder gut ... Übrigens: Die Messe findet heute im Theatersaal statt, nicht im großen Veranstaltungssaal. Es haben sich dieses Jahr so wenige dafür eingetragen."

„Was für eine Messe?"

„Aber heute ist doch Allerheiligen."

„Allerheiligen ... Ach ja ... Danke, Olga."

Aha. Also nicht nur das Wetter ist wie im November. Es ist seit heute November.

Mit der Kirche hat Hannes es nicht. Nur seiner Frau zuliebe ist er manchmal mit ihr in die Sonntagsmesse gegangen. Nur im Urlaub betrat er freiwillig eine Kirche, aus Interesse an Kunstgeschichte und Architektur.

Er denkt an einen wunderschönen Sommerurlaub mit Frau und Kind in Umbrien. Der Dom in Orvieto. Luca Signorellis Fresken: *Die Auferstehung des Fleisches. Die Verdammten in der Hölle. Die Gerechten im Paradies.*

Diese gequälten Leiber auf den Fresken. Zu den Verdammten möchte man ja nicht gerade gehören. Und schon gar nicht mit seinem wiedererstandenen alten Körper. Schön fand er die Worte der italienischen Führerin, mit der sie damals den Dom besichtigt hatten. Sie sprach von der Vorstellung einer Art von *geistigem Kleid*, das körperlich wiederauferstehen würde, um sich mit der unsterblichen Seele zu vereinigen.

Diese Worte klingen in ihm bis heute nach.

Das mit dem Kleid, einem leichten, feinen, ist eine angenehme, eine tröstliche Vorstellung für Hannes. Anstelle eines beschwerlich und belastend gewordenen Körpers eine erlöste, neue Gestalt, jenseits unserer Vorstellungskraft. Eingehüllt in etwas Feines, Leichtes.

Seit er die intensiven Momente des Fühlens und des Atmens erlebt, die ihm die körperliche Schwere nehmen und die Leichtigkeit der Seele erahnen lassen, kann er mit der Auferstehung des Fleisches weniger denn je etwas anfangen. Er wünscht seiner Seele eine ewige Befreiung von aller körperlichen Last.

Ja, das sind die endzeitlichen Gedanken, die Hannes bewegen. Die aber seit gestern wieder einen Anker bekommen haben. Bei aller gedanklichen Vorbereitung – der untergehenden Sonne möchte er nun doch noch nicht entgegensegeln.

Nun überlegt Hannes, was sein Körper am heutigen Tag unternehmen möchte. An den See will er nicht. Ihm ist auch nicht nach Lesen in der Bibliothek.

Daher geht er nach dem Frühstück erst einmal auf sein Zimmer. Und setzt sich auf den kleinen Stuhl, auf dem Georg neulich gesessen hat, nicht in seinen Sessel. Er sieht auf die Terrasse. Nein, heute sind keine Spatzen da.

Dann steht er auf. Er geht an seine Vitrine, bückt sich und öffnet das unterste Fach. Er nimmt eine große Blechdose heraus. Er setzt sich, mit der Dose auf seinem Schoß, wieder auf den kleinen Stuhl. Er öffnet die Dose. Sogleich fallen ihm Unmengen von alten Fotos entgegen, sie rutschen von seinen Oberschenkeln hinunter auf den Teppich. Er steht auf, stellt die Dose auf den Stuhl und setzt sich auf den Boden.

Seine Gelenkigkeit verdankt er Evas Hartnäckigkeit. Hätte sie ihn nicht regelmäßig zum Yoga, sagen wir mal, motiviert, würde er sich schon lange nicht mehr auf den Boden setzen können. Er kennt eine Menge weitaus jüngere Leute, die dazu nicht in der Lage sind.

Es ist das erste Mal, dass er hier in diesem Zimmer auf dem Teppich sitzt. Hannes empfindet eine große Entspannung dabei. Der Boden lässt einen nicht nur die eigene Schwere spüren. Er gibt einem auch Halt. Fängt einen auf.

Nun legt er sich ganz flach auf den Boden. Tut das gut. Er streckt sich. Eigentlich das Einfachste auf der Welt. Aber warum macht man es dann so selten … Er streckt die Hände ganz weit über seinen Kopf, atmet tief in seinen Bauch. Nicht nur mit seiner Sehnsucht nach Leichtigkeit, auch mit der Ausrichtung nach oben zu den Wolken kann er entspannen. Hannes merkt, wie gut es ihm tut, sich einfach dem Boden unter ihm zu überlassen.

Jemand geht zu Boden … Das klingt immer nach Versagen. Nur nicht klein sein.

Hannes tut genau das im Moment gut. Einfach daliegen. Klein sein. Wieder ein kleiner Junge sein. Auf dem Kinderzimmerteppich liegen. Zwischen Himmel und Erde.

Wo genau wir uns in diesem Bereich befinden, ja, eigenartig, darüber nachzudenken, wir haben einen im wahrsten Sinn des Wortes *Spielraum*. Man kann sich elend fühlen auf dem Boden, zerschmettert und zentnerschwer. Man kann sich schwermachen wie ein Mehlsack. Viel schwerer, als man eigentlich ist. Doch schon mit der Vorstellung, Sonne und Luft in sich hereinzulassen, nur mit der Vorstellung, wirkt der Boden schon nicht mehr so hart. Und wenn ich dann an meine Psychologin denke, an meine Zehen, Knie und Schultern, dann werde ich nochmal leichter. Und auf einmal fühle ich mich so leicht, dass ich wieder in der Loge bei der Muppet Show sitze!

Hannes streckt alle viere von sich. Auch als alter Nörgler kann man sich noch erstaunlich gut fühlen! Man muss sich nur mal durchs Opernglas ein gut inszeniertes Stück ansehen.

Es gibt so viel Raum, in dem Bewegung möglich ist. Und wie wenig nutzt man davon. Wo hält man sich die meiste Zeit auf in diesem … ja, eigentlich *Freiraum*: Auf dem Sofa, auf dem

Bürostuhl. Dabei sind wir freier und beweglicher, als wir meinen.

An der Bar unseres Lieblings-Italieners saßen Eva und ich auch gern, denkt Hannes. Das Sitzen und Genießen war uns immer wichtig. Sport haben wir ja eher wenig gemacht. Gut, ich hatte meine Jogging-Phase in der schweren Zeit mit Marion. Ansonsten: Ein bisschen Yoga. Ein bisschen Radfahren. Ein paar wenige Wanderausflüge, die im Grunde nur Spaziergänge waren und letztlich immer als Ziel irgendein gastronomisches Erlebnis hatten.

Diese Ausflüge und Erlebnisse waren jedoch meist überschattet. Marion widersetzte sich schon früh allem, was Eva und er planten und unternahmen. Ihre Tobsuchtsanfälle und Trotzreaktionen führten dazu, dass sie sich für einige Jahre sehr aus ihrem Bekanntenkreis zurückzogen.

Zu Hause war es besser auszuhalten mit dem Kind. Aber einfach war es nie. Und wirklich schön? Selten.

Hannes denkt an Marions Kinderzimmer. Dann an sein Kinderzimmer. Er saß dort eigentlich immer auf dem Boden. Mit Puzzles und Bauklötzen. Mit einem Nachbarsjungen hat er manchmal Quartett gespielt. Welcher Panzer hat mehr PS? Höchstgeschwindigkeit? Doch am liebsten spielte er Memory. Wegen der schönen Bilder von Tieren und Pflanzen. Die meiste Zeit hat er es mit sich allein gespielt.

Nun blickt Hannes wieder auf die Fotos auf dem Teppich. Alles ist durcheinander. In allen Größen liegen die Bilder da. Auch irgendwie ein Memory-Spiel … Die meisten Fotos sind farbig. Doch es gibt auch viele in Schwarzweiß, teils mit gezackten Rändern.

Diese Blechdose begleitet ihn schon sein halbes Leben. Er hat sie von Wohnung zu Wohnung zu Wohnung zu Haus – und schließlich bis hierher ins Heim immer wieder in irgendwelche Umzugskartons gepackt. Um sie schließlich immer wieder in der gleichen Vitrine zu verstauen.

Die Vitrine hatte ihm einmal eine Tante vermacht. Da wohnte er noch bei seiner Mutter. Alle kamen und staunten, was der Junge Tolles geschenkt bekommen hatte. Er verstand das damals gar nicht. Er räumte seine Bücher, Spielsachen und Fotoalben hinein. Mehr als ein Ort der Aufbewahrung war es nicht für ihn.

Als er dann auszog, nahm er die Vitrine mit. Viel mehr Möbel hatte er auch nicht. Jetzt ist sie seine Schatzkiste. Der letzte verbliebene aller Schätze quasi.

Mit wie wenig hat man einst angefangen. Und von wieviel muss man sich eines Tages trennen. Wir sterben auf dem Gipfel unseres Wohlstands.

Dann beginnt das große Kopfzerbrechen: Wem vererbe ich welches kostbare Stück? Wird derjenige es in Ehren halten?

Hannes kommt ein Satz aus der Forsyte-Saga in den Sinn. Nach dem Tod dreier alter Tanten wird deren gesamter Hausrat versteigert. Das liebgewonnene und vertraute Heim – nun zerstückelt in lediglich Tische, Schränke, Betten, Teppiche. Der Vergänglichkeit allen materiellen Seins unterworfen. So resümmiert Soames Forsyte: *Sie müssen den Weg aller Möbel und allen Fleisches gehen.*

Aufgrund ihrer geringeren Größe dürfen Fotos dagegen weniger auffällig verschwinden oder den Besitzer wechseln. Ein Fotoalbum ist schnell in eine Tasche gesteckt. Oder auch weggeworfen. Ein Fotoalbum mehr oder weniger in einem Bücherschrank fällt auch nicht auf. Eine Blechdose mehr oder weniger in einer Kommode familiären Sammelsuriums ebenso wenig.

Und die Fotos hier: Viele sind darunter, von denen Hannes keine Ahnung hat, wie sie ihren Weg zu ihm gefunden haben. Eva war bei ihnen zu Hause die Fotobeauftragte. Und sie liebte es auch, selber fotografiert zu werden. Lachte stets in die Kamera.

In den Fotoalben, die ebenfalls noch in seiner Vitrine stehen, sind fast ausschließlich Bilder von sich, seiner Frau und ihrer Tochter. Gemeinsame Urlaube, Geburtstage, Feiern mit Freunden und Verwandtschaft. Jetzt entdeckt er ein Bild von Eva und ihrer Schwester Marga. Es zeigt die beiden in inniger Umarmung. Marga, die neunmalkluge und ehrgeizige Ärztin.

Auf anderen Fotos aus der Blechdose sind Personen, die zwar zum weiteren Kreis seiner Familie gehören, deren Namen er aber schon gar nicht mehr weiß. Auch ein paar Fotos von früheren Kollegen und Mitarbeitern sind darunter. Und ein paar Postkarten.

Alle sind sie tot. Fast alle. Die glücklichen Momente beim Tanz im Ausflugslokal, bei Kaffee und Kuchen auf der Hollywoodschaukel, beim fröhlichen Kinderfasching – vorbei. Für immer vorbei. Das Glück im Herzen jedes Einzelnen, die Hoffnung auf ein gelungenes Leben, gesunde Kinder, eine glückliche Ehe – der viel zitierte Wimpernschlag in der Geschichte der Menschheit.

Mehr ist es nicht. Eher weniger.

Was bleibt, ist eine Schachtel voller Erinnerungen, ein kleines Zimmer. Und wenn man sehr viel Glück hat, ist es eine große Schachtel und sind es schöne Erinnerungen. Ein prall gefülltes Leben, für das man Danke sagen kann.

Kann Hannes das sagen?

Er steht auf, geht zur Terrassentür, öffnet sie und geht hinaus. Es ist so grau wie heute Morgen beim Aufwachen. Obwohl es kalt ist, setzt Hannes sich auf einen Hocker, der unter dem Vordach steht. Ein Rotkehlchen hüpft im Gras vor seiner Terrasse. Nun hüpft es ganz nah an ihn heran.

„Na, bist du der leise Sänger, dessen Lied ich manchmal hören darf? Oder bist du eine Sängerin?"

Kein Spatz lässt sich heute blicken. Kein Schwan ist auf dem See zu sehen. Aber das zutrauliche Rotkehlchen besucht ihn. Wie schön.

Hannes denkt an Marions rotes Kleid gestern. Seine Augen füllen sich mit Tränen. Das mit der anderen Ebene, denkt er nun, so einfach ist es doch nicht ... Mein Gott, sie ist und bleibt doch mein Kind ... Und wirklich bereit sein, seinen Körper loszulassen ... Wenn's konkret wird, sieht schon alles anders aus ...

Was machen wir Menschen aus unserem Leben? Und was bleibt am Ende eines Lebens? Hannes fängt jetzt richtig an zu weinen.

„Menschlichkeit." Laut spricht Hannes dieses Wort aus. Ganz plötzlich kommt es aus ihm heraus. Alles ist still um ihn herum. Nur er ist da. Das Rotkehlchen. Und dieses Wort.

Dann sagt er laut zu dem Rotkehlchen: „Wenn ich Menschlichkeit sage, dann soll das nicht anmaßend klingen. Wir kennen wahrlich nicht immer das rechte Maß. Wer sind wir Menschen denn? Wir sind ein menschliches Tier. Das ist alles. Wir haben vergessen, dass wir Tiere sind wie Ihr. Wir sollten uns wieder mehr daran erinnern. Das würde uns gut tun."

Dann kann er plötzlich aufhören zu weinen. Langsam steht er auf. Er geht wieder hinein. Die Kälte draußen hat er kaum gespürt. Doch als er wieder im Zimmer ist, merkt er, wie ihn friert.

Er bückt sich, sammelt die Fotos ein und legt sie in die Blechdose. Die Dose stellt er wieder an ihren Platz in der Vitrine. Er schließt die Vitrinentür.

Einen Moment sieht er nochmals durch die Terrassentür. Das Rotkehlchen ist weggeflogen.

Dann nimmt er das Telefon. Er ruft ein Taxi, nimmt Hut und Mantel und verlässt das Zimmer.

14 Die Untertanen der Natur

Die Allerheiligen-Messe scheint gut besucht zu sein, denkt Hannes. Kein Mensch weit und breit.

Als er zum Eingang kommt, sieht er bereits das Taxi am Rondell stehen. Anstelle von Herrn Zelmat hat heute ein anderer Portier Dienst. Er sieht von seiner Zeitung auf, als Hannes vorbeigeht. Hannes kennt diesen Mann nicht. Er ist froh darüber. So kann sich die gegenseitige Begrüßung auf ein wortloses Nicken beschränken.

„In die Innenstadt, bitte." Hannes sitzt auf dem Rücksitz des Wagens.

„Katharinenplatz?", fragt der Taxifahrer zurück.

„Ja. Bitte."

Bis auf ein paar Arztbesuche, die er immer mit dem Sammeltaxi des Heims erledigt, ist es das erste Mal, dass Hannes einfach mal so, ohne Termin, in die Stadt fährt. Er hat keine Ahnung, was er dort will. Irgendwo zu Mittag essen. Sich einfach treiben lassen.

Mit der Messe muss es eigentlich gar nichts zu tun haben, dass ich niemanden gesehen habe, denkt Hannes. Denn vielleicht sind auch andere mal ausgebüxt, so wie ich jetzt. Obwohl – die meisten sind nicht mehr so rüstig wie ich. Die können zumindest nicht alleine weg. Die brauchen ihre Kinder, Enkel, Neffen, Nichten, Erbberechtigten aller Art.

Hannes muss über die Einteilung im Heim schmunzeln: Da gibt es die von der Pflege – und die Rüstigen. Dieses Wort, das kennt doch keiner mehr, der heute jünger als 40 ist. Rüstig? Was soll das sein? Wahrscheinlich sowas wie rostig. Na, da läge man ja auch nicht so ganz daneben. Wer von den jungen Leuten nicht gerade mit alten Menschen zu tun hat, wie Olga und Steffi, für den gibt es wahrscheinlich nur diese Unterscheidung: Die, die noch fit sind – und die im Altersheim. Und die auf dem Friedhof.

Hannes muss an einen Spruch von Waldorf und Statler denken: *Oben fit und unten dicht – mehr wünsch ich mir fürs Alter nicht!* Er darf nicht vergessen, ihn Georg zu erzählen.

Der Taxifahrer ist ebenso zurückhaltend wie der Portier. Gut so. Die ersten Minuten der Fahrt blickt Hannes nach links, auf den See. Unschuldig liegt er da. Unheimlich unschuldig.

Aber heute ist Hannes schon wieder etwas gnädiger mit ihm. Die Natur hat eben ihre eigenen Gesetze. Von den Bergen kann man abstürzen, und im See kann man ertrinken.

Aber Georgs Bruder, er war ein Kind. Georgs Mutter wünscht Hannes nachträglich ein qualvolles Ende. Bei Gelegenheit muss er Georg fragen, wie sie gestorben ist.

Der Mensch bewegt sich in der Natur. Und die Natur braucht den Menschen nicht. Weiß Gott nicht. So muss der Mensch eben sehen, wie er mit ihr zurechtkommt.

Fragt ein Mensch, wie die Tiere mit der Natur zurechtkommen? Ja, ein paar naive Naturschützer fragen das. Das war's dann aber auch. Und vor allem: Es fragen sich zu wenige Menschen, wie die Tiere mit den Menschen zurechtkommen.

Der Mensch will in Watte gepackt sein. Sich gegen alles absichern. Und sich bei den Tieren bedienen. Bei der ganzen Natur gierig bedienen.

Wer sind wir eigentlich, dass wir solche Ansprüche haben? Wir sind doch nichts als eine lächerliche Kompostmaschine. Essen rein, egal was, vor allem Fleisch von Tieren, und Hauptsache viel und billig. Das Ganze ein paarmal vergoren und zersetzt. Dann wieder raus mit dem Rest. Egal wohin. Keiner will etwas mit dem Rest zu tun haben. Hat sich erledigt, der Rest. Hat seinen Dienst getan. Weiter geht's mit der selbstgerechten Selbstbedienung.

Kaum ist Hannes wieder einen Tag allein, schon springen die unerbittlichen Grübelinstrumente seiner (Kompost-)Maschine wieder an. Das fällt ihm eben auf. Er kann sich heute regelrecht in Rage denken!

Nun sind sie da. Hannes sieht die Katharinenkirche vor sich. Noch bevor Hannes dem Taxifahrer das Geld geben kann, hat dieser schon seine Wurstsemmel ausgepackt. Hannes wird übel bei dem Anblick. Seit heute hat er offenbar wieder eine seiner vielen neuen Brillen auf, denkt er sich.

Am Platz vor der Kirche stehen mehrere Bänke. Und eben kommt die Sonne hinter den Wolken zum Vorschein. Hannes setzt sich auf eine freie Bank im Sonnenlicht. Er streckt die Füße von sich und legt die Arme links und rechts auf der Banklehne ab.

Herrlich, so zu sitzen, den Brustkorb richtig weit zu machen.

Hannes schließt die Augen. Er spürt seinem Atem nach. Er hört Kinderstimmen. Absatzgeklapper. Und die Stimme eines Mannes, der wohl eben mit seinem Handy an ihm vorbeigeht, offenbar ein Geschäftsmann. „Perfekt. Ich nehme den Flieger um 9 Uhr 30. Dann bin ich mittags im Hotel. Und denken Sie bei der Buchung an meine Bonuscard. Ciao."

Wie weit war das alles weg von ihm. Seine Zeit als Businessman. Was war er unterwegs gewesen – in Flugzeugen, Hotels, Besprechungsräumen, Lounges, VIP-Bereichen. Das war sein Leben. Seine Bühne. Er hat viel erreicht, viel aufgebaut. Hatte Ideen, Motivation. Er hatte Kraft! Er hatte Ziele!

Und er wurde erwartet. Von seiner Sekretärin. Von seinen Mitarbeitern. Geschäftspartnern. Und natürlich von seiner Eva. Und er selbst? Nach seinen Bühnenauftritten machte er am liebsten die Tür hinter sich zu. Um endlich wieder allein zu sein.

Und wer wartet jetzt noch auf ihn? Keiner. Das Grab wartet.

Nicht ganz. Marion wartet auf seine Überweisung. Halt – sie hat doch von Georg Geld bekommen.

Wie wird Georg heute den Tag verbringen? Ganz allein in seiner Wohnung? Wo er doch so schlecht allein sein kann.

Hat er bewusst den Allerheiligen-Tag dafür ausgewählt? Oder ist es Zufall? Es war ja auch Zufall, dass wir gerade gestern wieder an die Stelle am See kamen, dass ich ihn dorthin geführt habe. Ohne zu wissen, was ich da tat. Mein Gott. Ich hatte überhaupt nicht mehr daran gedacht.

Nun hat Hannes die Augen wieder geöffnet. Er sieht auf die Kirchenfassade. Er könnte sich die Katharinenkirche einmal von innen ansehen ... Ach, ein andermal. Es ist schließlich nicht Orvieto.

Inzwischen sind alle Bänke, auf die die Sonne scheint, besetzt. Als ein junges Paar mit Kinderwagen in seine Richtung steuert, steht er auf. Er nickt dem Paar lächelnd zu, das lächelt zurück und lässt sich auf der Bank nieder.

Hannes geht weiter in Richtung Altstadt. Er kennt ein nettes italienisches Lokal. Das steuert er an. Mal sehen, ob es heute geöffnet hat.

Er spaziert durch den Laubengang, bleibt ab und zu stehen und sieht in die Auslagen der Geschäfte. Feinkost, Geschenke,

Klamotten, Klamotten, Klamotten. Nach zehn Minuten steht er vor dem *Pepe Bianco*. Es hat geöffnet.

Die Sonne scheint den Feiertag für sich gewonnen zu haben. Im Innenhof des Lokals sind die Tische eingedeckt. Zwei sind noch frei. Einer davon in der Sonne.

Der Kellner führt ihn an den Sonnentisch. „Prego, signore. Una tavola al sole." Als Italiener in der Fremde hat man's doch wirklich leicht. Zumindest, was die Sprache betrifft. Das hatte Hannes immer fasziniert. Und er selbst liebte ja auch die italienische Lebensart. Dieses Italien nimmt einen einfach immer für sich ein, berührt einen mit allen Sinnen. Egal wie die Verhältnisse dort sind. Man hat immer Sehnsucht danach.

Manchmal zählt es nicht, wie die Dinge SIND. Da zählt nur, wie es sich anfühlt. Mit Argumenten hat das nichts zu tun.

Nachdem Hannes bestellt hat, faltet er seine Zeitung auseinander und beginnt zu lesen. Der Kellner bringt sein Bier. Dann hört Hannes eine Frauenstimme, die ihm bekannt vorkommt. „Nein, nicht im Schatten, das ist mir zu kühl." Und eine Männerstimme antwortet: „Dann müssen wir eben reingehen. Wäre aber schade. Denn Winter haben wir dann lange genug."

Hannes sieht auf. Er betrachtet das Pärchen. „Olga!" Hannes faltet seine Zeitung zusammen und steht auf. „Na, das ist ja ein Zufall. Sie können sich gerne zu mir setzen, wenn Sie wollen."

„Herr Sieberg! Hallo." Olga wendet sich an ihren Begleiter. „Wollen wir?" Der Mann nickt und kommt dann lächelnd auf Hannes zu. „Das ist sehr nett von Ihnen, vielen Dank."

„Darf ich Ihnen meinen Freund vorstellen, Herr Sieberg? Das ist Stefan." „Freut mich, Stefan. Kommt, setzt euch."

Da erst bemerkt Hannes, dass noch jemand dabei ist. Er blickt auf den Boden. „Und das ist Lino." Olga bückt sich und streichelt einen schwarzen Schnauzermischling.

Da fällt es Hannes ein. „Ja, richtig. Ich hab euch doch neulich auf dem Weg zum See getroffen. Und da war der Hund auch mit euch unterwegs, nicht wahr?" Er wendet sich an Stefan. „Und Sie auch. Natürlich. Jetzt erinnere ich mich wieder." Hannes macht eine kurze Pause. Dann räuspert er sich. „Ich war an diesem Tag etwas in Eile."

Olga und Stefan lächeln. Der Kellner kommt an den Tisch. Die beiden bestellen Pizza. Olga ein Wasser. Und Stefan ein Glas Rotwein.

„Rotwein mitten am Tag?" Hannes lacht etwas verlegen. „Das vertragen Sie?"

Stefan zuckt mit den Schultern. „Was soll ich machen? Ohne Wein schmeckt mir eine Pizza einfach nicht!"

„Na, und das kann ja keiner wollen! Und Sie, Olga, haben Sie heute Nachmittag frei?" „Ja. Und morgen den ganzen Tag. Ich habe noch einige Urlaubstage, die ich noch in diesem Jahr nehmen soll." „Na, es gibt Schlimmeres", meint Hannes augenzwinkernd. „Die freien Tage tun Ihnen sicher gut. Ich habe gehört, dass Sie neulich krank waren."

Stefan sieht Olga fragend an. „Du warst krank? Davon hast du mir gar nichts erzählt."

„Ach ja, vor ein paar Tagen ging es mir nicht so gut, stimmt. Aber jetzt ist es wieder ok."

Der Kellner bringt das Essen für Hannes. „Einmal Tagliatelle mit Lachs. Buon appetito. Ein bisschen Parmigiano? Bringe ich Ihnen gleich."

„Guten Appetit." Stefan sieht zu Hannes hinüber.

„Danke. Ich liebe Lachs. Es muss ja nicht immer Fleisch sein."

15 Der Clan der Italiener

„Sobald die Sonne weg ist, merkt man, dass wir doch fast Winter haben und nicht Frühling." Olga zieht sich ihre Jacke über.

Inzwischen sind nur noch wenige Tische besetzt. Als der Kellner an ihren Tisch kommt, um die drei Espressotassen abzuräumen, sagt Olga. „Wir zahlen dann bitte."

„Das übernehme ich, Olga."

„Aber Herr Sieberg ..."

„Es war ein so nettes Mittagessen mit euch. Es ist mir eine Freude, euch einzuladen."

Die beiden bedanken sich. Hannes zahlt.

Im Aufstehen wirft Olga mit ihrem Fuß versehentlich die kleine Wasserschale um, die der Kellner für den Hund gebracht hat und die unter dem Tisch steht.

„Stimmt. Da ist ja noch jemand." Hannes sieht auf den Boden. Gerade schüttelt sich der Hund und kommt unter dem Tisch hervor. „Ja, bist du ein Schöner. Und so ein Braver." Hannes streichelt ihn. „Na, geht's jetzt wieder nach Hause, Lino?"

„So gern geht Lino gar nicht nach Hause." Stefan sieht Hannes mit ernster Miene an.

„Wieso denn das?" fragt Hannes verwundert.

„Er ist so oft allein." Olga seufzt. „Ich kann ihn ja schlecht zur Arbeit mitnehmen. Und Stefan auch nicht."

„Und da ist er ganz allein? Den ganzen Tag?"

Die beiden nicken etwas schuldbewusst.

Hannes schüttelt den Kopf und seufzt. „Wie lange habt Ihr ihn denn schon?"

„Es ist Olgas Hund. Ungefähr ein Jahr, oder Olga?" Stefan sieht Olga an.

„Ja, ungefähr. Aber so viel allein ist er erst, seit ich hier im Heim arbeite. Also seit März. Da, wo ich vorher gearbeitet habe, konnte ich ihn mitnehmen."

„Olgas Nachbarn sagen, dass er die ganze Zeit bellt, wenn sie nicht da ist."

„Na komm mal her, du kleiner Lino Ventura." Hannes hebt den Kopf. „Lino Ventura. Sagt euch der Name was?"

Olga und Stefan schütteln den Kopf.

„Ist ja auch schon eine Weile her. Er war ein toller italienischer Schauspieler. Hat in Frankreich gelebt und mit Alain Delon und Jean Gabin gespielt."

Olga und Stefan nehmen die Information zur Kenntnis.

„Egal. Sagt mal: Kann ich euch irgendwie helfen mit dem kleinen Lino? Ich meine ... Ich hab ja Zeit ... Wenn Ihr wollt ... ich würde mich als Hundesitter zur Verfügung stellen."

„Was?!" Olga sieht Hannes mit ihren großen blauen Augen entgeistert an.

Hannes grinst. Und nickt.

Olga ist ganz durcheinander. „Also, Herr Sieberg ... Dass wir uns heute getroffen haben ... Und dass jetzt alles so kommt ..." Sie fängt zu weinen an.

„Aber Olga. Das ist doch kein Grund zu weinen." Hannes berührt sie vorsichtig am Arm. „Ich ... will Ihnen doch einen Gefallen tun ..."

Auch Stefan beugt sich zu ihr. „Mensch Olga. Freu dich doch."

Olga schluchzt. „Ja ja, ich freu mich ja ... Auch wenn ... ich ... Lino ... eigentlich nicht gerne weggebe ... Aber ... natürlich ... so wäre es besser für ihn ..."

Stefan gibt ihr ein Taschentuch. Dann wendet er sich an Hannes. „Herr Sieberg, da tun Sie wirklich ein gutes Werk. Und ... ja ... ich will Sie nicht drängen, aber ... hätten Sie vielleicht morgen schon Zeit?"

„So eilig haben Sie es, den kleinen Lino loszuwerden? Olga hat doch morgen auch noch frei, wie ich vorhin gehört habe."

„Das dürfen Sie jetzt nicht falsch verstehen." Stefan wird etwas verlegen. „Es ist nur so – ich möchte gerne, dass Olga mich auch mal in meiner Wohnung besucht. Bei mir in der Wohnanlage sind keine Haustiere erlaubt. Und ich hab morgen auch noch frei."

„Ach, Ihr wohnt gar nicht zusammen?"

Olga schüttelt den Kopf. Stefan ergänzt: „Noch nicht. Wir kennen uns auch erst seit zwei Monaten."

„Ein ganz junges Glück also! Wie schön ... Na, dann hört mal zu. Ich kann Lino gerne morgen schon nehmen. Wir könnten uns um 9 Uhr am Rondell treffen. Vorher spreche ich noch mit der Heimleitung. Bisher habe ich nämlich noch keine Hunde im Heim gesehen. Wird vielleicht gar nicht erlaubt sein ... Halt Stopp. Der Hausmeister hat doch einen Hund!"

„Stimmt. Herr Rainer hat einen Hund. Timmi." Olga hat sich inzwischen wieder beruhigt. „Der ist schon sehr alt. Frau Rainer sehe ich oft mit dem Putzeimer hinter ihm herwischen. Er verliert immer mal wieder etwas ..."

„Na dann wird es doch möglich sein, dass ich – zumindest tagsüber – auch einen Vierbeiner bei mir habe." Hannes lacht.

„Und wie wollen wir das dann immer organisieren? Ich meine, das mit morgen ist ausgemacht. Aber danach?" Stefan sieht Olga und Hannes an.

„Also, wenn ich Frühdienst hab, fang ich immer schon um halb sieben an. Sonst erst gegen halb eins mittags."

„Das mit der Frühschicht ist allerdings wirklich früh." Hannes kuckt etwas gequält.

Olga beruhigt ihn. „Da könnte ich Lino erst einmal im Auto lassen. Und ich hol ihn dann raus, wenn Sie mit dem Frühstück fertig sind.

„Ich überlege, was ich dann mit dem Hund mache, wenn ich zum Mittagessen gehe. In den Speisesaal kann ich ihn auf keinen Fall mitnehmen."

„Aber da kann er doch in Ihrem Zimmer bleiben." Olga sieht Hannes aufmunternd an. „Das kennt er ja nun wirklich."

„Das stimmt natürlich. Ich hoffe nur, er bellt dann nicht die ganze Zeit. So wie Ihre Nachbarn das berichtet haben." Hannes lehnt sich zurück. In seinem Gehirn geht es rund. „Und das wäre dann jeden Tag ..."

Hannes wird sich langsam der konkreten Folgen seines spontanen Angebots bewusst.

„Außer natürlich, wenn ich frei habe. Das wechselt immer. Am besten gebe ich Ihnen dann immer meinen Schichtplan."

„Hui." Hannes macht einen lauten Seufzer. „Eigentlich bin ich ja schon in Rente, Kinners ... Und eines ist klar: Jetzt im Winter kann der Hund nicht lange im Auto bleiben. Da würde es ihm ja noch schlechter ergehen als alleine bei Olga zu Hause ... Aber gut. Ich will euch helfen. Und dem Kleinen. Und wisst Ihr: Ich gehe sowieso jeden Tag am See spazieren. Und immer mit sich alleine Gassi gehen, das macht auch keinen Spaß. Außerdem habe ich mir vorgenommen, mehr Bewegung in mein Leben zu bringen!"

Hannes sieht zu Lino auf den Boden: „So, Lino, dann bist du ab sofort mein Fitnesstrainer!"

Alle drei lachen. So laut, dass der Hund zu bellen anfängt und an Olga hochspringt. „Ja, Lino! Mein lieber, lieber Lino!"

Jetzt bleibt der Kellner bei der kleinen fröhlichen Runde stehen. Er hat gerade alle Tische saubergemacht und die Stühle abgedeckt. Der sonnige Novembernachmittag ist vorbei.

„Möchten Sie vielleicht noch einen Grappa? Oder Averna? Sambuca?"

Nach zwei Sambuca und einem Averna ist die Terrasse des *Pepe Bianco* leer. Der Kellner schließt die Terrassentür hinter den dreien.

16 Die Schwelle in der Dunkelheit

„Steffi, würden Sie mir bitte noch ein Bier bringen?"

„Gern, Herr Sieberg."

Hannes seufzt. Aber erst, als Steffi weg ist. Er blickt nach draußen. Auf die Einfahrt.

Kann das noch die gleiche Einfahrt sein wie vor ein paar Tagen? Kann es noch der gleiche Tisch hier sein wie vor ein paar Tagen? Also, mal abgesehen von der Loge bei der Muppet Show: Bin ich noch Hannes Sieberg, 79 Jahre und eröffne demnächst eine Hundeboutique in Wuppertal?!

Er muss laut lachen. In dem Moment bringt Steffi das Bier. „Das war eben schön, Herr Sieberg, Sie so lachen zu sehen!"

„Ich habe mich zwar selber nicht gesehen – aber ich fand's auch schön! Gerade habe ich an Loriot gedacht. *Ich heiße Erwin Lindemann* ... Kennen Sie das?"

Steffi schüttelt den Kopf. „Aber Loriot hab ich schon mal gehört." Sie lächelt und geht weiter.

Tja. Die Zeit vergeht eben.

Noch einmal muss Hannes lachen. Diesmal ein bisschen leiser. „Ich heiße Hannes Lindemann, spiele in der Muppet Show mit und eröffne demnächst mit meinem Hund eine Papstboutique in Wuppertal ..."

Hannes Sieberg, bist du eigentlich noch ganz bei Trost? Was bindest du dir da mit deinen 79 Jahren ans Bein? Ok, du gehörst noch zur Fraktion der Rüstigen, bist noch gut zu Fuß, einigermaßen klar in der Birne. Obwohl – der heutige Tag lässt das Schlimmste befürchten …

Du hast noch nie ein Haustier gehabt. Nicht mal einen Goldfisch.

Er erinnert sich an die Mutter einer früheren Schulfreundin von Marion. Die Mutter war Französin, Marion damals in der Grundschule. Und von der Schulfreundin war die Katze gestorben. Bei irgendeiner Gelegenheit trafen Eva und er die Frau einmal. Eva fragte sie, ob sie sich wieder ein Haustier anschaffen wollten. Da schüttelte die Frau vehement den Kopf: „Pas un poisson rouge!"

Eva – was sagst du zu deinem Hannes?! Je oller, je doller. Ich fühl mich richtig gut heute!

Ich fühl mich sogar so gut, dass ich unbedingt jemandem davon erzählen muss. Noch heute. Eigentlich jetzt gleich.

Und ich weiß auch schon wem.

Hannes steht auf. Er hat sein Bierglas noch nicht ausgetrunken, aber es ist ohnehin schon sein drittes. Und heute Mittag hatte er auch schon eines.

Flotten Schrittes geht er aus dem Speisesaal. Wenn er jetzt jemanden getroffen hätte, dann hätte er ihm von Hannes Lindemann erzählt. Aber wie fast immer war er wieder allein auf dem weiten Flur.

Die erste Treppe geht er flott nach oben. Anfang der zweiten wird er auf einmal langsamer. Es strengt ihn an. Er bleibt kurz stehen, macht ein paar ruhige Atemzüge, dann geht es wieder. Die folgenden Stufen nimmt er etwas langsamer.

Dann denkt er an Georgs Bitte, den heutigen Tag allein verbringen zu wollen. Georg ist kein Mann, der nur irgendwas dahinsagt. Ungefähr an der Stelle, an der sich Hannes eben befindet, ordnete Georg vor nicht allzu langer Zeit an, ja keine Krankenschwester zu rufen nach seinem Sturz. Und Hannes war sofort klar, dass Georgs Wunsch quasi Befehl war.

Nur etliche Tage ist das her. Nicht zu glauben.

Hannes bleibt einen Moment stehen. Da vorne ist die Flügeltür. Nur ein paar Schritte entfernt.

Da geht das Licht aus.

Wenn das einem gebrechlichen Heimbewohner auf der Treppe passiert, kann's vorbei sein. Unmöglich, diese Zeitsteuerung bei den Lampen. Werde ich morgen mal jemandem von der Verwaltung sagen. Ich muss ja sowieso hin ...

Da steht er nun. Im Dunkeln. Quasi aus vollem Lauf abgebremst. So schnell kann's gehen, so unerwartet. Gas. Bremse. Zappenduster.

Was soll er jetzt tun? Soll er überhaupt weitergehen?

„Lebe jeden Tag so, als wäre es dein letzter, Hannes." Leise kommt ihm dieser Satz über die Lippen. Wo kommt dieser Satz auf einmal her?

Seine Beine bewegen sich ganz von selbst. Er tut nichts dazu. Seine Hand drückt ganz von selbst auf die Klingel.

Er ist aufgeregt. Sein Herz schlägt ihm bis zum Hals.

Dann hört er Schritte in der Wohnung. Sieht Licht im Spalt unter der Türe.

Plötzlich steht Georg vor ihm. Er trägt einen schwarzen Anzug. Sein weißes Hemd ist komplett aufgeknöpft, hängt teilweise aus der Hose. Und er ist barfuß.

„Hannes ..." Georg lächelt ihn an. Er sieht nicht gut aus.

Aber Hannes fällt zunächst ein Stein vom Herzen. Er hatte auf einmal richtig Angst. Vor Georgs Reaktion.

„Komm rein, Hannes ..." Georg geht einen Schritt zurück. Er schwankt.

Er lallt, denkt Hannes. Er ist betrunken.

Sie gehen in den Salon. Dort brennen jede Menge Kerzen. Der Raum ist nur durch Kerzenlicht erhellt. Die meisten Kerzen stehen auf dem großen Esstisch. Sie sind symmetrisch angeordnet. Wie auf einem Altar, denkt Hannes. Wie bei einer Messe. Einige Kerzen sind schon komplett verloschen, einige ragen bedenklich schief aus verschiedenen Kerzenständern und Kandelabern.

Auf dem Tisch stehen zwei Weinflaschen. Eine davon ist der Chianti, den er Georg geschenkt hat. Leer. Beide leer.

Es läuft das Klarinettenkonzert von Mozart.

Georg lässt sich auf ein Sofa fallen. Er legt sich hin. „Hannes, mir ist so heiß ..."

Hannes setzt sich zu ihm. Da fängt Georg zu weinen an. Er krümmt sich und weint. Er schluchzt wie ein kleines Kind.

Hannes streicht ihm über den Kopf.

Dann steht er auf. Er nimmt eine goldfarbene Decke, die auf einem der Sessel liegt. Er deckt Georg damit zu. Georg zittert.

„Bleib liegen. Ich hol dir ein Glas Wasser."

Georg hat die Augen geschlossen. Er schnieft. Er nickt.

Hannes muss sich jetzt erst einmal orientieren in der riesigen Wohnung. Wo bitte geht es hier zur Küche? Er überlegt, aus welcher Richtung Peer damals kam, als er die verschiedenen Speisen brachte. Ja, diese Richtung war es.

Die Wohnung ist ein Traum. Sie ist wie ein Besuch in einem italienischen Palazzo. Ich fühle mich, als sei ich verreist. Und nun muss ich hier, in diesem Hotel, meinem Freund helfen. Scusi, wo bitte geht es hier zur Küche? Dort entlang? Mille grazie.

Mit einem großen Glas Wasser kehrt Hannes schließlich in den Salon zurück. Georg hat es innerhalb weniger Sekunden ausgetrunken. Er legt seinen Kopf wieder auf das Sofa. Das Gesicht ist noch immer nass von seinen Tränen.

Hannes nimmt ein Taschentuch. Er tupft Georgs Gesicht vorsichtig trocken.

Inzwischen ist die Musik aus. Und Georg scheint einzuschlafen.

„Georg. Komm. Ich bring dich in dein Schlafzimmer."

Einen Moment befürchtet Hannes, Georg könne über diesen Vorschlag ungehalten reagieren. Aber er richtet sich recht bald auf. Er zieht sich an Hannes' Arm nach oben. Wie ich diese Bewegung kenne, denkt Hannes.

Georg stützt sich auf ihn. Hannes steuert die Kraft zum Anlehnen bei, Georg seine verbliebene Kraft zum Lenken in die richtige Richtung. Diesmal achtet Hannes nicht auf die Dinge, an denen sie auf ihrem Weg durch die Wohnung vorbeikommen. Er achtet nur darauf, dass er Georg heil zu Bett bringt.

Schließlich erreichen sie das Schlafzimmer – in dieser Hotelsuite. Hannes schlägt die Decke zurück, Georg legt sich ins Bett. Hannes deckt ihn zu.

In Gedanken sagt er zu Georg: Morgen sehen wir uns die Stadt an. Ich denke mal, wir sind gerade in Florenz. Und mit Ton: „Schlaf jetzt. Morgen früh besuche ich dich wieder. Ich schreibe dir noch meine Telefonnummer auf. Den Zettel lege ich dir hier auf den Nachttisch. Ruf mich an, wenn irgendwas ist. Bitte. Und egal, wie spät es ist."

Ganz leise spricht Hannes. Ob Georg es noch hört, weiß er nicht.

Leise geht Hannes aus dem Zimmer. Der Parkettboden knarzt.

Er blickt sich noch einmal um. Wie früher, wenn er sein Kind ins Bett gebracht hat. Noch einmal sichergehen, dass man auch wirklich gehen kann und seinen Schützling nicht im Stich lässt.

Hannes sucht den Weg zurück in den Salon. Wie ein kleiner Louvre hier.

Er bläst die Kerzen aus. Eine war bereits aus einem großen Kandelaber auf den Esstisch gefallen. Das Wachs ist noch frisch.

Mein Gott, die Kerzen hier hätten Kleinholz machen können aus dieser Wohnung. Und aus Georg.

Gestatten: Kleinholz. Georg Kleinholz. Hannes ist es, als höre er Georgs Stimme. Als sähe er sein draufgängerisch-verschmitztes Gesicht dazu.

Dann seufzt er. Und lächelt gleichzeitig erleichtert vor sich hin. Als er die Flügeltür hinter sich zuzieht, sieht er auf seine Armbanduhr. Es ist halb zehn.

Morgen früh um halb zehn wird er wieder vor dieser Tür stehen. Und er wird jemanden bei sich haben. Seinen guten alten Freund Lino Ventura.

17 Ich bin der sanfte Herbstschnee

Für den nächsten Tag, den 2. November, hat Hannes sich den Wecker gestellt. Normalerweise wacht er immer gegen 7 Uhr auf. Aber er will sichergehen, dass er ja nicht zu spät dran ist. Lieber früher.

Nachdem er am Vorabend bereits gegen zehn Uhr im Bett war und zunächst tief geschlafen hat, ist er nach Mitternacht immer wieder aufgewacht und hat auf den Wecker gesehen. Er war aufgeregt. Irgendwie hat er noch gar nicht richtig realisiert, wie sich am Allerheiligen-Tag die Ereignisse überschlagen haben.

Heute ist also der Tag, an dem er noch einmal Familienzuwachs bekommen soll. Er, der alte Mann! Der alte Mann und der Hund.

Diese Gedanken und dazwischen ein wenig Schlaf, so vergehen die Stunden bis zum Morgen.

Der Wecker klingelt um halb sieben. Hannes ist kein bisschen mehr müde, schwingt sich sofort aus dem Bett.

Von draußen scheint es seltsam hell ins Zimmer herein. Hannes geht zur Terrassentür. Es hat geschneit! Wie ist das möglich? Gestern noch im Sonnenschein zu Mittag gegessen – und heute Winter.

Richtig heilig, diese Schneeflocken! Hannes genießt den Anblick des feinen, lautlosen Flockenwirbels. Alles heilig nach Allerheiligen ...

Hannes zieht sich schnell seinen Mantel über und schlüpft in seine Halbschuhe. Die Winterstiefel hat er noch nicht parat. Dann geht er hinaus auf die Terrasse.

Diese Luft ... Diese heilige Winterluft ...

Hannes saugt sie hungrig – oder auch durstig – in sich ein. Ganz so, als wolle er sich einen Wintervorrat an Frischluft anlegen. Nach einem Wort für eine ordentliche Portion Luft sucht er nach wie vor vergeblich.

Er fühlt wieder die Verbindung zur Leichtigkeit. Ihr Flocken, wo kommt Ihr nur alle her ... Von jeder von euch würde ich gerne ihre Geschichte hören. Die Geschichte von Frau Holle zum Beispiel. Auf einmal taucht Ihr auf, aus der Unendlichkeit, wirbelt durch die Luft. Und dann seid Ihr das Glitzern auf dem Schnee ...

Ist es der Befreiungstanz eurer Seelen? Genießt Ihr den unendlichen Raum, genießt, dass Ihr frei seid von aller Schwere, von allen Begrenzungen? Habt Ihr sie schon erlebt, die grausame Einengung in einem schwerfälligen Körper?

Irgendwann werde ich bei euch sein. Und ich wünsche mir, dass ich dann so tanzen kann wie Ihr.

Doch dann erschrickt Hannes.

Ja, im Grunde ist er vorbereitet. Er ist bereit, sich zu befreien, von allem Körperlichen. Er hat es schon so oft *geübt*.

Doch – er fängt fast an zu lachen bei dem Satz, der ihm eben in den Sinn kommt: Er geht von der Terrasse in die Wiese, in den Schnee. Dann wendet er seinen Kopf nach oben in Richtung Himmel. Es schneit auf sein Gesicht. Die schönste Morgendusche seines Lebens. Dann sagt er laut nach oben: „Aber heute, heute ist es schlecht ...!"

Er lacht. Er lacht laut vor sich hin. Und wiederholt: „Heute ist es schlecht. Heute habe ich leider noch keine Zeit ... Ihr wisst ja warum: Lino kommt ..."

Und nicht nur um Lino muss ich mich kümmern. Ich muss ja auch nach Georg sehen.

Jetzt wird Hannes kalt, in seinen Halbschuhen im Schnee. Schnell geht er wieder ins Zimmer.

Nun nimmt er eine andere Dusche, eine heiße, mit allem Komfort. Dann zieht er sich an. Um halb acht ist er fertig. Nach einem kurzen Abstecher in die Bibliothek sitzt er wenig später mit seiner Zeitung im Speisesaal.

„Soll ich für Herrn Heeren auch schon Kaffee bringen?" Steffi steht neben seinem Tisch.

„Warten Sie noch. Es kann sein, dass er heute etwas später kommt."

Als Hannes vorhin in der Bibliothek war, hat er kurz überlegt, ob er bei Georg klopfen soll. Aber so früh ist er bisher nicht zum Frühstück gekommen. Vielleicht ist auch Peer schon bei ihm. Und irgendwie wäre Hannes das jetzt etwas zu nah, zu familiär gewesen. Schon zweimal hat er Georg nun schon in sehr zerbrechlichem Zustand erlebt.

Georg, dieser kraftvolle und elegante Mann. Diese eindrucksvolle toskanische Zypresse.

Wenn er nicht so groß und schlank wäre, hätte Hannes einen passenden Namen für ihn: der Etrusker. Das soll ja ein Volk gewesen sein, das dem Genuss und dem Luxus durchaus zugetan war. Zumindest die Oberschicht. Und da hätte Georg natürlich dazugehört.

Aber der Körperbau der Etrusker war eher klein und stämmig. Also wenn schon Zypresse, dann wäre Georg eine schlanke, hoch gewachsene, vielleicht eine griechische.

Und gestern hat es die elegante Zypresse ganz schön umgepustet.

Jetzt sieht Hannes im Augenwinkel, dass ein Auto die Auffahrt entlangfährt. Er dreht seinen Kopf nach rechts. Es ist Peer, in Georgs Limousine. Langsam gräbt der Wagen seine Spur in die dünne Schneedecke der Auffahrt.

Das ist gut, dass Peer nun da ist. Hannes sieht auf die Uhr. Es ist halb neun.

Er fängt an, in der Zeitung zu lesen. Aber bald legt er sie wieder weg. Er kann sich nicht konzentrieren. Er muss immer daran denken, wie es Georg wohl gehen mag.

Kurz entschlossen steht er auf.

Er eilt die Treppe in den zweiten Stock hinauf. Und auch heute gerät er bereits vor dem Ende der Stufen ganz schön außer Puste. Er bleibt stehen. Und will eben ein wenig ausruhen, da hört er eine Tür ins Schloss fallen und kurz darauf Schritte auf dem Flur.

Peer kommt ihm entgegen.

„Herr Sieberg, guten Morgen."

„Guten Morgen, Peer. Ich bin eben auf dem Weg zu Georg. Ist er schon auf?"

„Nein. Er schläft noch."

„Ich wollte nach ihm sehen. Dann wird er wohl heute nicht zum Frühstück runterkommen."

„Eher nicht. Ich habe für ihn schon etwas zu Essen vorbereitet."

Hannes nickt.

„Herr Sieberg, ich habe jede Menge Kuchen dabei. Unten im Auto. Meine Freundin hatte gestern Geburtstag und es ist viel übrig geblieben. Ich würde Ihnen gern ein paar Stücke geben. Möchten Sie?"

„Kuchen? Aber sehr gerne. Nett von Ihnen, Peer."

„Wollen Sie gleich mit mir runterkommen zum Rondell? Dort steht der Wagen."

Hannes geht mit Peer hinunter zum Haupteingang. Auf dem Weg unterhalten sich die beiden ein wenig. Peer erzählt, dass er mit seiner Freundin in einem kleinen Ort ganz in der Nähe wohnt.

Als sie unten am Rondell sind und Peer eben den Kofferraum aufmacht, kommt ein blaues Auto die Auffahrt entlang. Hannes sieht gleich, dass es Olga ist.

Und ich habe noch gar nicht mit der Heimleitung gesprochen, denkt Hannes. Total vergessen ... Genauso wie meinen Mantel. An den Winter muss ich mich erst noch gewöhnen.

„Peer, jetzt werden Sie gleich staunen."

Hannes geht auf das Auto zu, das auf der anderen Seite des Rondells angehalten hat. Olga steigt aus.

„Guten Morgen, Olga. Na, wo ist denn unsere Hauptperson?" „Guten Morgen, Herr Sieberg. Lino ist hinten."

Olga geht um das Auto herum und öffnet die Heckklappe. Sofort springt Lino heraus. Hannes erfreut sich an den kleinen Pfotenabdrücken im Schnee. Lino schüttelt sich. Danach steuert er auf den nächstgelegenen Strauch zu und hinterlässt dort seine Duftnote.

„Genau. Gleich das Revier markieren." Hannes beobachtet lächelnd, wie der Hund die Wiese neben dem Rondell erkundet.

„Ja, da sind jetzt neue Gerüche. Alles neu für ihn. Hoffentlich …" Olga sieht Hannes mit einem fragenden Blick an. „Aber Sie werden gut auf ihn aufpassen, nicht wahr …?"

„Aber Olga! Selbstverständlich! Machen Sie sich keine Sorgen! Und wenn ich unsicher bin oder Fragen habe, dann ruf ich Sie an. Ist doch klar."

Olga nickt. Dann gibt sie Hannes einen Zettel. „Ich habe Ihnen hier aufgeschrieben, wann er etwas zu Essen bekommen soll und wann Trocken- und wann Feuchtfutter. Meine Handy-Nummer steht auf drauf. Und hier in der Tasche ist sein Lammfelldeckchen. Und eine Schale für Wasser und eine für das Futter. Ach ja, und Doggybags sind auch noch drin. Ganz wichtig …"

Hannes lacht und nimmt die große Tasche, die ihm Olga reicht. „Oh ja, Input und Output! So muss es sein."

„Fast wie einem kleinen Baby, nicht, Herr Sieberg? Ich weiß ja nicht, ob Sie Kinder haben …"

Hannes wird verlegen. Er sieht auf den Boden und macht einen tiefen Atemzug. „Gut, Olga, ich denke, wir haben dann alles Wichtige besprochen. Und ich möchte schnell wieder ins Warme gehen. Mir ist kalt."

Jetzt ist Olga ebenfalls etwas verlegen. „Ich hoffe, Sie bereuen Ihr Angebot nicht. Wissen Sie, wenn es nicht geht, dann …"

„Auf keinen Fall. Ich freue mich doch auf das kleine Kerlchen. Und mein neues Fitnessprogramm! Aber sagen Sie: Wird Lino denn jetzt einfach so mit mir mitgehen?"

„Hmm. Darüber habe ich auch schon nachgedacht. Ich denke, das Beste ist, wenn ich jetzt mit Ihnen in Ihr Zimmer komme. Dann lege ich dort sein Deckchen hin. Das ist für ihn ein Stück Zuhause. Und dann stelle ich seine Wasserschale daneben und gebe ihm noch etwas zu Knabbern. Da ist er beschäftigt. Und danach werde ich mich langsam verkrümeln."

„Ich war übrigens noch nicht bei der Heimleitung. Das mache ich dann noch im Laufe des Vormittags. Wird kein Problem sein, denke ich."

„Denke ich auch. Hoffe ich!"

„Das wird schon."

Jetzt wälzt Lino sich im Schnee. „Das liebt er! Macht er übrigens auch gern auf Teppichen. Ist ein Zeichen, dass er sich wohlfühlt."

„Das kann er gerne auch auf meinem Teppich machen." Hannes denkt daran, wie entspannt er selbst neulich selbst auf seinem Teppich lag. Und bald wird dieser kleine Italiener darauf seine Siesta machen.

Als Hannes und Olga mit Lino Richtung Eingang gehen, kommen sie an Georgs Limousine vorbei. Da fällt Hannes der Kuchen wieder ein. Daran hat er – vor lauter Lino – gar nicht mehr gedacht. Er sieht Peer hinter dem Lenkrad sitzen. Er ist mit seinem Handy beschäftigt, sieht nicht auf.

„Ach, Olga, einen Moment noch." Hannes geht zur Fahrertür und klopft vorsichtig an die Scheibe. Peer fährt die Fensterscheibe herunter. „Bitte entschuldigen Sie, Peer, vor lauter Freude über den Hund hab ich ganz den Kuchen vergessen."

„Was für ein Hund?" Peer sieht Hannes fragend an.

„Na, der hier." Hannes zeigt in Richtung Eingang. Dort steht Olga. Daneben kratzt sich Lino gerade mit der Vorderpfote am Ohr.

Peer sieht sich kurz um. Und dreht sich schnell wieder weg. Er sagt keinen Ton.

Er legt sein Handy auf den Beifahrersitz und steigt aus dem Wagen. Der Kofferraumdeckel stand die ganze Zeit offen. Peer holt ein großes Kuchenpaket heraus und gibt es Hannes.

„Sehr nett von Ihnen, Peer. Vielen Dank."

„Gern geschehen. Lassen Sie sich's schmecken. Und sagen Sie, Herr Sieberg: Was haben Sie mit dem Hund da vorne zu tun?"

„Tja, Peer, inzwischen habe ich gleich zwei neue Freunde gefunden: Ihren Vater und diesen Hund. Ab sofort wird der Kleine tagsüber immer bei mir sein. Die junge Dame, der er gehört, hat leider wenig Zeit für ihn. Alles Weitere ein andermal. Mir ist kalt."

„Das freut mich für Sie, Herr Sieberg."

Die beiden verabschieden sich. Kurz darauf lernt Lino seine neue *Hundetagesstätte* kennen.

18 Gott sucht den Menschen (Lukas 15, 1–10)

Es macht *knack* ... und nochmals *knack*. Was für unsereins eine Tüte Chips beim Fernsehen ist, scheint für einen Hund ein getrocknetes Schweineohr zu sein.

Hannes sitzt, wo sonst, in seinem grünen Sessel. Und seit einer halben Stunde gilt sein Blick ausnahmsweise mal nicht dem See und den Schwänen. Zufrieden lächelnd sieht er Lino beim genussvollen Knabbern zu. Der Hund liegt auf seinem Lammfelldeckchen. Olga hat es unter Hannes' kleinen Esstisch gelegt. „Hier hat er eine kleine Höhle. Da wird er sich wohlfühlen."

Sowas Goldiges wie dieser Hund. Hannes muss ihn die ganze Zeit ansehen. Lino hat ein gewelltes schwarzes Fell, das wunderschön glänzt. Und intensive braune Augen. Sein Blick geht Hannes durch und durch.

Warum haben Eva und ich uns nie einen Hund angeschafft? Gut, ich war viel unterwegs. Aber Eva ja immer zu Hause. Es war nie ein Gedanke. Natürlich gab es die Phase, als Marion Kaninchen, Hamster und Meerschweinchen süß fand. Aber bald waren ihr ja andere Dinge wichtig.

Wie friedlich es hier im Zimmer ist. Langsam wendet Hannes seinen Kopf von Lino ab – und hin zum See. Der altbekannte Blick. Nur jetzt zum ersten Mal das Ganze in Weiß. Der Schnee bringt den Frieden, denkt Hannes. Draußen, in der Natur. Und hier drin.

Hannes erinnert sich an den Blick aus seinem Kinderzimmer. Wie es war, als er in der Adventszeit am Fenster saß und bastelte und malte. Wie alle Kinder liebte er den Zauber der Weihnachtszeit. Doch er war auch immer ein wenig traurig dabei. Alle anderen, Kinder wie Erwachsene, waren in dieser Zeit immer voller Freude und Geschäftigkeit. Für klein Hannes war der Winter, und ganz besonders die Adventszeit, etwas so Kostbares, dass er gleichzeitig auch traurig war. Traurig, weil er wusste, dass diese Zeit bald wieder vorbei sein würde. War er schon als Kind der pessimistische Typus Mensch, der ein halb gefülltes Glas als halb leer betrachtet – und nicht als halb voll?!

Das war ich wohl, denkt Hannes. Aber er vermutete gleichzeitig, dass er den Zauber der Schneelandschaft und der Weihnachtswelt deshalb festhalten wollte, weil die Menschen da einfach anders waren. Man nahm sich Zeit zum Basteln, Lesen und Vorlesen. Man glaubte an Wunder! Und man hörte Geschichten über einen Menschen, der anders war. Der mutig war. Und einsam. Da nahm man sich diesen Menschen als großes Vorbild. Man respektierte seine aufrüttelnden und unbequemen Worte.

Und wenn die Weihnachtszeit vorbei ist und man im Alltag einem Menschen begegnet, der anders ist, der einen mutigen und einsamen Weg geht – dann ist so jemand doch ein Sonderling! Ein komischer Typ! Was arbeitet er eigentlich? Wieviel verdient er? Leistet er irgendetwas?

Und, ganz wichtig: Wie findet denn die beste Freundin diesen Typen? Und meine Nachbarn? Wenn er ein angesagter Künstler ist, ach so, ja, dann ist er eben etwas exzentrisch. Ein Künstler eben. Wie, er macht demnächst eine Vernissage? Mensch, da bin ich dabei. Ist ja sowas von angesagt.

Ein Künstler! Hannes regt sich richtig auf. Ein Künstler! Hannes denkt an Eva. Für diese Art von Prosecco-Künstlern war sie leider sehr empfänglich. Mit Grausen denkt er an diverse Vernissagen, bei denen er dabei war. Sein musste. Ihr zuliebe …

Ein wahrer Künstler braucht keine Inszenierung und keinen Prosecco. Was ist denn ein Künstler überhaupt? Das Wort hat doch inzwischen schon den Beigeschmack des Abgehobenen, Selbstverliebten bekommen. Das Wort allein riecht schon nach Prosecco!

Nach Hannes' Verständnis ist ein Künstler ein Mensch, der einen Ruf in sich verspürt, eine Botschaft hat – etwas, das aus seinem tiefsten Inneren kommt. Eine Botschaft, die er sich auf seinem Schaffensweg erleidet. Ob er dafür Beifall bekommt oder nicht. Ob er damit Geld verdient oder nicht.

Auch wenn er für seine Botschaft, seine unbequeme Wahrheit ans Kreuz genagelt wird?

Ein Kreuz kann viele Gesichter haben: Verachtung, Isolation, Verleumdung, seelische und körperliche Verletzung, Mord. So wie Maler, Schriftsteller, Komponisten in der NS-Zeit ans Kreuz genagelt wurden. Die Grausamkeit hat viele Gesichter.

Wenn es zum Schwur kommt – wie wichtig ist einem dann noch die eigene Botschaft? Wenn man allein ist, wenn man bedroht wird.

Dietrich Bonhoeffer, er war schon auf dem rettenden Boden der USA – und ist umgedreht. Er wusste, dass in Deutschland ein Kreuz auf ihn wartet. Aber er konnte seine Botschaft nicht verleugnen. Nackt musste er zum Galgen gehen. Bis zu der Sekunde, in der er gehängt wurde, hat er gebetet. Er hat seine Botschaft gelebt. Bis zum letzten Atemzug. Und seine Botschaft lebt noch immer.

Und an Weihnachten: Da macht man schön sein Kreuzzeichen in der Kirche. Weil es alle machen. Denkt denn ein Mensch wirklich darüber nach, was der Tod am Kreuz bedeutet? Was Mord bedeutet? Dass das Kreuz für die Ermordung eines Menschen steht, der eine Botschaft hatte.

Hannes wird immer wütender: Dieses vom Kommerz inszenierte Weihnachtsfest ist doch ein einziger beschämender

Maskenball! Die besondere Botschaft – sie ist IN uns oder nirgends! Es muss eine innere Kirche sein. Alles andere ist doch nur Dekoration. Verpackung!

Er seufzt. Und fragt sich, ob er eigentlich ein religiöser Mensch ist? Er glaubt an eine ewig göttliche Kraft. Ja. Die gütige Kraft, die er auf seinem Baumstamm am See spürt. Beim Blick auf den See, auf den Schnee. Beim Lauschen auf das Flügelflattern der Schwäne.

Aber ein Kirchgänger, also einer, der in einen Gottesdienst geht, das ist er nicht. Hannes sagt nun laut: „Der See – das ist meine Kirche."

Ein *Knack* unterbricht ihn in seinen Gedanken. „Na, Lino. Knabber noch ein bisschen. Ich brauch das jetzt, mein Wintergrübeln." Linos Hintergrundknacken wirkt so beruhigend, denkt Hannes sich. Das ist schön für die Gedanken, wenn sie ein wenig begleitet werden. Er denkt an Herbert von Karajan. Christa Ludwig sagte einmal über ihn, er habe den Sängern einen *Klangteppich* ausgebreitet und sie auf Händen getragen.

Wunderbar!

Oh ja, die Gedanken zur Winter- und zur Weihnachtszeit – die gehen schon sehr tief bei Hannes. Jetzt versteht er auch, warum er seit jeher ein Silvestermuffel ist. Ja, Silvester nervt ihn. Stört seine innige Weihnachtszeit. Ende Dezember ist er nicht bereit für Partymusik und Luftschlangen. Für einen Maskenball! Das ist es, dieses plötzliche Umschalten, vom Kreuzzeichen in der Kirche zu den Luftschlangen, was ihn so empört. Wie muss sich der Weihnachtsbaum im Wohnzimmereck fühlen am 31. Dezember? Die Silvestergala im Fernsehen, nur sieben Tage nach Heiligabend. Dafür hat man ihn abgehackt? Auch hier bedient sich der Mensch in seiner Gier. Auch hier ist jeglicher Respekt verloren gegangen.

Jetzt sitzt Hannes hier im Altersheim – und weiß noch genau, wie es damals in seinem Kinderzimmer war. Als er das

Verzauberte in sich festhalten wollte. Seine selbst erschaffene innere Welt.

Hannes schüttelt still den Kopf. ER, mit diesen Gedanken, ausgerechnet er bewegte sich sein halbes Leben in der Werbebranche. Dort, wo das Verdrehen, Manipulieren, Über- und Untertreiben, die Täuschung gang und gäbe sind.

Hatte er in dieser Zeit etwas in sich abgespalten?

Wie konnte das sein? War es Evas Weg, den er gegangen war? Ihr zuliebe die Vernissagen, Vinotheken?

Das wäre verlogen, meint Hannes. Ich hatte schon gerne Erfolg. Und bin auch gerne dafür bewundert worden. Den einfachen Automechaniker, auf den meine Mutter immer so stolz war, den hatte ich wohl abgespalten. Ich war einer geworden, der's geschafft hat! Ich hatte gelernt, mich zu bewaffnen. Gegen andere in den Kampf zu ziehen. Habe mehr auf meine glänzende Rüstung geachtet – als auf das Schwache und Vergängliche, das in jeder Rüstung steckt.

Mit dem Abstand verschiebt sich wohl der Blick auf das Vergangene. Der sensible Feingeist, das ist nur eine Seite von mir ...

Hannes seufzt. Es wird Zeit, dass Georg wieder auf der Bildfläche erscheint. Ich zergrübel mich hier! Hund müsste man sein!

Wenn ich als Kind so einen Hund gehabt hätte wie dich, Lino. Wäre mein Leben anders verlaufen? Mit dir wäre ich nach draußen gegangen. Mit dir wäre ich weniger allein in meinem Zimmer gesessen. Doch ob ich deshalb mehr die Gemeinschaft mit anderen genossen hätte? Wahrscheinlich nicht.

Er blickt in Linos Augen. Der Hund scheint zu denken: Ich will nur hier sein. Bei dir und meinem Schweineohr.

So langsam beschleicht Hannes das Gefühl, dass sich die Erinnerung an sein Leben vielleicht doch etwas von der Realität entfernt hat. Der Wohlstand, in dem er viele Jahre lebte, der kam ja schließlich nicht von ungefähr. Er war Unternehmer gewesen. Offenbar ein erfolgreicher. Also muss er auf Leistung und Effizienz geachtet haben. Aber auch auf die Menschen?

Er erinnert sich an einen seiner früheren Mitarbeiter. Klaus Gerdes. Er war damals quasi die Personalabteilung in Hannes' Werbeagentur. Zwölf Mitarbeiter hatte er damals. Das war die Boom-Phase. Die meisten von ihnen waren mit den Kunden beschäftigt, mit Texten, Gestalten, Präsentieren. Und Klaus kümmerte sich mit einer Mitarbeiterin um Personalangelegenheiten.

Irgendwann suchten sie einen neuen Projektmanager. Sie hatten Aufträge ohne Ende, die Überstunden der ganzen Mannschaft wurden einfach zu viel. Da setzte Hannes sich mit Klaus zusammen und sie formulierten gemeinsam eine Stellenanzeige. Das hatten sie schon oft gemacht. Dieses Mal aber kamen sie auf keinen grünen Zweig.

Klaus hatte einen Entwurf mitgebracht. Als Hannes ihn gelesen hatte, sagte er zu ihm: „Ich suche keine Arbeitsmaschine, ich suche einen Menschen."

In dem Text standen nur Begriffe wie *belastbar*, *durchsetzungsstark*, *hartnäckig*.

Klaus sagte: „Wir müssen alle Arbeitsmaschinen sein. Sonst läuft der Laden nicht. Von dir stammen unsere Zielvorgaben. DU erwartest von uns, dass wir erfolgreich arbeiten. Versteh mich nicht falsch, Hannes. Du bezahlst uns alle sehr großzügig. Aber das kannst du auch nur, weil der Laden im Moment richtig brummt. Das heißt doch, dass wir auf dem richtigen Kurs sind. Was hast du?"

Tja, was hatte er damals?

Hannes atmet tief in sein Herz. Was hatte er damals?

Große Sorgen mit Marion. Viel Streit mit Eva. Wegen Marion. Und wahrscheinlich eine gehörige Portion Midlife-Crisis.

Damals war er Mitte fünfzig. Und an die Grenzen der im Berufsleben so proklamierten Belastbarkeit gestoßen.

Er hatte Schlafstörungen, Herzrhythmusstörungen, ständig Magenschmerzen. Alles hat ihn genervt. Seine Eva, die er immer so begehrt hatte: Ihr Liebesleben lag brach. Einige Wochen schlief er allein im Gästezimmer.

Und dann kam die kleine Affäre mit der Arzthelferin. Eva hat zum Glück nie davon erfahren. Hannes weiß nicht mal mehr den Namen der anderen Frau. Fünf oder sechs Mal war er in ihrer Wohnung. Zwanzig Jahre hatte er mit keiner anderen Frau geschlafen als mit Eva.

Er hatte einen Menschen gesucht – und ihn mit dieser Arzthelferin gefunden.

Doch damals musste er das beenden. Ein Glück, dass die Frau das Ende der Affäre relativ gelassen akzeptiert hatte. Es gab zwar danach noch ein paar Anrufe bei ihm im Büro. Sie wollte sich erneut mit ihm treffen. Dass er damals nicht mehr darauf einging, hatte weniger mit Edelmut oder schlechtem Gewissen zu tun. Es war ganz einfach eine Frage der Kraft. Und der Zeit. Entweder saß er von frühmorgens bis spätabends in der Agentur, oft auch am Wochenende. Oder er war auf Geschäftsreise. Oder er musste zu Hause das retten, was noch zu retten war. Und das war weniger seine Ehe. Er wusste, dass er Eva im Grunde liebte und sie ihn – und dass sie sich brauchten. Das, was sie beide, Eva und er, zu retten versuchten, war ihr einziges Kind.

Es war ihnen nicht gelungen.

Hannes denkt an das Treffen in der Cafébar. Marion wirkte nicht unglücklich. Sie sah gut aus. Zwar aufgetakelt und billig, wie immer. Aber gesund sah sie aus.

Plötzlich spürt Hannes etwas an seinen Füßen. Er blickt nach unten: Lino hat sich zu seinen Füßen gelegt! Jetzt blickt der Hund zu ihm hoch.

Hannes schüttelt den Kopf. Er sagt zu Lino: „Also, dass ich sowas noch erleben darf. Du lieber kleiner Freund. Dass wir uns noch begegnet sind in diesem Leben!" Hannes streichelt ihn. Dann legt Lino seinen Kopf auf Hannes' Fuß ab.

Wenig später sind beide eingeschlafen.

Als Hannes aufwacht, ist es fast elf. Sein erster Blick geht zum Boden. Ja – Lino ist noch da!

Hannes räkelt sich in seinem Sessel. Lino hebt den Kopf, steht auf und schüttelt sich. Dann geht er zu seiner Wasserschale. Das Geräusch dieses Wasserschlabberns ist das Schönste, was ich seit langem gehört habe, denkt Hannes. Endlich mal Laute in diesem Zimmer, die nicht von mir kommen. Ein Klangteppich!

Peers Kuchenpaket steht noch auf dem Tisch. Da wird Hannes sich nachmittags ein Stückchen gönnen. Vielleicht zusammen mit Georg. Er stellt das Kuchenpaket in seinen kleinen Kühlschrank.

Jetzt muss ich aber schleunigst zur Verwaltung. Hannes streicht Lino über den Kopf und sagt zu ihm: „Ich bin nicht lange weg, mein Kleiner." Er lässt ihn noch kurz raus in den Garten. Und prompt ist Hannes' erster Einsatz mit einem Doggybag gefragt. „Fein gemacht, Lino." Hannes staunt über sich selbst, wie schnell er in seine neue Vaterrolle hineingefunden hat.

19 Tod und Wiedergeburt

„Herr Sieberg, schön, Sie zu sehen." Frau Kelch ist von ihrem Schreibtischstuhl aufgestanden und geht auf Hannes zu. Sie geben sich die Hand. „Nehmen Sie doch Platz." Frau Kelch weist zu dem kleinen Besprechungstisch am Fenster.

Einmal ist Hannes hier schon gesessen. Am Tag seiner Anmeldung.

Das Büro der Heimleitung liegt in einem anderen Gebäude als sein Zimmer und steht auf einer kleinen Anhöhe. Von Frau Kelchs Büro blickt man direkt auf den See.

„Nun, Herr Sieberg, was kann ich für Sie tun?"

„Einen herrlichen Blick haben Sie von hier oben. Wobei ich mich auch nicht beschweren kann. Von meinem Zimmer aus sehe ich auch auf den See."

„Ja, richtig. Sie haben ja eines unserer Terrassenzimmer. Sehr begehrt!"

„Kann ich mir vorstellen. Warum ich Sie sprechen wollte: Sie kennen doch unsere Olga vom Speisesaal."

„Olga Jakisch? Ja natürlich."

„Es ist so. Olga hat einen Hund. Und bevor sie hier in unser Heim kam, hatte sie eine Arbeit, wo sie den Kleinen mitnehmen konnte. Hier ist das ja nicht möglich."

„So sehr ich Tiere liebe, aber nein, da haben Sie recht. In Speisesaal und Küche sind selbstverständlich keine Hunde erlaubt. Wir haben strenge Auflagen, was die Hygiene in unserem Haus betrifft."

„Natürlich. Und ist ja auch gut für uns alle. Aber worauf ich hinaus will: Ich habe mich angeboten, mich tagsüber, wenn Olga arbeitet, um ihren Hund zu kümmern."

Frau Kelch lehnt sich zurück. „Sie haben was?!"

Hannes lacht etwas verlegen. „Ja … das war eine sehr spontane Entscheidung von mir … Ich hoffe, nicht zu spontan. Denn – ich bin mir gar nicht sicher, ob ich überhaupt einen Hund bei mir im Zimmer haben darf …"

„Hmm. Außer unserem Hausmeister gibt es hier niemanden, der einen Hund hat … Aber …" Frau Kelch sieht aus dem Fenster. „Warten Sie mal. Sie bringen mich auf eine Idee …" Sie steht auf und geht zu ihrem Schreibtisch. Sie blättert in ihren Unterlagen. Dann lächelt sie und kommt wieder zu Hannes an den Tisch.

„Ich glaube, da lässt sich was machen. Ich muss noch ein, zwei Telefonate führen. Dann melde ich mich bei Ihnen."

„Wirklich? Das wäre wunderbar. Jetzt ist es aber so, dass ich den Hund bereits bei mir habe. Er ist in diesem Moment in meinem Zimmer …"

„… Besser wäre es schon gewesen, Sie hätten vorher mit mir gesprochen, Herr Sieberg. Oder Olga. Schließlich ist es ihr Hund … Aber jetzt ist der Kleine schon einmal da. Ist es ein großer Hund? Was ist es denn für eine Rasse?"

„Es ist ein schwarzer Schnauzermischling. Und ich würde sagen, er ist mittelgroß."

„Und er ist nur tagsüber bei Ihnen?"

„Ja. Nur tagsüber."

Frau Kelch nickt. „Das kriegen wir schon, Herr Sieberg. Ich ruf Sie nachmittags an. Da weiß ich dann mehr."

Hannes lächelt. Er steht auf und gibt Frau Kelch zum Abschied die Hand. „Vielen Dank. Und bitte entschuldigen Sie, dass ich Sie quasi vor vollendete Tatsachen gestellt habe. Aber wissen Sie, es ging alles so schnell. Der Hund ist irgendwie für mich vom Himmel gefallen."

Frau Kelch hält noch immer Hannes' Hand. „Das haben Sie jetzt schön gesagt. Ich kann Sie gut verstehen. Machen Sie sich keine Sorgen. Wir telefonieren."

Erleichtert verlässt Hannes das Verwaltungsbüro. Und eilt zurück zu seinem Zimmer. Auf dem Flur spitzt er schon seine Ohren nach einem eventuellen Jaulen oder Bellen. Aber alles ist ruhig.

Etwas nervös sperrt er die Zimmertür auf. Ungeduldig geht er hinein. Unter dem Esstisch liegt Lino nicht. Wo ist er nur? Er sieht sich um. „Na, da bist du ja! Du weißt, wo's am schönsten ist ..." Hannes geht zu seinem Bett. Lino hat es sich dort gemütlich gemacht, blickt ihn mit großen Augen an – und schon ist er vom Bett heruntergesprungen."

„Das hast du ja schamlos ausgenützt, dass ich eine halbe Stunde nicht da war, mein Lieber! Aber dir kann man doch wirklich nicht böse sein ..." Er kniet sich auf den Teppich, streichelt und knuddelt seinen neuen Mitbewohner.

„Und weißt du was: Jetzt besuchen wir Georg."

Hannes nimmt Lino an die Leine. Die beiden gehen die Treppe in den ersten Stock hinauf. Und nun geht Hannes schon nach wenigen Stufen die Puste aus. Ihm ist nicht ganz wohl heute. Er bleibt stehen. „Tut mir leid, Lino. Mit mir musst du etwas langsamer machen." Nach einer kurzen Pause geht es weiter. Ziemlich außer Atem kommt er schließlich im zweiten Stock an. Ich werde wohl doch in Zukunft den Aufzug nehmen müssen, denkt er sich.

Auf dem Weg zu Georgs Wohnung begegnet ihm auf dem Flur noch eine der Putzfrauen. „Eben habe ich hier alles sauber gemacht. Und jetzt kommt hier so ein kleiner Dreckspatz hereinspaziert."

„Der Hund ist nicht dreckig – wie Sie ja selbst sehen." Hannes bleibt ganz ruhig.

„Hunde sind immer dreckig. Und Flöhe hat er wahrscheinlich auch noch. Ich glaube auch nicht, dass es erlaubt ist, Hunde mit ins Haus zu bringen."

Hannes geht einfach weiter mit Lino und lässt die nörgelnde Putzfrau hinter sich. Dann stehen der alte Mann und der Hund vor der schönen weißen Flügeltür. Hannes klingelt. Die Tür geht auf.

„Hannes." Georg sieht blass aus. Aber er lächelt. Dann sieht er auf den Boden. Danach wieder zurück zu Hannes.

„Das ist Lino." Hannes geht in die Knie und streichelt Linos Kopf.

„Ventura", sagt Georg – und schüttelt den Kopf. „Hannes, Hannes. Was hast du angestellt? Aber jetzt kommt erst mal rein, Ihr beiden."

Linos Krallen klackern auf dem Parkettboden. Georg geht voran in den Salon, Hannes und Lino schlendern hinterher.

Auf dem großen Esstisch steht eine große Karaffe Wasser und eine Espressokanne. Georg setzt sich in seinen Sessel. Er deutet auf den anderen. „Dein Graf-Koks-Sessel wartet schon auf dich." Hannes nimmt Platz.

Lino macht es sich auf dem Teppich gemütlich. Georg sieht zu ihm hinüber. „Ein süßes Kerlchen. Ist das der Hund vom Hausmeister?"

„Nein ... Das ist der Hund von Olga."

„Olga?"

„Das Mädchen aus dem Speisesaal."

Georg zieht die Augenbrauen hoch. „Und was hast du damit zu tun?"

„Tja. Das ging alles sehr schnell. Ich habe sie gestern zufällig in der Stadt getroffen. Mit ihrem Freund. Und dem kleinen Lino. Und dann haben sie mir erzählt, dass der Hund den ganzen Tag alleine ist, wenn Olga arbeitet. Und dann ..."

„... hat Mutter Teresa zugeschlagen ..." Georg seufzt. „Mutter Hannes."

„Es war etwas spontan von mir, das gebe ich zu. Aber als ich gehört habe, dass der Kleine den ganzen Tag allein ist, da hat er mir so leid getan. Es ist ja nur tagsüber, Georg."

Georg nickt. „Ja, wenn's ums Alleinsein geht, weiß keiner so Bescheid wie du. Allerdings nicht gerade aus der Leidensperspektive. Ein Hund ist eine große Verantwortung, Hannes. Auch wenn du ihn abends wieder abgibst. Willst du dir das noch antun?"

„Was heißt hier *noch*?!"

Georg lacht laut auf. „Hannes, du bist wunderbar. Ist ja schön, deine neue jugendliche Energie!"

Jetzt fängt auch Hannes an zu lachen. „Du hast Recht. Ich habe wirklich neue Energie bekommen." Dass er neuerdings beim Treppensteigen außer Puste gerät, erwähnt er jetzt mal lieber nicht.

„Möchtest du etwas trinken?"

„Eigentlich wollte ich dich fragen, ob du mit Lino und mir in die Cafébar zum Mittagessen kommst. Und, Georg ..." – Hannes stockt.

Georg sieht ihn fragend an. Er ist wirklich blass heute. Und sieht etwas mager aus.

Hannes spricht weiter: „Wie ist es für dich, wenn du heute zum See gehst?"

Georg steht auf. Er geht in den Flur. Hannes hört das klackernde Schaukeln eines Kleiderbügels an der Garderobe. Dann steht Georg wieder im Salon, mit seinem schwarzen Mantel über dem Arm.

„Gestern, Hannes, hab ich mir das Herz aus dem Leib geweint. Ich konnte das Weinen nicht mehr stoppen. Alles hat so weh getan. So hab ich mich noch nie gefühlt. Alles war Schmerz. Ich hatte Angst, dass es nie mehr aufhört. Ich dachte, wenn es aufhört, dann bin ich tot."

So muss sich Eva gefühlt haben, damals, wegen Marion, schießt es Hannes plötzlich durch den Kopf.

„Und dann …", Georg spricht weiter, „dann wurde es irgendwann auf einmal leichter … Und: Ich war doch noch nicht tot … Aber … Es hat sich angefühlt wie Sterben."

Hannes nickt. Nachdenklich. Er geht in die Knie. Streichelt Lino.

„Und ein anderer Teil, Hannes, ich habe nie gedacht, dass ich solche Worte finden würde, aber du, Hannes, du verstehst es. Ein anderer Teil in mir ist gestern … ja … irgendwie … wiedergeboren worden. Es war auf einmal … ein neuer Blick auf das Leben."

Erneut nickt Hannes schweigend.

Georg geht auf ihn zu. Er legt seinen Mantel über einen Stuhl. Dann bückt er sich. „Oh, das kann ich kaum mehr. Ich bin so steif geworden." Er stöhnt – und kauert schließlich in einer Art von Hocke bei Hannes und Lino am Boden.

Hannes fasst Georg vorsichtig am Arm. Er streichelt ihn. „Es ist gut, wenn man schon einmal gestorben ist, bevor man stirbt."

Mit offenem Mund und gesenktem Kopf nickt Georg ein paarmal stumm vor sich hin. „Ja ... Denn zwischen diesen beiden Toden – da gibt es wieder ein Leben."

„Ja. Und für dieses Leben dazwischen – dafür ist man ganz schön dankbar!"

Georg schluchzt: „Da weiß man wirklich nicht, ob einem zum Lachen oder zum Weinen ist."

„Tja – so ist das bei einer Geburt ...", erwidert Hannes. „Der Schmerz in dir ... Du hast ihn endlich erlöst ... Zumindest einen großen Teil ... Hast dich ein Stück weit davon losgelöst."

„Nach so vielen Jahren ..."

„Für so etwas gibt es keine zeitliche Dimension ... Manchmal zählen keine Jahre, keine Argumente. Da zählt nur, wie es sich anfühlt."

„Und für mich fühlt es sich jetzt an, als ob ich die Vergangenheit ... ja ... als ob ich sie lassen darf ... So lassen darf, wie sie nun einmal war ... Aber dass ich mich nicht ständig nach ihr umdrehen muss und auch nicht von ihr wegdrehen oder weglaufen muss."

„Hört sich wirklich sehr befreit an."

„Ja. Befreit. Erlöst. Aber nicht herzlos, Hannes, verstehst du mich. Nicht herzlos. In Frieden."

Hannes nickt. Ja, der Frieden, nach dem wir uns alle sehnen. Er meldet sich doch immer mal wieder. Der seltene Gast. Wie besonders sind daher seine Besuche. „Ja, Georg, du darfst das Dunkle in Frieden zurück lassen."

„Und mich auf das Neue freuen."

Hannes lächelt. Und nickt. „Ganz genau. Und dich auf das Neue freuen."

„Wie nah beides beisammen liegen kann." Georg schüttelt ungläubig den Kopf. „So habe ich noch nie gefühlt."

Hannes erinnert sich an seine Gedanken vor ein paar Tagen: Ich spüre es nah, obwohl es fern ist. Ich bin hier und gleichzeitig schon weg. Ich bin müde – und möchte mich doch auf den Weg machen.

„Wollen wir uns langsam auf den Weg machen?"

Georg nickt. Er streichelt Lino über den Kopf. „Hannes, ich muss mich kurz bei dir abstützen. Sonst komm ich nicht mehr hoch."

„Kein Problem. Wir sind doch schon ein erprobtes Team."

Mit großem Stöhnen zieht sich Georg an Hannes' Arm hoch. „Das kann man wirklich sagen! ... Du, Hannes, bevor wir gehen ... Komm mal kurz mit." Georg zieht Hannes am Arm in den Salon. Und an das Fenster mit dem Balkon, auf dem sie neulich gemeinsam gestanden sind. „Sieh mal: Ich bin nicht mehr allein!"

Hannes blickt auf eine Schar von Spatzen, die fröhlich auf dem Balkon umherpickt. „Wie schön! Hier kommen auch die Guten ins Töpfchen!"

„Ich habe sie mit italienischem Weißbrot verführt!"

„Bravo. Hast du gut gemacht, du alter Mafioso!"

„Ich altes Schlitzohr ... Warte, Hannes, ich nehme noch meinen Schal mit. Seit heute ist Winter. Ganz schön früh."

„Novemberschnee tut den Saaten wohl – nicht weh! Kennst du den Spruch?", fragt Hannes.

„Ich weiß nur, dass ein früher Wintereinbruch oft einen milden Winter mit sich bringt. Schaun wir mal. Die Zeiten, in denen ich als begeisterter Skifahrer bangend den Wetterbericht verfolgte, sind sowieso vorbei. Ob mit oder ohne Schnee – jeder Winter, den wir noch erleben dürfen, ist ein guter Winter, was Hannes?"

„Und in diesem Winter haben wir einen neuen Freund an unserer Seite."

„Ha. Lino Ventura. Wirklich ein süßer Kerl."

„Stell dir vor: Olga und ihr Freund hatten keine Ahnung, wer Lino Ventura ist. Aber ist ja auch schon lange her. *Der Clan der Sizilianer* und so."

„Ja, das waren noch Zeiten. Wenn ich manchmal mitbekomme, was Peer für eine Musik hört, fühle ich mich oft noch älter als ich ohnehin schon bin. Aber weißt du, wer toll ist: *Lady Gaga*."

Hannes nickt. „Und *gaga* ist sie auf keinen Fall. Eine sehr mutige Frau. Kennst du das Foto, auf dem sie dieses Kleid aus Fleisch trägt?"

„Kleid aus Fleisch? Nein. Aber weißt du was: Das erzählst du mir später. Ich habe einen Riesenhunger."

„Ist gut. Ich zeig dir das Foto auf meinem Handy."

„Schöne digitale Welt!"

„Ja, zumindest manchmal. Ich bin und bleibe eine Bücherwurm."

Georg meint noch, ihm ist heute nach einem hellen Mantel. Er hängt seinen schwarzen wieder zurück auf den Kleiderbügel. Und nimmt einen hellbeigen.

Dann verlassen die drei Herren die Wohnung – und steuern automatisch Richtung Aufzug. Sie gehen noch kurz in

Hannes' Zimmer. Lino schlabbert noch ein bisschen in seiner Wasserschale. Hannes zieht sich ein paar warme Sachen über. Als sie bereits im Flur stehen und Hannes die Tür absperren möchte, fällt ihm ein: „Halt. Die Kacktüten."

Georg lacht. „Mutter Hannes!" Er sieht zu Lino hinunter: „Lino, ein besseres Frauchen hättest du nicht finden können!"

20 Das Ende vor dem Anfang II

„Und jetzt zeig mir mal dieses Fleischkleid ..." Georg setzt seine Lesebrille auf. Hannes tippt auf seinem Smartphone. Dann gibt er es Georg. Die beiden sitzen an einem kleinen Ecktisch in der Cafébar.

Der sieht sich die Bilder lange an, zoomt sie mit seinen Fingern größer. „Puuuh ... Sowas hab ich noch nie gesehen ... Berührt mich sehr ... War das eine Aktion für den Tierschutz bzw. für vegetarische Ernährung?"

„Lass mich mal schauen ... Das weiß ich ehrlich gestanden gar nicht ..." Hannes recherchiert noch einmal. „Hier steht, Vegetarier hätten damals schockiert reagiert. Lady Gagas Botschaft sei gewesen, dass sie *kein Stück Fleisch* sei."

„Aber genau das sind wir doch alle!"

„Letztendlich ... Ja ... Da sind wir wieder beim Thema Verpackung, Georg!"

„Tja, der schöne Schein ... Ich war mal in einer Kirche ... Ja, weißt du, ich hatte mich verirrt ... Jedenfalls war da in einem Glasschrein ein Skelett. Und das hatte man in ein ganz feines, durchsichtiges, sehr edles Gewand gesteckt. Aufwändig bestickt und verziert. Die meisten Kirchenbesucher machten einen Bogen drumherum oder wendeten sich nach einem kurzen Blick schaudernd ab. Ich fand es faszinierend."

Hannes ist tief berührt von Georgs Worten. Ein Skelett in einem Gewand. Er denkt an Signorellis *Auferstehung des Fleisches*. An das *geistige Kleid*, von dem die Führerin in Orvieto gesprochen hat. „Hast du dabei an deinen Bruder gedacht?" Jetzt hat Hannes keine Angst mehr, Georg eine solche Frage zu stellen.

„Auch. Ja. Und an meinen Vater. Aber natürlich auch an mich selbst."

„Wann ist dein Vater gestorben?"

„Da war ich 29 Jahre alt. Am Ende meines Studiums."

„Da hast du dich ja nicht gerade beeilt ..."

„Das kann man so sagen. Der monatliche Scheck meines Vaters kam ja automatisch. Ich hatte ein Auto, eine tolle Wohnung. Also wenig Motivation, kein Ziel. Seit dem Tod meines Bruders plätscherte alles nur so dahin. Jeder in der Familie war einsam. Aber das waren wir irgendwie auch schon vorher. Mein Vater stürzte sich in seine Arbeit. Meine Mutter von einer Affäre in die nächste. Und ich ... hab es auch so gemacht wie meine Mutter ... Mein Vater ist bei einem Jagdunfall gestorben. Kopfschuss. Ich bin sicher, er hat sich selbst erschossen. Aber es wurde immer von einer *verirrten Kugel* gesprochen ..."

Eine Weile herrscht Schweigen. Dann meint Hannes: „Zu dem Skelett fällt mir noch etwas ein. Ich hab einmal gelesen, dass im menschlichen Körper jeden Tag viele Milliarden Zellen absterben und dann durch Teilung wieder neu entstehen. Überall im Körper. Auch in den Knochen. Daher haben wir etwa alle zehn Jahre ein neues Skelett. Verrückt, oder?"

„Das heißt, alle zehn Jahre stirbt ein anderer?"

Hannes lacht. „So könnte man sagen!"

„Und hoffentlich ein besserer." Georg atmet laut aus und sieht Hannes mit hoch gezogenen Augenbrauen an.

Jetzt kommt der Kellner. „Heute Mittag können wir speziell unser Rindergoulasch empfehlen."

Hannes und Georg sehen nachdenklich aus. „Für mich die Gemüsesuppe, bitte. Und ein Bier." Hannes gibt dem Kellner die Speisekarte zurück.

„Für mich ... für mich auch bitte."

„Nach Fleisch ist uns gerade nicht, was Georg?"

„So ist es." Georg holt tief Luft – und atmet laut aus.

Nun steht der Kellner erneut neben ihrem Tisch. Er bringt eine Schale Wasser.

„Mein Gott. Unser Lino. Der liegt so brav unter dem Tisch, dass wir ihn fast vergessen haben. Vielen Dank! ... Schau mal, Lino, das hier ist für dich." Hannes lächelt zufrieden, als er das Schlabbergeräusch vernimmt.

Er nimmt sein Bierglas. Er prostet Hannes zu. „Auf uns drei Männer!"

Georg lächelt ebenfalls zufrieden. Er verschränkt die Arme vor der Brust und blickt nach draußen auf den See. Es fallen ein paar Schneeflocken. Aber auch die Sonne lässt sich blicken.

Dann macht es sich Hannes in derselben Haltung bequem. Für einige Minuten herrscht eine entspannte Stille an ihrem Tisch. Ist das schön, mit jemandem schweigen zu können, denkt Hannes. Er sieht kurz auf den Boden und zu Lino hinunter. Der hebt sofort den Kopf. Im Flüsterton sagt Hannes zu ihm: „Wir gehen später noch schön spazieren, Lino. Dann kannst du sausen."

Der Kellner kommt mit den zwei Suppen. Abgesehen von ein paar Lauten wie „Mmhhh" oder der Bemerkung „Schmeckt sehr gut" löffelt jeder seine Suppe schweigend vor sich hin. Keiner muss irgendetwas tun, denkt Hannes. Das wiederum TUT gut.

Nachdem Hannes noch einen Espresso getrunken hat (Georg meinte, er habe am Morgen schon viel Kaffee gehabt, in Kombination mit Grapefruitsaft, bewährtes Hausmittel gegen Kater ...), spazieren die beiden am Seeufer entlang. Hannes hat eine Riesenfreude, immer wieder ein Stöckchen in den See zu werfen. Lino läuft zig Mal ins Wasser, um es sich zu schnappen und um sich anschließend genussvoll und ausgiebig zu schütteln. Hannes läuft ebenfalls ausgelassen hin und her. Er juchzt, wenn er den Stock in hohem Bogen in die Luft wirbelt.

„Bei dieser Kälte saust der Hund ins Wasser ..." Georg schüttelt den Kopf. „Das wäre jetzt mein Tod ..."

„Ja, da wäre die Lungenentzündung schon vorprogrammiert. Aber Mutter Hannes würde es nicht so weit kommen lassen. Hier, Linos Leine! Die würde ich zum Lasso umfunktionieren und dich retten!"

„Das wäre dann das dritte Mal!" Georg lacht. „Ja, wirklich. Mutter Hannes ... Darf ich annehmen, dass du dich jetzt, mit Lino, doch langsam einleben willst ...?!" Er sieht ihn verschmitzt an.

Interessant, denkt Hannes. Georg weiß, wie empfindlich ich neulich auf dieses Wort reagiert habe. Und nun hat er keine Angst, dass ich es falsch verstehen könnte.

„Da hast du den Nagel auf den Kopf getroffen! Lino hat alles verändert ... Da fällt mir ein: Frau Kelch wollte sich ja heute Nachmittag bei mir melden."

„Ja? Warum?"

„Na, ich brauche so eine Art Erlaubnis, damit der Hund tagsüber im Heim sein darf."

„Die Frau, der der Hund gehört, braucht diese Erlaubnis. Nicht du!"

„Doch, ich auch, Georg."

„Aber sie hat diese Angelegenheit ganz schön auf dich abgewälzt. Macht es sich schon etwas bequem, die junge Dame."

„Das mag auf den ersten Blick so wirken, ja, aber so ist sie nicht. Du kennst sie nicht."

„Ich kenne sie." Georg senkt den Blick.

„Wie bitte?"

„Über Peer." Georg bleibt stehen. Lino ist inzwischen weit vorausgelaufen. Nun sieht er sich um. Und fragt sich, wo die Herrschaften bleiben.

„Komm her, Lino." Hannes wirft einen Stock ins Wasser.

„Er hatte eine kurze Beziehung mit ihr."

„Peer und Olga? Ich fasse es nicht. Wie lange ist das her?"

„Ungefähr ein Jahr, würde ich sagen. Peer hat kurz darauf seine jetzige Freundin kennengelernt. Da hat er mit Olga Schluss gemacht."

Sie gehen langsam weiter.

„Tja, manchmal schlägt einfach der Blitz ein. Und wenn man jung ist, wirft man dafür gleich alles über Bord. Später wird man bedächtiger."

„Wie man's nimmt. Bei mir kam die Bedächtigkeit sehr, sehr spät ..." Georg sieht Hannes leicht zerknirscht an.

„War sicher hart für Olga. Aber jetzt hat sie ja wieder einen Freund."

„Mag sein, dass es hart war für sie. Aber was sie nach der Trennung veranstaltet hat, Hannes, ich sag dir das jetzt mal ganz offen ..." Georg bleibt stehen. Er dreht sich zu Hannes: „Das war Stalking allererster Güte!"

„Was? Stalking? Olga?" Hannes schüttelt den Kopf. „Ich kann es nicht glauben."

„Es war ein Albtraum, wie dieses Mädchen sich verhalten hat. Telefon- und Klingelterror waren noch die harmlosesten Dinge. Die jetzige Freundin von Peer fürchtete wirklich um ihr Leben. Wir waren kurz davor, die Polizei einzuschalten."

„Oh Gott ... Ich habe immer nur von solchen Fällen gelesen ..." Hannes seufzt.

„Kannst du dich erinnern, Hannes, der erste Abend, an dem ich im Speisesaal war ..."

„Der erste Abend ... Was war da?"

„Ich setzte mich an irgendeinen freien Tisch. Und plötzlich stand sie vor mir, mit ihrem Tablett. Ich hatte ja keine Ahnung, dass sie hier arbeitet. Und sie hatte sicher auch keine Ahnung, dass ich hier eingezogen war. Da war der Schock natürlich groß."

„Jetzt weiß ich wieder: Das Geschirr ... Der Höllenlärm."

„Ganz genau. Sie sah mich – und ihr fiel das ganze Tablett aus der Hand."

„Ich erinnere mich genau. Danach kam sie einige Zeit nicht zur Arbeit."

„Mag sein. Das weiß ich nicht mehr so genau. Auf jeden Fall: Peer ist damals richtiggehend vor ihr geflüchtet, ist zu seiner Freundin gezogen. Und die wohnt ein paar Kilometer weg von hier."

„Ja, das hat Peer mir neulich erzählt, wo sie wohnen."

„Irgendwie muss Olga das rausgefunden haben. Jedenfalls hat Peer vor einigen Monaten von einem Bekannten erfahren, dass sie inzwischen ihren alten Job gekündigt hat. Und dass sie umgezogen ist. Ja, und ihren neuen Job, den kennen wir ja jetzt. Sie ist Peer also auch hierher gefolgt ..."

„Mannomann. Eine heftige Geschichte. Ich weiß nur, dass sie seit einem halben Jahr hier arbeitet. Und dass sie jetzt einen Freund hat. Stefan heißt er. Hab ihn ja gestern kennengelernt. Und ich hatte den Eindruck, dass er gern mit ihr zusammenziehen möchte."

„Hoffen wir, dass das eine stabile Beziehung ist und nicht noch etwas nachkommt ..."

Inzwischen sind sie am unteren Ende vom Kiesweg angekommen. Lino ist schon wieder weit vorausgesaust.

„Lino! Komm her!" Lino spitzt die Ohren. Und kommt tatsächlich auf Hannes zugerannt.

„Der Hund ist gut erzogen. Und das bei dieser Frau. Ich staune." Georg schüttelt den Kopf.

„Ja, es ist so eine Freude, ihn bei mir zu haben. Wenn ich gewusst hätte, wie schön es mit einem Hund sein kann – ich hätte mir schon als junger Mann einen zugelegt!" Bei den letzten Worten schleudert Hannes wieder den Stock ein weites Stück nach vorne, den Weg hinauf. Lino saust blitzschnell dorthin, wo der Stock liegt. Hannes rennt ihm hinterher.

Voller Freude läuft er dem Hund hinterher. Plötzlich wird ihm schlecht. Er bekommt kaum Luft. So schlecht ist ihm auf einmal ...

21 Heute schon Schwein gehabt?

Was ist hier so laut? Und warum ist es so hell? Irgendetwas blendet mich. Hannes sieht ein grelles Licht.

„Schwester! Kommen Sie schnell …!"

Plötzlich steht etwas Blaues neben ihm. Jemand nimmt seine Hand. „Herr Sieberg, können Sie mich hören?" Es ist eine Frauenstimme. Sie klingt freundlich.

Hannes nickt.

Nun kommt ein Mann zu ihm. „Hallo Herr Sieberg."

Dann wechseln der Mann und die Frau ein paar Worte.

Plötzlich erkennt Hannes seine Tochter.

„Vati, ach Vati!" Sie umarmt ihn. Ihre langen Haare bedecken sein Gesicht.

„Passen Sie auf, junge Dame. Das tut Ihrem Vater jetzt nicht gut." Der Arzt zieht Marion von Hannes weg.

Dann wird irgendetwas an seinem Arm gemacht. Hannes schließt wieder die Augen. Was ist hier los?

Jetzt setzt der Arzt sich zu ihm aufs Bett. „Wie fühlen Sie sich, Herr Sieberg? Haben Sie Schmerzen?"

Hannes schüttelt den Kopf. „Ich habe Durst."

„Schwester ..." Der Arzt dreht sich zu der jungen Dame.

Da steht Marion schon mit dem Wasserglas neben dem Bett. Hannes' Rückenlehne wird hochgefahren. Er trinkt. Das Wasser fühlt sich gut an.

Der Arzt wendet sich wieder an Hannes. „Sie hatten einen Herzinfarkt, Herr Sieberg. Aber gleichzeitig großes Glück. Sie bleiben jetzt erst einmal bei uns." Er sieht Hannes freundlich an, nickt ihm zu. Dann streichelt er ihn vorsichtig am Oberarm. Schwester Sonja kümmert sich um Sie. Ich sehe später noch einmal nach Ihnen."

Hannes nickt.

Marion kommt zu ihm. Sie hat verweinte Augen. „Vati, ich bin so froh, dass es dir wieder besser geht!"

Sie sieht hübsch aus heute, findet Hannes. Und sie hat einen hochgeschlossenen weiten Pullover an.

Dann kommt die Schwester ans Bett. „Frau Sieberg, Ihr Vater braucht jetzt Ruhe. Sie können ja morgen wiederkommen."

„Morgen kann ich leider nicht. Übermorgen." Marion küsst ihn auf die Stirn. „Gute Besserung, Vati. Ich ruf dich an."

Hannes nickt. Marion stöckelt aus dem Krankenzimmer.

Als kurz darauf die Schwester gehen will, schießt es Hannes in den Kopf: „Mein Hund! Wo ist mein Hund?"

„Ihr Hund? Keine Ahnung."

„Kann ich mal telefonieren?"

„Ich kann Ihnen unser Stationstelefon bringen. Für Sie wurde noch kein eigenes Telefon angemeldet. Aber eigentlich sollten Sie sich jetzt ausruhen."

„Bitte. Ich MUSS telefonieren. Bitte bringen Sie mir das Telefon. Und das Telefonbuch bitte."

„Telefonbuch? Ich muss sehen, ob noch eines da ist."

Kurz darauf bringt die Schwester ein Telefonbuch. Hannes sucht die Nummer vom Heim heraus. Von der Sekretärin erfährt er, dass Georg sofort den Notarzt verständigt hat. Und später die Heimleitung. Und Frau Kelch hat dann Marion angerufen. Von Lino weiß die Sekretärin nichts. „Können Sie mich mit Herrn Heeren verbinden?" Sie versucht ihn zu verbinden, meint dann aber, es gehe dort niemand ans Telefon.

Enttäuscht legt Hannes auf.

Kleiner Lino, wo bist du? Seine Augen füllen sich mit Tränen.

Als Schwester Sonja das Essen bringt, schüttelt er den Kopf. „Ich habe keinen Hunger."

„Wenigstens die Suppe, Herr Sieberg."

Da geht die Tür auf. Hannes sieht einen silbernen Haarschopf.

„Na, du Deserteur!"

Hannes weiß nicht, ob er lachen oder weinen soll. Er schnieft. Und lächelt.

Georg nimmt seine Hand. „Ganz schön Schwein gehabt, mein Lieber."

„Weil ich dich gehabt habt, Georg."

„Genau. Mich schönes Schwein hast du gehabt! Ha! Meine enge Verbundenheit zu Miss Piggy lässt sich nicht leugnen!"

Hannes muss laut lachen. Georg lacht mit ihm.

„Statler, du alter Schwerenöter ... Du wirst bei der Muppet Show noch als Groupie auftreten!"

Georg lacht. Aber Hannes merkt, dass es nun auch wieder gut sein soll mit dem Thema. „Du, was anderes: Wo ist eigentlich Lino?"

„Bei Frau Kelch im Büro. Wenn ihn Olga dort noch nicht abgeholt hat."

Hannes nickt. „Aber wie geht es jetzt weiter mit ihm?"

„Das ist das Erste, was dich interessiert ... Vorhin habe ich mit Olga telefoniert. War keine leichte Sache für mich. Aber ich hab's für Lino getan. Und für dich natürlich. Ich hab ihr gesagt, dass ich weiß, wie sehr es dir am Herzen liegt, dass Lino tagsüber nicht mehr allein ist. Naja, am Herzen ... Wie man sieht ..." Georg macht eine kleine Pause. Er streichelt Hannes vorsichtig am Arm. „Auf jeden Fall: Ich bin jetzt mit Olga so verblieben, dass – jetzt halt dich fest – dass ich mich tagsüber um Lino kümmere, solange du hier im Krankenhaus bist. Oder auch auf Reha."

„Nicht dein Ernst? Das würdest du machen?"

„Ich würde nicht. Ich mache es. Mit Unterstützung von Peer. Allein würde mir es doch zu viel werden."

Hannes lächelt. „Danke, Georg. Ich danke dir." Nach einer kurzen Pause ergänzt er: „Da muss Peer auch ganz schön über seinen Schatten springen. Denn es wird sich dabei nicht vermeiden lassen, dass er Olga trifft."

Georg seufzt. Und nickt.

Dann wiederum seufzt Hannes: „Den ersten Tag habe ich den Kleinen. Und dann sowas ..."

„Es hätte noch ganz anders kommen können, Hannes. Du bist auf einmal zusammengebrochen. Ich dachte wirklich, dass du tot bist. Nach dem ersten Schock hab ich sofort eine Herzdruckmassage bei dir gemacht. Und dich auch beatmet. Geküsst habe ich ja nun wahrlich viel in meinem Leben – aber keinen Mann ... Naja. In dem Moment denkt man aber wirklich nicht ans Küssen ... Irgendwann hast du wieder zu atmen angefangen ... Dann hab ich 112 gewählt. Gott sei Dank war Handyempfang."

Nun steckt die Schwester nochmal ihren Kopf ins Zimmer. „Essen Sie auch schön, Herr Sieberg?"

„Bis jetzt noch nicht, junge Frau." Georg wendet sich Schwester Sonja zu. „Aber ich werde das jetzt streng beaufsichtigen." Hannes kann jetzt aus nächster Nähe beobachten, wie Georgs Stimme, die Art wie er die Frau ansieht, wie er lächelt und seinen Kopf bewegt, wie sich das alles zu einer knisternden Anziehung aufbaut. Die Schwester sieht Georg lächelnd, aber verunsichert in die Augen. Ein paar Sekunden bleibt sie neben der Tür stehen. Sie sagt kein Wort ... Dann sieht sie kurz auf den Boden – und schließt die Tür.

Georg steht auf. „Und nun, mein Lieber, wird gegessen. Wir wollen ja nicht, dass die hübsche Schwester mit uns schimpft."

Hannes schmunzelt. Und fängt an, die Suppe zu essen. Ja, es ist so: Georg ist ein Vogel- und ein Frauenversteher.

„Was mir noch einfällt, Hannes. Erstens: Ich war mit Frau Kelch kurz in deinem Zimmer. Wir haben Linos Sachen geholt. Ich soll dich übrigens von den Spatzen auf deiner Terrasse grüßen. Sie fragen, wann wieder Brotkrumennachschub kommt ... Und zweitens: Frau Kelch meinte, sie ist dabei, offiziell fürs ganze Heim die Haltung von Haustieren zu erlauben! Es gebe oft so viele Dramen, wenn neue Leute kommen und die sich dann auch noch von ihren geliebten Tierchen trennen müssen."

„Mensch, das ist ja ne tolle Sache!"

„Das einzige, was man jetzt noch braucht, ist ein so genannter Tierbeauftragter. Das ist jemand, der eben Ansprechpartner für alle Frauchens und Herrchens ist. Und der sich auch um den Kontakt zum Tierarzt usw. kümmert. Und für den Fall des Falles, also wenn jemand stirbt, auch einen neuen Besitzer sucht. Oder einen Platz im Tierheim."

„Da wüsste ich schon jemanden. Einen, der mit Vögeln sprechen kann. Wie König Salomo. Oder wie Aschenputtel."

„Bei Aschenputtel waren es aber die Tauben ... Ach ja, wenn ich noch jünger wäre ... So einen alten Knochen wie mich kann man doch den süßen Hundchen nicht vorsetzen. Die verderben sich ja den Magen ... Frau Kelch will Olga fragen, ob sie sich das vorstellen könnte."

„Perfekt." Hannes stellt die leere Suppenschüssel auf seinen Beistelltisch.

„Finde ich auch. Du siehst: Alles läuft ..."

„... auch wenn ich nicht da bin ... Oder nicht mehr ..."

„Jetzt komm! War halt ein Warnschuss. Bist etwas schnell den Weg hochgelaufen. Und vorher auch schon viel mit Lino am See rumgesprungen. Die Uhr hier drin ..." – Georg klopft sich auf die Brust – „... die hat eben schon einiges geackert für solche Dinos wie wir es sind ..."

„Dinos ist gut!"

„Also, Kopf hoch. Bald hast du deinen Lino wieder. Ein Lino für Dino!"

„Du solltest hier von Tür zu Tür gehen, Georg! Hier haben sicher noch mehr Patienten etwas Aufmunterung nötig."

„Ich merke schon: Die Welt braucht uns noch, Hannes!"

„Sieht ganz so aus!"

„Ich schreibe dir hier noch meine Telefonnummern auf. Wohnung und Handy. Hast du hier überhaupt ein Telefon?"

„Noch nicht. Muss ich noch organisieren."

„Das mache ich sofort für dich. Und notiere mir dann auch gleich deine Nummer."

„Tausend Dank." Jetzt merkt Hannes, wie müde er ist. Und dass er gerade alles loslassen kann. Alles läuft, was ihm wichtig ist. Georg kümmert sich um Lino, für Olga läuft alles gut.

Als Georg schließlich gegangen ist, sieht Hannes aus dem Fenster. In den Abendhimmel. „Noch nicht, Eva. Noch nicht. Ich möchte noch ein bisschen bleiben."

22 Das Hemd ist das Letzte

Und wieder ist alles anders in meinem Leben.

Nachdem die Schwester das Tablett mit dem Abendessen abgeräumt hat, sinniert Hannes in seinem Bett vor sich hin. Sein Blick geht nach oben, zu der Infusionsflasche, die über ihm schwebt. Jeden einzelnen Tropfen beobachtet er: Wie er langsam, zögerlich und vorsichtig aus der Flasche klettert – um sich anschließend, todesmutig, in den unüberschaubar langen Schlauch hinabzustürzen. Damit das Häufchen Elend am anderen Ende des Schlauchs noch ein bisschen länger Häufchen sein kann. War wären wir ohne Chemie? Wir sind Chemie.

Hannes sieht an sich hinunter. Worin ist denn das Häufchen eingepackt? Man hat ihn in ein blau-grün gemustertes Nachthemd gesteckt – hinten offen. Ein großes Babylätzchen.

Er denkt an sein letztes Gespräch mit Georg im Café. Das Skelett in der Kirche, von dem er erzählt hat. Das mit der kostbaren Kleidung.

Das letzte Hemd hat keine Taschen. Warum eigentlich nicht? Wenn man den edlen Stoff des Skeletts schon hübsch bestickt und verziert hat, dann hätte man doch auch noch eine Tasche vorsehen können ...

Georg fehlt mir. Lino fehlt mir.

Und ich liege hier. Sehe wieder still und allein aus einem Fenster.

Draußen ist es schon dunkel. Und im Zimmer brennen die Leuchtröhren an der Wand hinter dem Bett. Gemütlich ist was anderes.

Die Tür geht auf. Eine neue Schwester kommt herein. Hier trifft man sie endlich: Seine Brüder und Schwestern, denkt Hannes. Anderswo sind sie nicht. Ja, doch. Im Kloster sind sie noch. Aber wo Menschen zusammen sind, wird es nie wirklich brüderlich und schwesterlich zugehen. Hannes, du alter Nörgler ...

„Guten Abend, Herr Sieberg. Ich bin Elke und die nächsten Tage Ihre Nachtschwester. Wollen Sie sich fertigmachen zum Schlafen? Ich würde Sie ins Bad begleiten. Heute sollten Sie noch nicht alleine aufstehen. Morgen geht das dann schon."

Jetzt ist es soweit. Ich kann nicht mehr allein zur Toilette gehen. Zum Glück habe ich noch keine Schnabeltasse.

Schwester Elke hilft ihm beim Aufstehen. Und das Hemdchen ist hinten offen ... Fürchterlich für Hannes.

Um es noch schlimmer zu machen, denkt Hannes auf dem kurzen Weg durchs Krankenzimmer bis zum Bad an seinen Toskana-Urlaub mit Eva. Die edle Kleidung, die sie damals gekauft haben. Auch sie bedeckte immer nur das nackte Leben. Nicht die begehrenswerte Nacktheit. Sondern die erbärmliche. Verhüllt, versteckt, verdrängt. Daran hatte er damals beim Shopping nun wirklich nicht gedacht!

Den schönen Seidenschal hat er immer noch. Neulich, bei Georg, da hat er ihn angehabt.

Nur ein paar Tage ist das her. Wenige Tage erst hat er seinen wertvollen neuen Freund. Hat er seine beiden wertvollen neuen Freunde. Und nun ist er von ihnen getrennt.

„Ich lasse die Tür angelehnt und warte draußen, Herr Sieberg. Wenn Sie mich brauchen, rufen Sie bitte."

Hannes geht zur Toilette, wäscht sich, putzt sich die Zähne. Irgendwann kann ich selbst das nicht mehr alleine, denkt er sich.

Er sieht in den Spiegel. Gleich erkannt! Hannes findet, er sieht aus wie immer. Wenn nur das Krankenhaushemdchen nicht wäre. Wie oft hat er sich im Spiegel gesehen. Normalerweise geht es unterhalb des Kopfes mit einem schönen Hemd weiter. Früher war da zusätzlich eine schöne Krawatte. Und ein elegantes Sakko.

Wie austauschbar die Hülle ist. Wenn er daran denkt, dass sein Beruf ein lächerlicher Tanz um die Hüllen dieser Welt war! Wieso ist er niemals ausgestiegen aus dem falschen Zug? Zu schwach, zu bequem. Zu feige. Vielleicht hat er aber auch vergessen, dass es zur damaligen Zeit doch der richtige Zug für ihn war?

Dann denkt er an ein Kinderbuch von Marion. Das mit den Verschiebe-Bildchen: Der Kopf ein Clown, der Bauch ein Löwe, die Beine eine Ballett-Tänzerin. Was gab es noch? Krokodile, Zebras, Polizisten, Feuerwehrmänner, Prinzessinnen, Enten, Schwäne.

Die Welt der Kinder ist noch bunt und vielfältig. Doch im Laufe der Zeit wird der Mensch zur Monokultur. Man hat sich festgelegt. Ist Immobilienmakler. Elektroinstallateur. Oder Senior Digital Officer.

Und wenn man dann vielleicht, wenn man Glück hat, mal auf die Idee kommt, anders sein zu wollen – bunter sein zu wollen: Wie schwer das ist, in einen anderen Zug umzusteigen. Dafür braucht es viel Mut.

Hannes öffnet die Badtür. Schwester Elke steht im Zimmer. „Alles in Ordnung?", fragt sie. Hannes nickt. Er legt sich wieder ins Bett.

„Soll ich das Licht ausmachen?"

Hannes nickt.

„Gute Nacht, Herr Sieberg. Sie können jederzeit läuten, wenn etwas ist. Ich lasse die Tür angelehnt."

Hannes denkt wieder an Marions Bilderbuch. An den Bauch des Löwen.

Der Bauch eines Raubtiers. Seit fast 80 Jahren bin ich nun schon ein Raubtier. Wieviele Tiere habe ich in meinem Leben verschlungen. Mir den Wanst vollgeschlagen. Ein Leben auf Kosten anderer Leben.

Und wenn ein Löwe alt wird und sterben muss: Dann wird nicht so ein Theater gemacht wie um uns Menschen. Der muss einsam und unter Schmerzen verenden. Und begibt sich ohne überhebliche Komfort-Inszenierungen direkt in den Kreislauf der Natur. Die Geier warten schon. Und die Geierküken dürfen satt ins Leben starten.

Hannes denkt an die Diskussionen über die Organtransplantation. Da würde man sich auf einmal Gedanken machen. Dass man nur leben kann, wenn ein anderer stirbt.

Aber wenn es um den Körper eines Tieres geht: Zack – abgeknallt, aufgeschlitzt, und vorher noch grausam gequält.

Tja, Hannes, auch aus diesem Zug hättest du mal früher aussteigen können. Jetzt, mit 80 Jahren, ist es leicht, so zu denken. Jetzt, wo du satt bist. Du hast kräftig zugelangt in deinem Leben. Deine Selbstreflexion im Angesicht des Jüngsten Gerichts – feige, nichts als feige. Du hast Angst, eines (jüngsten!) Tages zur Rechenschaft gezogen zu werden. Signorelli lässt grüßen!

Leben auf Kosten eines anderen Lebens. Man kann den Körper verspeisen. Oder auch den lebenden Körper aussaugen

– indem man sich psychisch von ihm ernährt. Von der Energie eines anderen Menschen.

Hannes erinnert sich an seinen ersten Job als Angestellter einer kleinen Werbeagentur. Er hatte eine Umschulung gemacht. Eva hatte ihn dazu ermutigt. Mit ihr waren die schönen Dinge und das Genießen in sein Leben gekommen. Mit seiner neuen Arbeit konnten sie es sich leisten. Sie gingen in Ausstellungen, in feine Restaurants, machten Urlaub in Italien und Frankreich.

Aus seinem Automechanikerleben war er herausgewachsen. Er wollte seine anderen Talente ausprobieren. Ja, da seht Ihr's, da bin ich schon mal umgestiegen in einen anderen Zug! Allerdings nicht für einen moralisch höheren Zweck.

Aber immerhin. Er hatte etwas verändert. Er hatte Schwung in sein Leben gebracht. Für seine Familie, und später auch für seine Mitarbeiter, seine Kunden. Und sein eigenes Leben hatte er bunter gemacht. Im Verschiebe-Bilderbuch war zu dieser Zeit oben der ölverschmierte Kopf eines Mechanikers mit blauem Käppi – und der Bauch war der eines schicken Anzugträgers. Und seine Beine: Wie waren die damals?

Löwenbeine! Stark wie ein Löwe war er damals. Er wollte seiner Frau und seiner Tochter, und natürlich auch sich selbst, ein schönes Leben ermöglichen. Das hatte er auch geschafft. Materiell zumindest.

Ja, und damals in dieser kleinen Werbeagentur, da war er ein junger Familienvater und Marion noch sehr klein. Es gab dort einen weiteren Kollegen, der ebenfalls zwei kleine Kinder hatte. Wie auch später in seiner eigenen Agentur musste man manchmal noch spätnachts arbeiten. Oder auch mal am Wochenende.

Mit erstaunlicher Regelmäßigkeit schaffte es ein anderer Kollege, der keine Kinder hatte, sich um diese Extraschichten zu drücken, indem er andere bat, für ihn einzuspringen. Mich hat er auch ein paarmal gefragt. Zweimal gab ich nach. Weil ich neu war und Einsatz zeigen wollte. Ein weiteres Mal gab ich nicht nach.

Der andere Familienvater konnte nicht Nein sagen. Wenn ich daran denke, wie oft seine kleinen Kinder und seine Frau samstags auf ihn verzichten mussten.

Kollege Ausnütz konnte sehr subtil manipulieren, dieser Vampir! Er hatte eine gewinnende Art, eine angenehme Lässigkeit. Aber vor allem konnte er sich eben im richtigen Moment in Szene setzen und beim Chef glänzen. Nach dem Motto *Tue Gutes – und vor allem rede darüber!*

Alles Lebensenergie, die einem da geklaut wird. Unwiederbringliche Stunden. Aber kaum jemand bemerkt solche Schandtaten!

Hannes hatte seinen gutmütigen Kollegen einige Male kopfschüttelnd auf diese Ungerechtigkeit angesprochen. Doch der winkte jedes Mal ab, meinte, ach, die paarmal, das macht mir nichts aus.

Als er Eva davon erzählte, meinte sie: „Vielleicht hat er einen alten Hausdrachen daheim, nicht so eine treusorgende Ehefrau wie du – und will gar nicht so viel Zeit mit seiner Familie verbringen. Das weißt du nicht. Außerdem ist es nicht dein Problem."

Da hatte sie Recht. Es war nicht sein Problem. Aber er bekam diese Manipulation, diese Ungerechtigkeit eben immer hautnah mit. Und auf der anderen Seite die Schwäche und Feigheit eines anderen. Das fand er einfach erbärmlich. Hausdrachen hin oder her …

Habe ich eigentlich auf Kosten anderer Menschen gelebt, auf Kosten ihrer Energie und Nerven?

Hannes muss ein bisschen länger nachdenken. Ob man das selber beurteilen kann? Ich habe mich beispielsweise bei der Energie und den Nerven meiner Mitarbeiter bedient. Und sie dafür gut bezahlt. Doch kann es einen gerechten Preis geben für kostbare Lebensenergie?

Aber es fließt ja auch etwas zurück zu (zufriedenen!) Mitarbeitern: Selbstbestätigung, wenn etwas gut gelungen ist. Das Gefühl, dass man dazugehört. Die Lebens- und Berufserfahrung an jedem einzelnen Tag. Aber ob das seine Leute wirklich so gesehen haben?

Und als Kind lebt man auf Kosten der Energie seiner Eltern. Hannes hat nur seine Mutter gehabt. Wenn er so darüber nachdenkt: Was sie alles mit sich allein ausmachte. Sie schien immer alles im Griff gehabt zu haben. Schien stark gewesen zu sein. Doch wie sie ihr und sein Leben immer hinbekommen hatte, als einfache Schneiderin … Es lief einfach.

Jetzt dämmert Hannes etwas. Das Schneidern, das Entwerfen, die schönen Stoffe. Er weiß noch genau, wie es war, wenn seine Mutter am großen Küchentisch mit Kreide weiße Linien auf den Stoff zeichnete. Danach kam die große Schere dran. Das Geräusch, das die Schere beim Schneiden machte – es war fein, aber auch klar und entschlossen. Ja, wenn er daran denkt: Sie tat es mutig, beherzt. Und es war ein regelmäßiges Geräusch. Ein regelmäßiges Auf und Zu der Schere. Ein regelmäßiges Auf und Zu ihrer Hand. Es war kein Zögern dabei. Sie war entschlossen. Hatte ihren Plan.

Hannes weiß auch, dass er sie beim Ausmessen und Schneiden nie stören durfte. Manchmal sagte sie: Oh, was für ein feiner Stoff. Da darf ich mich nicht vertun. Hannes stör mich jetzt nicht … Selten sagte sie so etwas zu ihm. Er konnte sonst immer zu ihr kommen. Aber nicht, wenn die Dinge auf Messers Schneide standen!

Nachthemden nähte sie auch.

Wenn Hannes jetzt an seine Kindheit dachte: Das war ihre Existenz. Sie lebten von der Korrektheit und Entschlossenheit seiner Mutter. Gleichzeitig war sie auch ein kreativer Mensch. Konnte aus wenigen Stoffresten etwas Neues zaubern. Ja, er war dankbar, dass er so eine Mutter haben durfte. Wenn er dagegen an Georgs Mutter denkt ...

Marion hat ihre Oma nie kennengelernt. Seine Mutter war zuvor gestorben. Vielleicht wäre mit seinem Kind alles anders gekommen, wenn sie eine Oma gehabt hätte. Evas Mutter lebte damals auch nicht mehr.

Aber dass Marion ins Krankenhaus gekommen war ... Das hätte er nicht gedacht. Nicht nach ihrem letzten Treffen. Und sie hatte einen hochgeschlossenen, weiten Pullover an.

Hannes seufzte. Wenn er an dem Herzinfarkt gestorben wäre, hätte er nicht erfahren, dass Marion sich auch anders anziehen konnte.

Er sah seinen linken Arm an, sah auf die Stelle, wo die Infusionsnadel befestigt war. Dann sah er auf seinen Bauch. Wie er sich im Rhythmus seines Atems senkte und hob.

Der Bauch eines gierigen Raubtiers. Weiterhin bestens versorgt dank Technik und Fortschritt. In freier Wildbahn würde ich schon lange kein Zebra mehr abbekommen, hätte keine Chance beim Jagen. Würde jämmerlich allein zurückbleiben und verenden.

Das wäre doch das gerechte Schicksal für einen jahrzehntelangen Fleischfresser wie mich.

Nie mehr will ich Fleisch essen. Nie mehr.

Warum fällt mir das jetzt erst ein, mit 79? Ein Trauerspiel.

23 Der heilige Franziskus

Der nächste Vormittag ist ausgefüllt mit einer Reihe von Untersuchungen. Bevor Hannes in einem Rollstuhl zur Ultraschall-Station gefahren wird, informiert er eine Schwester, dass er ab sofort nur noch vegetarisches Essen haben möchte.

Den Gemüseauflauf, den er mittags bekommt, hat er in fünf Minuten verspeist. Erstens: wegen großem Hunger. Und zweitens: wegen großer Zufriedenheit. Wegen eines neuen Friedens in seinem Bauch.

Danach fällt er in einen tiefen Schlaf.

Als Schwester Sonja den Nachmittagskaffee bringt, wacht er auf.

Der Kaffee ist ganz passabel. Aber den Industriekuchen, wie Hannes ihn nennt, lässt er stehen.

Gegen drei Uhr geht die Tür auf: Georg!

„Das sieht ja schon recht entspannt aus bei dir." Georg grinst.

„Georg. Wie schön! ... Wo ist Lino? Ist er jetzt allein in deiner Wohnung?"

„Du und Lino! Keine Sorge. Während deiner Abwesenheit wird er nicht zum Kaspar Hauser werden. Peer geht unten im Krankenhauspark mit ihm spazieren. Er ist ja so voller

Vertrauen, der kleine Lino. Keine Selbstverständlichkeit bei dem vielen Wechsel: von Olga zu Hannes zu Georg zu Peer …"

„Das ist wohl wahr. Und er fehlt mir so. Nach der kurzen Zeit …"

„Mach dir keine Sorgen. Ihm geht es wirklich gut. Und wie sieht's bei dir aus?"

„Auch gut. Sie machen im Moment viele Untersuchungen. Und es scheint so zu sein, dass ich eine ambulante Reha machen kann … Das wär natürlich toll."

„Hört sich gut an! Freut mich riesig! Dann haben wir bald wieder die gleiche Adresse … Und wie ist das Essen hier?"

„Naja. Nicht so gut wie im Heim natürlich. Der Kuchen heute ist leider ein Graus. Schau dir mal dieses Gelatine-Geschlabber und die matschigen Dosenhimbeeren an …"

„Da hast du mein vollstes Mitgefühl." Georg macht eine kleine Pause. „Und das kann ich sogar beweisen." Er grinst schon wieder.

„Wie? Beweisen?"

Georg hat eine Brotzeitbox dabei. „Hier ist ein anderes Kaliber von Kuchen drin!" Er reicht Hannes die Dose. „Der Kuchen von Peers Freundin. Als ich wegen Linos Sachen zusammen mit Frau Kelch in dein Zimmer bin, habe ich auch noch einen Blick in deinen Kühlschrank geworfen. Ich wollte mal spionieren, was du alles so heimlich bei dir bunkerst … Ha! … Nein, ich wollte sehen, ob nicht etwas drin ist, was in der nächsten Zeit verderben kann. Denn sooo schnell wirst du noch nicht nach Hause bzw. ins Heim können … Da hab ich den Kuchen heute für dich mitgenommen."

„Jetzt möchte ich mal wissen, wer hier die Mutter von uns beiden ist!" Hannes zieht grinsend die Augenbrauen hoch. „Mutter Georg!" Hannes öffnet die Dose. „Das sieht ja köstlich aus. Weißt du was: Da nehme ich gleich ein Stück! Möchtest du auch etwas?"

Georg schüttelt den Kopf. „Nein, danke. Peer hat mich zu Hause ebenfalls gut mit Kuchen versorgt."

„Na dann ... Ich fang mal mit dieser Zitronentarte hier an ... Mmhhh ... Hast du eigentlich noch einen zweiten Vornamen?"

„Einen zweiten ... Ja. Hab ich. Wieso fragst du? Sogar auch noch einen dritten."

„Oh. Verstehe. Lass hören."

„Gestatten: Georg Franz Karl von Heeren."

„VON Heeren?"

„Ja. So steht's in meinem Pass. Das VON hab ich irgendwann weggelassen ... Was heißt irgendwann ... Das war nach dem Tod meines Vaters. Es war furchtbar für mich. Vor allem dieses Gerede mit der verirrten Kugel. Es war Selbstmord. Er ist zerbrochen. An der Kälte meiner Mutter. Da wollte ich auch äußerlich bei mir etwas verändern, mich von etwas verabschieden. Etwas Abstand schaffen von der hehren Familie. Ich hatte ein bisschen was *Eigenes*."

„Manchmal kann sowas schon helfen."

„Auch wenn es nur unsere viel zitierte Hülle betrifft ... Die Verpackung ..."

„So ein Name hat schon große Bedeutung für die Wahrnehmung der eigenen Identität. Ständig hört und liest man ihn. Das sind schon spezielle Vibrations ..."

Georg nickt. „Genau so ist es."

„So, und nun wissen wir's: Dein zweiter Name ist Mutter Franziska, die tüchtige Hausfrau, die auch den Kühlschrank nicht vergisst! Mmhhh, der Kuchen schmeckt köstlich!"

„Ja, Peers Freundin kann wunderbar kochen und backen. Sie ist Italienerin. Alessandra!"

„Brava!"

„Mit Italien haben wir's, was Hannes! Weißt du was: Wenn du wieder gesund bist, fahren wir mal gemeinsam in die Toskana!"

„Bravo, Giorgio! Francesco! Dann müssen wir aber auch zu deinem Namenspatron. Nach Umbrien. Zu Franz von Assisi."

Georg wird etwas nachdenklich. „Ja, der Schutzpatron der Tiere. Mann aus reichem Hause, der all seinen Reichtum hinter sich lässt und nur sein nacktes Leben behalten möchte und damit zufrieden ist ... Hat mich immer sehr beeindruckt, seine Geschichte."

„Und er konnte mit den Vögeln sprechen. So wie König Salomon."

„Tja, die Sprache der Tiere. Ich lerne es eben wieder – mit Lino ..."

„Schon verrückt: Ich schleppe den Hund an – und jetzt musst du ran ..."

„Ja, das Leben geht mal wieder seltsame Wege. Gott sei Dank ist Peer an meiner Seite. Alleine würde ich das nicht mehr schaffen."

„Sind sich Peer und Olga inzwischen eigentlich schon direkt begegnet? Das wird sich ja nun nicht mehr vermeiden lassen."

„Ja, gestern Abend. Olga hat Lino bei mir abgeholt. Und da war Peer noch da. Die beiden waren ziemlich wortkarg. Aber ich denke, der Stress ist raus."

„Gott sei Dank. Und wie habt Ihr jetzt alles organisiert?"

„Olga hat uns ihren Schichtplan gegeben. Peer und ich haben mit ihr ausgemacht, dass sie Lino morgens oder mittags direkt zu uns in die Wohnung bringt. Und abends dort wieder abholt."

„Auch schon um 6 Uhr früh?"

„Ja. Aber nachdem Lino bereits seine erste Gassirunde absolviert hat ..."

„Ein wichtiger Punkt!"

„Oh ja! Wir haben früher immer Hunde gehabt zu Hause. Von daher ist mir alles sehr vertraut. Und auch wenn ich Lino erst seit gestern kenne: Er ist ein besonders lieber Hund."

„Das ist er." Hannes ist mit seinem Kuchen fertig.

Georg steht auf. „Bleibt es denn so, dass du das Zimmer für dich alleine hast?" Er geht zum Fenster.

„Bis auf Weiteres ja. Sie wollen, dass ich meine Ruhe habe, schlafen kann, wenn mir danach ist."

„Klingt gut. Ah, hier sieht man auf den Park. Mal kucken, ob ich Peer und Lino entdecken kann ... Nein, im Moment nicht." Georg verschränkt die Arme und sieht weiter aus dem Fenster. „Weißt du, wann ich das letzte Mal in einem Krankenhaus war?"

„Nein. Bei der Geburt eines deiner Kinder ... Bitte entschuldige, das sollte ein Witz sein."

„Schon gut. Solche Witze kann ich schon vertragen ... Nein, als meine Mutter gestorben ist.

Hannes nickt.

„Das war eine furchtbare Szenerie damals. Direkt filmreif."

„Inwiefern?"

„So überheblich und oberflächlich, wie meine Mutter zeit ihres Lebens war, so hat sie sich auch in ihren letzten Wochen verhalten. Sie hatte sich in keinster Weise aufs Altwerden vorbereitet. Geschweige denn aufs Sterben. Selbst ins Krankenhaus ließ sie sich noch teure Kosmetik und Klamotten liefern. Und keiner durfte sie besuchen, ohne sich vorher angemeldet zu haben. Perfektes Styling war alles für sie."

„Wie traurig, wie traurig."

„Sie hatte einen furchtbaren Todeskampf ... Sie wollte nicht sterben ... Sie konnte nicht einsehen, dass etwas mal nicht nach ihrem Willen lief ... Sie konnte nicht loslassen ... Als sie anfing zu schreien und um sich zu schlagen, wollten die Ärzte ihr eine Beruhigungsspritze geben ... Aber auch das ließ sie nicht zu ... Erst als ihr Atem zu rasseln anfing, wurde sie ruhiger ... Und wenig später kam dann die Erlösung ... Einer der Ärzte sagte später den Satz: *Der Atem ist das Letzte, was wir loslassen.*"

„Was für ein schreckliches Ende ..." Hannes dachte daran, wie er ihr nachträglich im Grunde ein solches Ende gewünscht hatte. Das tat ihm nun – trotz allem – irgendwie leid.

„Das kannst du laut sagen. Ihr Personal und ihre, sagen wir mal, Wegbegleiter – von Freunden kann man hier ganz sicher nicht sprechen – hat sie bis zu ihrem letzten Atemzug beherrscht und benutzt. Ihr Tod war eine Erlösung für alle und jeden."

„Wie kann man so vernagelt durchs Leben gehen? Selbst wenn man Schlimmes erlebt hat. Das Leben bietet doch jeden Tag aufs Neue Gelegenheiten, um an sich zu arbeiten, sich weiterzuentwickeln. Und auch, um sich mit dem eigenen Tod auseinanderzusetzen."

„Ha! Wenn man das will, Hannes, ja, wenn man das will ...! Und mit Sicherheit litt meine Mutter unter einem ganz schlimmen Trauma. Keine Ahnung, was das gewesen sein könnte. Ich finde aber auch nicht, dass es Aufgabe eines Kindes ist, die Probleme seiner Eltern zu lösen. In Gegenwart meiner Mutter habe ich ein Leben lang gefroren. Und seit dem Tod meines Bruders habe ich sie gehasst. Aus tiefstem Herzen. Aber das hat mir nicht gut getan."

„Nein, Hass ist was Furchtbares, damit geht es einem selber nicht gut. Aber ich glaube, da muss jeder selbst darauf kommen. Da kann man noch so oft hören oder lesen, dass Liebe stärker ist als Hass." Beim Aussprechen des letzten Satzes wurde Hannes selber nachdenklich.

Liebe, dachte Hannes. Dieses Wort ist so schwer zu begreifen. Heute, in diesem Zusammenhang, würde ich eher sagen: Das Annehmen ist stärker als der Hass, als das Kämpfen. Es gibt so viel im Leben, was wir nicht verstehen. Wenn wir es trotzdem annehmen – das, würde ich heute sagen, ist Liebe. Das Annehmen von allem, was ist. Auch das Schreckliche. Auch das Böse. Weil dort, wo wir herkommen, alles entstanden ist und von Anfang an alles enthalten war. Doch das sagt sich so leicht, wenn man im warmen Bett liegt und Besuch von seinem treuen Freund hat.

Georg reißt ihn aus seinen Gedanken: „Tja. Liebe. Das ist für mich nach wie vor ein sehr großes Wort. Ich tu mich schwer, es mit Inhalt zu füllen."

„… mit dem, sagen wir mal, ganzheitlichen Inhalt. Die allermeisten Jahre im Leben hat Liebe ja nur mit einem zu tun …"

„… mit Sex. Ja. Klar." Georg ist aufgestanden und wieder zum Fenster gegangen. „Ah, jetzt sehe ich Peer und Lino da unten. Sie gehen gerade an einem kleinen Teich entlang. Schöne Anlage …"

Einige Zeit sagt keiner der beiden etwas.

Dann spricht Georg weiter.

„Ich glaube, Hannes, ich hab dir schon einmal gesagt, dass ich auf vieles in meinem Leben nicht besonders stolz bin …

Ich habe wenig darüber nachgedacht, wie ich lebe, was ich tue. Ob ich jemandem etwas antue. Ob ich ihm gut tue oder nicht. Ich hab mir ja selbst nicht gut getan. Hannes, entschuldige, ich muss kurz rausgehen und eine rauchen. Ich bin in fünf Minuten wieder da."

„Ist gut, Georg. Mach dir keinen Kopf."

In den paar Minuten, in denen Georg nicht im Zimmer ist, merkt Hannes, wie wenig es ihn gerade stört, im Krankenhaus zu sein, und nicht im Heim. Diese Freundschaft mit Georg, diese intensiven Gespräche – was für ein Geschenk. Ganz gleich, wo sie stattfinden. Dass sie überhaupt stattfinden können! Gestern hätte es mit ihm vorbei sein können. Das war knapp. Jetzt zählt jede Minute, jedes Wort. Alles ist ein Grund, um Danke zu sagen.

Georg kommt wieder herein. „Ist eisig heute draußen."

„Wenn du Tee oder Kaffee möchtest – bedien dich ... Nimm diese Tasse hier. Die ist noch unbenutzt."

Georg nimmt sich Kaffee. Dann setzt er sich wieder auf den Stuhl neben Hannes' Bett. „Ich habe niemals eine Frau geliebt, Hannes. Geschlafen hab ich mit unzähligen. Aber geliebt keine einzige. Verachtet hab ich sie. Für ihre Verführungskünste, für ihre Anhänglichkeit, für ihre inszenierte Schönheit."

„Hast du niemals eine Frau getroffen, die natürlich schön war?"

„Ich glaube nicht. Da habe ich mich in einer zu abgehobenen Welt bewegt. Mag sein, dass da mal eine war. Ich habe es zumindest nicht wahrgenommen ... Vorher hast du etwas gesagt, Hannes. Das mit dem Weiterentwickeln. Da habe ich wohl doch einiges von meiner Mutter: Ich habe mich kaum weiterentwickelt."

„Das glaubst du?!" Hannes sieht ihn verwundert an.

Georg nimmt seinen Geldbeutel aus seinem Mantel. Er zieht zwei Fotos heraus und sieht sie kurz an. Dann gibt er sie Hannes.

„Hübsch." Hannes betrachtet die Bilder von zwei sehr attraktiven Frauen. Die eine dürfte um die 60 sein, die andere um die 30. Beide blond, hochgesteckte Haare. „Sie sehen sich unglaublich ähnlich. Mutter und Tochter nehme ich an." Hannes gibt Georg die Fotos zurück.

Georg steckt sie wieder zurück in den Geldbeutel.

„Nein ... Meine Mutter ... Und meine Frau."

Schweigen.

„Du ... du bist verheiratet? Nicht verwitwet?"

„Das Foto meiner Mutter ist über 20 Jahre alt. Das meiner Frau ist ziemlich aktuell. Meine Frau ist 32 Jahre alt."

„Da bin ich baff ...". Hannes sinkt tief in sein Kopfkissen ein.

„Dein neuer Freund ist nicht so nett, wie du vielleicht bisher gemeint hast, Hannes. Ich bin ein Monster. Was meinst du, warum ich sie geheiratet habe? Weil sie nett ist?! Weil sie gut kochen kann?!" Georg wird ziemlich laut. „Entschuldige bitte ..."

„Ich bin auch nicht so heilig, wie du vielleicht meinst, Georg. Ich hatte auch mal eine Affäre ..."

„... Eine Affäre ... eine Affäre! Ich spreche nicht von einer Affäre! Ich spreche von dreckigen Huren! Ich kann nur Sex haben, wenn ich sie beschimpfe, wenn ich sie erniedrige, wenn ich sie benutze – wie und wann ich will!" Georg muss extrem an sich halten, dass er nicht ungebremst losbrüllt. Er hat Tränen in den Augen. Er sieht aus dem Fenster. Dann sieht er auf den Boden.

Ein paar Minuten herrscht Stille.

„Georg ... Komm her ...“

Langsam hebt Georg den Kopf. Vorsichtig sieht er Hannes an. Dann steht er auf. Die Hüfte scheint ihn noch immer zu schmerzen. Er setzt sich aufs Bett. Tränen laufen ihm übers Gesicht.

Er gibt Hannes seine Hand. „Zumindest war es meistens so mit den Frauen ... Nicht immer ...“

„Ich bin nicht geschockt oder sowas, Georg.“

Einige schweigsame Momente später ergänzt er: „Ich sehe das Kind in dir.“

Mein Gott, was ich mir traue. Was Georg mir anvertraut. Und ich sage, ich sehe das Kind in ihm. Aber es ist so, wie ich es eben gesagt habe. Und ich habe vor nichts mehr Angst. Alles, was ich noch Gutes tun kann, kann ich vielleicht nur noch heute tun.

Ein tiefer, verzweifelter Ton löst sich aus Georgs tiefstem Inneren. Nicht enden wollende Tränen strömen aus seinen Augen. Jetzt blutet sie noch einmal, die alte Wunde, denkt Hannes. Das soll sie, das muss sie – dann darf sie langsam anfangen, zu heilen. Jetzt ist er so klein, so dünn. In Gedanken nehme ich dich in den Arm, Georg. Wie ein Kind. Wie ich meine Marion früher in den Arm genommen habe. Als sie klein war. Klein und dünn.

„Lass es fließen ... lass es fließen ...“ Hannes hält Georgs Hand ganz fest.

24 Was von den Sternen übrig blieb

Nachdem Georg gegangen ist, zieht Hannes seinen Morgenmantel an. Er steht auf. Schwester Sonja hat es ihm heute Mittag erlaubt. Er geht zum Fenster.

Ist das schön, wieder allein auf seinen Beinen stehen zu können, Halt in sich selbst zu finden. Georg konnte es nicht, als er damals in seiner Limousine ankam. Jetzt ist er auf einem guten Weg. Auf einem neuen Weg.

Hannes blickt nach unten auf den Park. Es liegt immer noch Schnee. Das Licht der Laternen funkelt in dem kleinen Teich. Ist das schön, dass ich auch von hier auf Wasser blicken kann.

Alles fließt von irgendwoher nach irgendwohin. Die Fragen der Menschen: Von wo genau? Wo genau hin? Diese Fragen, sie sind zu klein. Kaum wahrzunehmen, kaum ernst zu nehmen.

Die Antwort – sie ist groß. Unermesslich groß.

Das Kleinklein des Lebens. Eine Aneinanderreihung von zahllosen Beispielen menschlicher Hoffnung und Enttäuschung. Die immerwährende Suche nach dem Glück. Ein großes Wort. Wie die Liebe.

Hannes denkt an seine Fotoschachtel aus der Vitrine. Und an den Satz aus der Forsyte-Saga, dass die Dinge und die Menschen *den Weg aller Möbel und allen Fleisches gehen müssen.*

Evas Vater war Geologe. Hannes erinnert sich an viele spannende Gespräche mit ihm. Er hieß Gustav. Er wusste so viel vom Weltall und von der Entstehung der Erde zu erzählen. Hannes konnte sich nicht satthören. Doch leider fiel es ihm unendlich schwer, sich die komplexen Informationen zu merken – die soundsoviel Millionen Jahre, die Reihenfolge der Erdzeitalter, die Anzahl der Sonnen in unserer Milchstraße und so weiter.

Erst im Gespräch mit seinem Schwiegervater hatte er gelernt, dass unsere Sonne ein Stern war. Dass alle Sonnen Sterne waren. Über die kindliche Sortierung von *Sonne, Mond und Sterne* war er lange nicht hinaus gekommen.

„Wir sind Sternenstaub." Wie es zur Entstehung der Erde kam, dass sich gigantische Staubwolken von explodierten Riesensonnen, also Sternen, zu unserem Planeten verfestigt haben – Gustavs Schilderungen wollte Hannes wieder und wieder hören. Die Vorstellung, aus Sternenstaub zu bestehen, aus diesen Dimensionen zu kommen, und dann reinkriechen zu müssen in das menschliche Kleinklein – da muss doch der Rückweg ungleich spannender sein! Es gab wirklich allen Grund, Hoffnung zu haben, für die anstehende Reise in diese Wundertüte aus Naturwissenschaft und Magie.

Hannes blickt in den winterlichen Nachthimmel. Er denkt an Raumschiff Enterprise. *Unendliche Weiten, die nie ein Mensch zuvor gesehen hat.* Kein Platz für Kleinklein. Wirklich nicht.

Unsere Bausteine kehren wieder zurück ins Weltall. Der ewige Kreislauf. In den unendlichen göttlichen Weiten.

Sternenstaub … Und Sternenkinder … Irgendwo in diesen Weiten, da ist auch Marions Sternenkind.

Hannes setzt sich auf einen Stuhl, der direkt am Fenster steht. So lange ist das her. Und doch wird ihm das Herz wieder schwer. Das Herz, das unermüdliche. Die ewig treibende Kraft. Scheinbar ewig. Ewig aus der Sicht eines Hesseschen Kindermenschen. Jedem Anfang wohnt nicht nur ein Zauber inne. Jedem Anfang wohnt bereits das Ende inne.

Sein Herz ist nun endgültig angezählt.

Das Sternenkind. 14 Jahre war Marion damals.

Er weiß noch genau, wie es war. Alle saßen in seiner Agentur in großer Runde zusammen. Dann kam die Sekretärin in den Besprechungsraum, sagte ihm, dass seine Frau hier sei, ihn dringend sprechen müsse. In seinem Büro erzählte Eva ihm schließlich, was passiert war: Ihre Frauenärztin hatte sie angerufen. Marion sei bei ihr gewesen und habe um eine Abtreibung gebeten. Eine Freundin sei dabei gewesen. Als die Ärztin Marion darauf hinwies, dass sie umgehend mit ihren Eltern sprechen müsse, hätten die beiden Mädchen empört auf die ärztliche Schweigepflicht verwiesen. Marions Freund würde die Ärztin verklagen, sollte sie uns informieren.

Das Kind war uns entglitten. Komplett.

Nach ihrem Besuch bei der Frauenärztin kam Marion tagelang nicht nach Hause. Auch in der Schule war sie nicht. Die Schulleiterin erkundigte sich bei uns nach ihrem Fernbleiben. „Wir wissen es nicht ..." Irgendwann fuhren wir zu Marions Freundin. Eltern trafen wir dort keine. Nur eine verwahrloste Bude mit jeder Menge Alkohol und Pizzakartons. Und unser Kind, rauchend, in Minirock und BH.

An diesem Abend konnten wir Marion noch einmal dazu bewegen, wieder nach Hause zu kommen. Den Namen ihres Freundes – was auch immer sie darunter verstand – verriet sie uns nicht. Eva wollte nichts von einer Abtreibung hören. „Ich werde mich um das Kind kümmern!" Mehrmals wiederholte sie unter Tränen dieses – mit Hannes nicht abgesprochene – Angebot.

Es folgten Termine bei der Frauenärztin und verschiedenen Beratungsstellen. Schließlich gab es einen Termin in der Frauenklinik. Marion wollte das Kind nicht, wollte es nicht und wollte es nicht. „Ich will, dass es weg ist!" Unserem – mittlerweile von Eva und mir gemeinsam getragenen – fortwährenden Angebot, eigentlich war es schon eine Bitte, dass wir uns um das Kind kümmern würden, schrie sie entgegen: „Damit Ihr mir das ewig vorhalten könnt! Damit ich euch ewig dankbar sein muss! Nein danke!"

Schließlich holte Marion sich Verstärkung bei ihrer Patentante Marga, Evas Schwester. „Soll das Kind sich seine Zukunft verbauen?"

Hannes war innerlich zerrissen. Auch wenn er im Zusammenhang mit seinem Kind die Worte *Zukunft* und ver- oder auf*bauen* nicht mehr formulieren konnte, so unterschrieb er doch – stillschweigend – die meisten von Margas damaligen Aussagen: „Und du und Eva, wollt Ihr statt Toskana und intellektuellen Gesprächen in der Vinothek die nächsten zwanzig Jahre auf Spielplätzen und Elternabenden verbringen?" Und Evas Haltung war eindeutig. Hätte Hannes sich nicht auf ihre Seite gestellt, wäre das Fass in Richtung Scheidung übergelaufen.

Vielleicht hatte Eva die leise Hoffnung, dass mit diesem – zweiten – Kind alles besser werden würde. Eine zweite Chance für sie als Mutter.

An dem Tag, als Marion in der Klinik war, ging Hannes nicht in die Agentur. Zunächst war er bei Eva zu Hause. Marion verbat sich die Anwesenheit ihrer Eltern.

Schließlich bat Hannes Eva um Verständnis, dass er sich bewegen müsse, dass er zum Laufen gehen wolle. Sie hatte kein Verständnis. Hannes ging trotzdem.

Er lief diesmal einen neuen Weg, einen sehr einsamen Weg. Immer durch den Wald. Allzu gut kannte er sich dort nicht aus. Trotzdem lief er immer weiter. Bis er an einen kleinen Teich kam. Er wusste, dass sich hier manchmal Jugendliche zum Zelten und zum Lagerfeuer trafen. Bestimmt war Marion auch schon hier gewesen. Er legte sich ans Ufer. Es war Juni. Er dachte an den Tag, an dem Marion geboren wurde. Was war er stolz und glücklich. Er hatte sich immer eine kleine Eva gewünscht.

Eine Stunde saß er dort am Wasser. Allein. Nur ein paar Enten leisteten ihm Gesellschaft. Das tat ihm gut. Er wäre gerne noch länger geblieben. Aber schließlich wollte oder musste er zu Eva.

Das Sternenkind dieses Tages – der Tod kam vor der Geburt. Es war kein Sterben auf der Erde. Es starb im Wasser. Es hat nicht aufgehört zu atmen. Es ist ertrunken.

Vom Wasser aus zurückgekehrt in das ewige kosmische Reagenzglas. In die göttliche Heimat aller Seelen. Oder beides.

Hannes dachte daran, wie er am Abend der Abtreibung mit Eva auf der Terrasse saß, wie sie in den Sternenhimmel blickten.

Als er abends mit Eva auf der Terrasse saß, blickten sie in den Sternenhimmel. „Ein neuer Stern ist aufgegangen." Eva weinte und weinte. Irgendwann später sagte sie ihm, sie hätte an diesem Abend auch darüber geweint, dass er sie allein gelassen hatte. An diesem Tag. Zwei Stunden. Ohne ihn. Ohne ihre Freundinnen. Eva konnte und konnte nicht allein sein. Hannes dagegen – er musste es.

Seit dieser Zeit fuhr er abends nach der Agentur oder wenn er vom Flughafen kam nicht immer direkt nach Hause. Er trank noch irgendwo ein Glas Wein. Allein. Er fand in diesen Stunden wieder zurück in die Welt, die er sich als kleiner Junge geschaffen hatte. In dieser Welt war er seitdem kaum mehr gewesen.

Vor seiner Ehe, wenn er den Liebeskummer-Blues hatte, da gab es diesen Rückzug noch. Allerdings nicht mit Rotwein bei einem Italiener. Das konnte er sich als einfacher Automechaniker nicht leisten. Sondern mit Bier an einem Parkplatz, auf einer Wiese, an einem See. Ein Auto hatte er zu dieser Zeit nicht. Aber sein Moped.

Und seit seiner Ehe war eben Familie angesagt. Da ist es schwierig mit Rückzug.

Seit der Abtreibung wurde Eva zu eindimensional für Hannes. Das war das Wort, das er in seinen Selbstgesprächen als Begründung für seine innere Kritik an ihr fand. Zu eindimensional, zu materiell, zu *irdisch*. Die Dekoration des Hauses, des Gartens, ihre Kochkünste, ihre Kleidung – sie steigerte sich in einen unglaublichen Perfektionismus hinein. In Hannes' Augen vor zuvor bereits alles perfekt. Sie schien alles tun zu wollen, damit Marion ein schönes Nest hatte. Aber es war zu viel des Guten.

Gleichzeitig verschlang sie Berge von Büchern über die Seele und das Leben nach dem Tod.

Das hübsch dekorierte Nest hat Marion schließlich nicht davon abgehalten, mit 16 Jahren endgültig auszuziehen. Wie genau das damals alles über die Bühne ging, daran kann Hannes sich nicht mehr erinnern. Oder hat er es verdrängt, fragt er sich nun?

Marion verließ die Schule ohne Abschluss. Eva und ich wussten, womit sie seitdem ihr Geld verdient.

Umso intensiver Eva sich um das nicht mehr wirklich traute Heim kümmerte, desto mehr Gefallen fand Hannes an seinen regelmäßigen Laufrunden. Damit machte er bewusst seine ersten Erfahrungen mit körperlicher Enge – und allmählicher Weite. In den ersten Minuten nach dem Loslaufen ist es ja immer etwas beklemmend in der Brust. Das kennt fast jeder Läufer. Es ist eng, das Atmen fällt zunächst schwer. Doch allmählich, nach ungefähr zehn Minuten, da öffnet sich etwas in der Brust. Man wird weit, der Atem kann tief hinabtauchen.

Auf dieses Gefühl der Weite hatte Hannes sich bei jedem Laufstart gefreut. Und jedes Mal durfte er es aufs Neue spüren. Das brauchte er. Nicht denken, bloß nicht denken. Nicht an Marion denken. Nicht daran denken, dass Eva und er sich voneinander entfernten.

Eine andere Frau war da kein Thema mehr. Die Geschichte mit der Arzthelferin war damals schon vorbei. Die

Gelegenheiten hätte er gehabt. Aber das war es nicht, was er suchte.

Jeder von uns, Eva, hat versucht, Frieden zu finden. Und gleichzeitig versuchten wir noch etwas: Schlaf zu finden. Nächte vor dem Fernseher, mit der Zeitung am Küchentisch, weinend im Schlafzimmer. Ein Gläschen Wein sollte die ersehnte Bettschwere herbeiführen. Es blieb nicht bei den Einschlafgläschen. Zumindest nicht bei Eva.

Hannes dachte an die schönen Strandspaziergänge mit ihr. An der Ostsee lag ihre Entzugsklinik. Sie war schwer krank geworden. Hannes konnte das irgendwann nicht mehr alleine auffangen.

Die Wochen, in denen er allein im Haus war, wunderte er sich manchmal selber, wie gut er zurechtkam. Er wusste natürlich, dass er gut allein sein konnte. Aber dass sich kaum ein Gefühl der Wehmut einstellen wollte ... Ein leeres Kinderzimmer, ein leeres Schlafzimmer ...
Nachbarn und Freunde boten sich an. Wollten für ihn einkaufen, kochen, ihn zum Essen einladen, zum Kaffee, zum Spieleabend. Nein, danke, das ist lieb von euch. Ich bin am liebsten zu Hause ...

Sein dankendes Ablehnen wurde respektiert.

Als Eva dann nach einigen Wochen wieder zurück war – da saßen dieselben Freunde und Nachbarn wieder bei ihnen im Wohnzimmer, auf der Terrasse, neben ihnen im Restaurant. Und Eva wirbelte durch sie hindurch. Über die Wochen von Hannes' Rückzug wurde nicht gesprochen. Dieses unausgesprochene Wiederanknüpfen war für Hannes wie ein mit Tesafilm geklebtes Magnetband einer alten Musikcassette. Ein paar Zentimeter Magnetband, die ein ebenso alter Cassettenrecorder derangiert hatte und das man daher herausschneiden musste.

Beim erneuten Abhören kann sowas ganz schön irritieren. Wenn diese Zentimeter jedoch keine wesentliche Stelle, keinen wesentlichen Inhalt verkörperten, etwas, das wirklich vermisst wird, dann kann man den geklebten Übergang leicht überhören.

Einzig Margas Vorwürfe, die sie ihm in einem Telefonat, das sie in dieser Zeit geführt hatten, machte, hatten ihn eine gewisse Zeit beschäftigt: „Hannes, du hättest Eva ermutigen müssen, sich eine Arbeit zu suchen. Nur für deine Bequemlichkeit hast du sie zur ewigen Hausfrau degradiert. Kein Wunder, dass sie jetzt den Halt verloren hat."

Als Eva wieder gesund war, hatten sie auch über eine mögliche neue Berufstätigkeit gesprochen. Aber sie meinte, sie liebe es, für ihn da zu sein. Sie sei gern zu Hause. So haben sie dann noch 25 gemeinsame Jahre verbracht. Sie hatten ihren Freundeskreis. Gingen viel aus. Aber die innige Verbindung zueinander … wenn Hannes ehrlich ist … die war seit dem großen Drama mit Marion nicht mehr da zwischen ihnen.

Hannes denkt an die Zeit, als Marion noch klein war und zu Hause wohnte. War es nicht ein schönes Bild: Das Kind kommt von der Schule. Die Mutter ist zu Hause. Immer für die Kleine da. Was für ein Familienidyll. Was kann da schon schiefgehen …

Familie. Als Traum vom harmonischen Zusammenhalt gestartet. In einer verschwurbelten Mischung aus – bei ihm und Eva meist unausgesprochenen – Missverständnissen, Verletzungen und Vorwürfen geendet.

Marion brachte vor ungefähr zehn Jahren zwei Buben zur Welt. In ihre Welt. Eva und er haben sie nie gesehen.

25 Das Kreuz über der Wunde

Eine Woche blieb Hannes noch in der Klinik. Auch Olga hat ihn in dieser Zeit besucht. Auf einmal steckte sie ihren Blondschopf durch die Tür. Sie erzählte ihm freudig, dass sie nun Tierbeauftragte im Heim werden soll. Sie berichtete von der Lino-Organisation zwischen ihr, Peer und Georg, wie wunderbar das alles laufe. Sie habe nun endlich kein schlechtes Gewissen mehr wegen Lino.

Als sie Peer erwähnte, achtete Hannes genau auf ihre Mimik. Doch er konnte keinerlei Verlegenheit, Aufregung oder dergleichen wahrnehmen. Die Angelegenheit dürfte sich ein für alle Mal erledigt haben.

Georg besuchte ihn jeden Tag. Marion jeden zweiten. Zweimal sind sich die beiden begegnet. Beide Male am Fußende seines Krankenhausbetts.

Hannes hatte schon ein bisschen Angst gehabt vor diesem Zusammentreffen. Dass es irgendwann dazu kommen würde, war ihm klar. Und den beiden sicher auch.

Bei der ersten Begegnung war es so, dass Marion zuerst bei ihm war. Dann klopfte es an der Tür, und Georg trat ein. Er sagte: „Oh ... du hast schon Besuch, Hannes ... Ich kann später wiederkommen ..." Marion stand nur da. Sah nur ihren Vater an. „Nein, nein, Georg. Komm rein." Hannes' Mund war schneller als seine Gedanken. Und das blieb die folgenden fünf Minuten so, in denen sie zu dritt im Krankenzimmer waren. Hannes redete wie ein Wasserfall. Über das Krankenhausessen.

Über das Wetter ... Erst mit Marions erlösendem „Ja, ich freue mich auch über den Schnee" gönnte er sich eine kleine Pause. Da erzählte Georg von Lino. Marion erwähnte, sie habe sich als Kind immer ein Kaninchen gewünscht. Wenig später verabschiedete sich Marion. Ein Küsschen für ihren Vater. Ein Nicken und *Schönen Abend* für Georg.

Danach, als Hannes mit Georg allein war, griffen beide noch einmal Lino als Gesprächsthema auf. Dann erneut das Krankenhausessen. Schließlich wieder das Wetter. Erst als Georg sich verabschiedete und Hannes die Hand gab, sagte er: „Manchmal wollte ich nur, dass mir jemand zuhört."

Beim zweiten Mal war mehr Schweigen im Raum. Die Stille und Nachdenklichkeit bekam den Stellenwert, der ihr gebührt, fand Hannes. Während dieser zweiten Begegnung setzte sich Marion nach einer Weile zu ihrem Vater aufs Krankenbett. Und nahm seine Hand. Sie sahen beide nur auf ihre Hände. Und haben nicht bemerkt, dass Georg irgendwann das Zimmer verlassen hatte. Als Marion wenig später auch gegangen war, überlegte Hannes, was Marion an diesem Tag für eine Kleidung getragen hatte. Auch was sie bei der ersten Begegnung mit Georg hier in der Klinik anhatte, wusste er nicht mehr. Er schien beide Male nicht darauf geachtet zu haben.

Ich habe mir keine Farbe gemerkt, denkt Hannes nun, an seinem letzten Tag in der Klinik. Wie kann das sein? Das Bild mit dem roten Kleid. Das habe ich in mir abgespeichert. Und das Bild mit dem Minirock und dem BH. Damals. In der furchtbaren Zeit. Warum kann ich mir nicht merken, wie Marion als Kind aussah. Ihre Sommerkleidchen. Ihre Wintermäntelchen. Warum habe ich hier keine Bilder im Kopf. Die Fotos von damals, sie lagen doch erst vor kurzem auf meinem Teppich. Hannes wird richtig wütend auf sich selbst. Wo sind meine Erinnerungen? Wie sind sie? Welche Farbe haben sie, die Erinnerungen an meine Tochter?

Wenig später macht er noch einmal einen Spaziergang im Krankenhauspark. Heute ist er allein auf seiner Runde. Gestern und vorgestern war er mit Georg hier – und Lino! Der kleine Kerl ist sofort auf ihn zugesaust, an ihm hochgesprungen.

„Jetzt machen wir einfach da weiter, wo wir aufgehört haben. Nur an einem anderen See, Hannes!"

Morgen Vormittag geht es wieder zurück ins Heim, denkt Hannes. Und dann zur ambulanten Reha. Er setzt sich auf eine Bank. Kein Mensch weit und breit zu sehen.

Er fühlt sich auf einmal sehr müde. Muss ein paarmal kräftig ein- und ausatmen. Dann schließt er die Augen, lehnt sich an der Rückenlehne der Bank an und breitet beide Arme aus. Er legt sie links und rechts neben sich auf der Rückenlehne der Bank ab. Er merkt, wie eng und verspannt er mit dem vielen Liegen im Krankenhausbett geworden ist. Es tut ihm etwas weh, sich vorne im Brustbereich so weit zu dehnen. Aber allmählich wird es besser. Genauso fühlte es sich früher beim Laufen an. Erst war es ganz eng, vorne in meiner Brust. Und mit der Zeit kam die Weite.

Die beiden Begegnungen zwischen Georg und Marion – wie konnten sie so ruhig über die Bühne gehen? Geräuschlos. Und, wie Hannes nach seinem vergeblichen Grübeln über Marions Kleidung nun weiß – auch farblos.

Hannes denkt an die Konstellation mit Marion und Georg damals, in der Cafébar. Wie sie beieinander standen. Der alte Mann mit dem silbernen Haar. Und die Frau im roten Kleid. Zwei Figuren aus komplett verschiedenen Welten, wie Hannes damals dachte. Wie war ein Zusammentreffen dieser beiden Welten möglich? Für Hannes war es ein Zusammenprall, diese Szene im Café. So heftig und unerwartet, dass seine tiefste Wunde aufriss. Aus der jahrzehntelang eingetrockneten Blutkruste schoss frisches Blut hervor.

Hinterrücks hatte jemand ein Messer gezückt – und es millimetergenau in seine Narbe mit der feinen Haut gestochen. Als hätte Kriemhild aus der Nibelungensage auf den Mantel, den er an diesem Nachmittag trug, feinsäuberlich ein Kreuz gestickt. Genau auf die Stelle, die die Liebe einer Kriemhild eigentlich schützen will, die Stelle, wo er wirklich verwundbar war. Wo kein Schmerz schlimmer sein könnte.

Hätte Hannes denn da Siegfrieds Tarnkappe etwas genutzt?

Ihn hätte keiner gesehen. Doch er hätte gesehen.

Er hat es gesehen. Ein rotes Kleid. Einen Mann. Geld.

Der Mörder aus der Nibelungensage stach zu. Hagen von Tronje stach zu.

Doch Georg wusste gar nicht, dass er jetzt Hagen war ... Ausgerechnet Siegfrieds Vertrauter, er sollte ein hinterhältiger Mörder sein ... Ein Mörder und ein Verräter ... Hagen und Brutus zugleich ...

Doch der Siegfried in der Cafébar – er hat überlebt. Hat zwar ein schwaches Herz. Ist in den vergangenen Jahrzehnten manchen Tod gestorben. Aber er steht wieder im Leben. Ganz so schlimm kann es doch nicht gewesen sein ...

Hannes fällt ein Satz von Mark Twain ein: *Ich habe viele furchtbare Dinge erlebt. Gott sei Dank ist das meiste nie eingetreten.*

Nun öffnet Hannes wieder die Augen. Der Weg, an dem seine Bank steht, ist so einsam wie der ganze Park heute, an diesem späten Nachmittag. Hannes wird klar, dass er keinerlei Bedürfnis hat, Georg oder Marion nach irgendwelchen Details zu fragen. Jenseits von Informationen zählt eine ganz andere Ebene. Und die braucht keine Worte.

Ist doch alles wie auf einer Theaterbühne, denkt Hannes. Aber ohne Ton. Eine Handlung, eine Szene. Eine Aufführung, die sich irgendein Regisseur so vorgestellt hat. Ich bin der Zuschauer. Ich sehe. Aber hören will ich nicht.

Ich sehe das Bühnenbild, die Gesichter der Figuren, die Kleidung. Das allein kann einen mit der Fülle an Sinneseindrücken schon übermannen. Da braucht es nicht auch noch Worte. Alles prasselt gleichzeitig auf mich ein. Verwirrt mich. Manches löst sich auf. Manches widerspricht sich. So viele Dimensionen tun sich auf.

Manches kann man nicht entschlüsseln.

Wer will sich hier Worte anmaßen, um zu formulieren, was wirklich IST, was wirklich WAR.

Ich bin doch nur ein Theatergast. Einer, der zu spät gekommen ist. Der nur noch das Ende zu sehen bekommt. Und da soll ich sagen, wie mir das komplette Stück gefallen hat?!

Da fallen Hannes wieder Waldorf und Statler ein. Er sieht die beiden Stoffpuppen förmlich vor sich, wie sie genüsslich in ihrer Loge lästern. *Hat dir die Show gefallen? Na, dir hat ja auch der Erste Weltkrieg gefallen!*

Die Show, das Stück, die Handlung ...

Würde Hannes diese Geschichte inszenieren: Seine Wunde hätte ein knallrotes enges Kleid an. Und rote hochhackige Lackschuhe. Und dann ist da noch roter Lippenstift. Hagen und Brutus hätten schwarze Gewänder an. Sie sind wie Brüder. Nur wenn man genau hinsieht, erkennt man, dass Hagen kräftiger ist und größer als sein Bruder.

Dieses Stück möchte sich Hannes allein ansehen. Möchte diesen Theaterabend ganz allein verbringen. Ohne Georg. Und er möchte nicht in der Waldorf-und-Statler-Loge sitzen. Er möchte unten sein. Im Parkett. Vorne. Am Rand.

Wieder versucht Hannes, sich daran zu erinnern, was Marion bei ihren letzten Besuchen anhatte. Es will und will ihm nicht einfallen.

Ist doch gut, dass die Farben verblasst sind, Hannes. Die Farben wollen ihren Frieden machen mit dir. Siehst du nicht, wie die Friedensfahne im Wind flattert?

Wie meist in den letzten Tagen wirbeln auch heute feine Schneeflocken durch die Luft. Peer hat Hannes warme Winterkleidung aus seinem Zimmer im Heim mitgebracht. Trotz des Sitzens auf der Bank ist ihm wohlig warm. „Ihr tanzt wieder für mich, Ihr Flocken! Aus der Kälte kommt Ihr, aus der Dunkelheit, von der Ewigkeit in den Augenblick. Den Augenblick lasst Ihr glänzen. Ich danke euch." Wie vor ein paar Tagen, als der erste Schnee fiel und Hannes die Flocken willkommen hieß, spricht er mit lauter, freudiger Stimme.

Auch am Teich in diesem Park hat Hannes sein Lieblingsplätzchen gefunden. Auch hier, von dieser Bank aus, kann er dem Flügelschlagen der Schwäne wieder ganz nah sein. Doch die Schwäne hier sind schwarz.

Trauerschwäne. Und ein anderer Schwanensee. Hannes denkt an das Ballett: Der Prinz, hin- und hergerissen zwischen weißem und schwarzem Schwan. Bei Tschaikowski heißt der Prinz: Siegfried.

Hannes steht auf. Nun wird ihm doch etwas kalt. Er geht ein Stück am Ufer entlang. Es ist schon fast dunkel. Er bleibt stehen. Und dreht noch einmal um. Er geht ganz nah ans Wasser. Als er beinahe mit seinen Schuhen die Wasseroberfläche berührt, geht er in die Hocke. Ein schwarzer Schwan ist ganz nah bei ihm. Hannes weiß, dass Schwäne beißen können und dass das sehr schmerzhaft sein kann.

Knallrot ist der Schnabel. Kein entspanntes Orange wie bei den weißen Schwänen. Knallrot sind auch die Augen des schwarzen Schwans. Rot verweinte Augen.

Wieder das Rot. Nein, bitte nicht.

Kein Wunder, dass sie Trauerschwäne heißen, denkt Hannes. Vermutlich wurden sie wegen ihres schwarzen Gefieders so genannt. „Aber es ist nicht das Schwarz. Das hat mit der Trauer nichts zu tun." Hannes spricht wieder laut mit sich selbst. „Es ist das Rot."

Er beobachtet den Schwan, der ihm am nächsten ist, noch einige Zeit. Der Schwan macht keine Anstalten, zu ihm ans Ufer zu kommen. Wie das ja Schwäne oft machen, wenn sie sich bedroht fühlen und sich oder ihre Jungen verteidigen wollen. Nein, dieser Schwan gleitet langsam an ihm vorüber. Ist ihm zugewandt, hat ihn im Blick. Nun gleitet er langsamer. Dreht um und schwimmt wieder an ihm vorbei, in die andere Richtung. Zurück zu den anderen Trauerschwänen.

Hannes steht auf. Er geht zurück zum Krankenhauseingang. Kurz bevor er dort ankommt, merkt er, wie flott er schon wieder unterwegs ist. Das ist gut, denkt er, das ist gut. Die Energie fließt wieder.

„Ihr Abendessen steht in Ihrem Zimmer, Herr Sieberg." Schwester Elke hat heute Dienst. „Sie kommen aber spät zurück."

Hannes nickt freundlich, antwortet aber nicht und öffnet die Tür zu seinem Zimmer.

„Vati." Eine Zeitschrift in der Hand, auf dem Stuhl am Fenster sitzend, sieht Marion zu ihm auf. „Ich warte hier schon ewig auf dich. Warst du so lange spazieren?"

Wortlos verstaut Hannes seinen Wintermantel im Schrank.

Er sieht Marion mit ernstem, nachdenklichen Blick an. Er nimmt sich einen anderen Stuhl und setzt sich ihr gegenüber.

„Vati, was ist mit dir?"

Hannes kann nicht sprechen.

Da steht Marion auf und geht einen Schritt auf ihn zu.

„Was hast du heute an, Kind?"

„Hab ich mir neulich gekauft. Gefällt es dir?"

Marion trägt einen cremeweißen Wollmantel. Lässig und elegant zugleich fließt der weiche Wollstoff über ihren Körper. Darunter trägt sie einen weiten schwarzen Rollkragenpullover, eine cremeweiße elegante Hose und schwarze, flache Winterstiefel.

Hannes atmet tief ein. Und laut hörbar aus.

„Wo wohnst du eigentlich gerade?"

„Immer noch in der kleinen Zweizimmerwohnung am Bahnhof, das weißt du doch."

„Ich hatte es vergessen."

„Wie alt bist du jetzt?"

„Vati! Das kannst du doch nicht auch vergessen haben!" Marion ist wütend aufgesprungen von ihrem Stuhl.

„Entschuldige bitte ... Nein, ich habe es nicht vergessen ... Ich bin etwas durcheinander ..."

Auch Hannes ist aufgestanden. Die beiden stehen sich gegenüber. Verwundert sieht Marion ihren Vater mit ihren großen braunen Augen an. Sie trägt keinen Lippenstift. Sie sieht so natürlich aus. Dann lächelt sie.

„Vati, was ist mit dir? Ich wollte dich fragen, ob ich dich morgen abholen und zurück zum Heim bringen soll."

Georg muss sich wieder setzen. Er fängt an zu weinen. Den Kopf nach unten gesenkt, mit eingefallenem Rücken kauert er auf dem Stuhl.

„Vati, was hast du? Hast du Schmerzen? Soll ich die Schwester rufen?"

„Nein, Marion, nein." Hannes schnieft. „Setz dich einfach zu mir."

26 Die Faust auf dem Tisch

„Von wem ist denn der Blumenstrauß?"

„Keine Ahnung, Hannes."

Da entdeckt Hannes eine kleine Karte, die in dem adventlichen Arrangement steckt: „Herzlich willkommen daheim im Heim, lieber Herr Sieberg! Ich habe gute Neuigkeiten und freue mich auf Ihren Besuch. Herzliche Grüße. Rosemarie Kelch P.S. Bitte vorher kurz im Sekretariat anmelden. Danke."

„Ich gehe mal kurz auf deine Terrasse zum Rauchen."

„Ist gut ... Oh, vielen Dank, Peer. Stellen Sie den Koffer einfach irgendwohin. Wunderbar. Sie haben mir so viel geholfen, Peer."

„Hab ich sehr gern gemacht, Herr Sieberg ... Übrigens: Sie können mich jederzeit anrufen, wenn ich etwas für Sie tun kann. Ich schreibe Ihnen hier meine Handy-Nummer auf. Wir wohnen ja nicht weit weg von hier. Zehn Minuten mit dem Auto."

„Das ist ein tolles Angebot von Ihnen, Peer. Ich danke Ihnen. Gut zu wissen, man weiß ja nie – wie man spätestens jetzt weiß ..." Hannes zieht die Augenbrauen hoch und seufzt. „... Doch nun, Peer, zum Allerwichtigsten: Lino ist noch im Auto ..."

Peer lacht. „Den hab ich nicht vergessen. Ich hol ihn jetzt gleich."

Hannes lächelt. Er hängt seinen Mantel an die Garderobe und setzt sich aufs Bett. Erst mal ankommen …

Die Terrassentür geht auf. Georg kommt herein. „Deine Terrasse ist selbst im Winter ein zusätzliches Zimmer. Durch die Seitenmauer und den Balkon darüber ist sie richtig geschützt. Da hast du mehr Freiraum als ich dort oben."

„Stimmt. Ich habe im Keller auch noch zwei Gartenstühle. Die könnte ich hochbringen und rausstellen."

„Gute Idee! Und ich hab oben ein paar Lammfelldecken. Die legen wir drauf. Da ist es gleich gemütlicher."

„Fehlt nur noch der Glühwein …"

„Ob wir dieses Problem lösen können ….?!"

„Es ist so schön, wieder hier zu sein. Erst wenn man weg war, kann man wieder ankommen."

„Du alter Philosoph! Du Philo, du Dino …"

Die Tür geht auf …

„…. und Lino ….!!" Georg und Hannes prusten gleichzeitig los … Peer hat die Tür geöffnet und Lino saust herein. Springt sofort zuerst an Georg, dann an Hannes hoch. Dann sehen die beiden auf ihre Hosen: Voller matschiger Abdrücke.

„Entschuldigt bitte. Ich hätte ihm vorher noch die Pfoten abwischen müssen …" Peer sieht etwas zerknirscht aus.

„Ja, hättest du …" Georg blickt ihn streng an.

„Und wir müssen ein bisschen Hundeschule machen, Lino. Das mit dem Anspringen darfst du nicht mehr machen." Er streichelt dem Hund über den Kopf. Dann öffnet er die

Terrassentür und lässt ihn nach draußen. Jetzt erst sieht er die matschigen Pfotenabdrücke auf dem ganzen Teppich.

„Das ist wohl ein Fall für die Reinigung, Herr Sieberg … Wissen Sie was: Ich nehme den Teppich gleich mit und bring ihn morgen dorthin."

„Hmm. Mit Ausbürsten kommt man wohl wirklich nicht sehr weit …" Hannes blickt auf seinen Teppich der Erinnerungen. Jetzt kommt er in die Reinigung. Er muss den Weg aller schmutzigen Teppiche gehen … Und er kommt ja wieder zu mir zurückgeflogen. Bereit für neue Erinnerungen.

„Vergiss es, Hannes. Da ist nix mit Ausbürsten. Komm, wir heben den Tisch und die Stühle hoch und rollen den Teppich zusammen. Und wenn dir der Parkettboden zu ungemütlich ist: Peer, auf dem Speicher müssten wir doch noch Teppiche haben."

Peer nickt. „Da bring ich Ihnen später einen. Wenn Sie wollen …" Peer sieht Hannes fragend an.

„Das ist nett von euch. Aber wisst Ihr was: Bis der Teppich zurück ist, werde ich den schönen Parkettboden genießen. So viele Gelegenheit werde ich nicht mehr bekommen, um ne flotte Sohle aufs Parkett zu legen!"

Freudiges Gelächter unter den Männern. Fünf Minuten später ist Peer mit dem zu dritt eingerollten Teppich verschwunden.

„Wirklich ein netter Bursche, dein Sohn!"

„Inzwischen … Ja! … Wir hatten aber auch andere Zeiten …" Georg seufzt. „Wir haben uns in unserer Einsamkeit zusammengerauft. Von einer Familie kann man bei uns ja wirklich nicht sprechen."

„Ach, das Etikett Familie. Was heißt das schon? Wirkt nur nach außen aufgeräumt und stabil. Innerlich geht doch überall die Post ab." Hannes wird wieder nachdenklich. „Und das

Schlimme ist: Über die Jahre und Jahrzehnte schleift sich so viel ein. Die Rollen sind irgendwann verteilt. Da kommt keiner mehr raus. Blickt keiner mehr durch."

„Ja, manchmal muss man die Notbremse ziehen."

„Und die kann viele Formen haben …"

„Die erste Notbremse sollte sein, dass einer mal richtig mit der Faust auf den Tisch haut!" Georg wird auf einmal richtig laut. „Das ist wichtig! Aber die wenigsten trauen sich das, diese ganzen Weicheier! Manchmal ist die Zeit, jemanden so richtig auf den Pott zu setzen! So nicht, meine Liebe! So nicht!" Georg hat sich richtig in Rage geredet.

Schweigen. Beide blicken zum Fenster.

„Vielleicht hat sich meine Mutter im Grunde nach einer solchen Faust auf dem Tisch gesehnt. Sie hat meinen Vater derart gedemütigt und provoziert. Doch warum auch immer – er hat es mit sich machen lassen. Hat immer mehr ertragen. Allerdings auch auf meine Kosten. Einmal, Hannes, konnte ich es nicht mehr aushalten. Da habe ich ihr ins Gesicht geschlagen."

Hannes setzt sich auf den Hocker und nickt still vor sich hin.

„Und auch wenn sie mich danach windelweich geprügelt hat – das war's mir wert. Das Schlimme aber war: Mein Vater hat nichts, kein Wort gesagt. Er saß einfach da. Hörte sich still ihre Unverschämtheiten an. Und als meine Mutter anfing, mich zu schlagen, ging er einfach aus dem Zimmer."

Hannes schüttelt stumm den Kopf. Dann sagt er: „Und schließlich hat er die Faust gegen sich selbst gerichtet."

„So ist es." Da geht Georg zur Terrassentür. „Und ich … Hannes … habe sie dann immer wieder gegen andere Frauen gerichtet. Aber treffen wollte ich immer nur …"

„… deine Mutter". Tonlos spricht Hannes diese Worte.

Georg sieht zur Terrassentür. „Na, wer sitzt denn da so brav und wartet?" Lino hockt vor der Glasscheibe und sieht herein.

„Ach, Lino, dich haben wir ja ganz vergessen. Ist der brav. Hat überhaupt nicht gebellt. Sitzt da und wartet …" Hannes geht kurz ins Bad und kommt mit einem kleinen Handtuch zurück. Bevor Lino hereinkommt, wird erst einmal Pfote für Pfote saubergemacht.

Dann saust er herein und schüttelt sich. Anschließend – so scheint es – blickt er fragend um sich.

„Ja, kein Teppich mehr, auf dem du dich wälzen kannst … Aber warte, ich leg dir eine Decke hin … Und oh, deine Wasserschale. Moment …" Hannes nimmt die Metallschüssel von Olga und geht damit ins Bad. Dann stellt er sie mit Wasser gefüllt unter den Tisch. Jetzt wird geschlabbert.

„So ein Hund ist wirklich Balsam für die Seele." Georg hat sich wieder beruhigt. Versonnen blickt er zu Lino unter den Tisch. „Er bleibt übrigens heute etwas länger bei uns. Olga muss noch irgendetwas erledigen. Sie kann ihn erst gegen 22 Uhr abholen."

„Was? So spät? … Na, wir haben ja Zeit. Da fällt mir ein, Georg, ich soll ja noch zu Frau Kelch. Ich rufe mal kurz im Sekretariat an."

Nachdem Hannes telefoniert und erfahren hat, er könne gleich vorbeikommen, bittet Georg darum, noch hier im Zimmer bleiben zu dürfen. Hannes freut sich, dass er sich in der kleinen Bude so wohl fühlt, und auch darüber, dass Lino nicht allein bleiben muss. Hannes macht sich auf den Weg ins Nebenhaus zur Verwaltung.

Frau Kelch empfängt ihn herzlich wie immer. Sie erkundigt sich nach seinem Gesundheitszustand und nach seiner Organisation für die ambulante Reha. Hannes bedankt sich für den blumigen Willkommensgruß. Und Frau Kelch teilt ihm freudig mit, dass der kleine Lino nun ganz offiziell im Heim sein darf. Rund um die Uhr! Und dass Olga in Kürze ein Praktikum beim Städtischen Veterinäramt machen wird und auch der Amtstierarzt dem Heim einen Besuch abstatten wird. Damit das mit dem Tierschutz alles seine Ordnung hat.

Hannes bedankt sich überschwänglich. Für die schnelle und engagierte Unterstützung. Er hat sich schon verabschiedet – da dreht er an der Tür noch einmal um.

„Frau Kelch ... Was ich Sie noch fragen wollte ..."

„Ja, Herr Sieberg ..."

„Es gibt doch einen Psychologen, der manchmal hierher ins Heim kommt ..."

„Ah, Sie meinen Dr. von Hofacker ... Bis vor ein paar Monaten war das so, ja. Mangels Nachfrage hat er seine Sprechstunde hier eingestellt. Aber er hat eine Praxis in der Stadt. Dort können Sie mit ihm sprechen ... Moment ... Hier hab ich seine Karte ... Komisch, Sie sind schon der Zweite, der in dieser Woche nach ihm fragt." Frau Kelch überreicht Hannes eine Visitenkarte.

Aha, schon der Zweite, denkt Hannes. Vielleicht kann man ihn ja doch wieder ins Heim zurücklocken, den lieben Doktor. Hannes bedankt sich und verabschiedet sich ein weiteres Mal.

Zurück in seinem Zimmer begrüßt er Georg mit den Worten „... Ich muss kurz nochmal telefonieren. Gleich bin ich bei euch ..."

„Herrchen ist ganz schön busy heute, was Lino? Jetzt kommt der Manager wieder durch bei ihm ..." Georg streichelt Lino, der zu seinen Füßen liegt, und sieht Hannes verschmitzt an.

Wir sind wirklich die zwei Ollen aus der Muppet Show, denkt Hannes. „Guten Tag. Hier ist Hannes Sieberg von der Seniorenresidenz. Ich hätte gerne einen Termin bei Herrn Dr.

von Hofacker ..." Hannes sieht Georg an. Ihm war klar, dass er das natürlich wieder kommentieren musste:

„Aha", sagt er im Flüsterton, „ein VON, und auch noch Doktor ... Und was ist mit Professor?!"

„Heute Abend hat jemand abgesagt ... Ja, also ......"

Wieder sieht er zu Georg. Der nickt und sagt erneut im Flüsterton: „Peer kann dich fahren."

„In Ordnung. 18 Uhr. Vielen Dank. Auf Wiederhören ... Ach, eine Frage noch: Kann ich meinen Hund mit in die Praxis nehmen? ... Nicht ... Ja ... Verstehe. Danke. Bis heute Abend."

„Termine über Termine ... Ist ja fast wie in deinen alten Zeiten, was Hannes! Aber darfst du denn heute einfach so herumstrawanzen? Eben noch warst du im Krankenhaus – und morgen beginnt deine Reha."

„Du sagst es: Morgen beginnt die Reha. Morgen ... Wie wir wissen, kann jeder Tag der letzte sein. Daher will ich nichts mehr aufschieben."

„Apropos aufschieben: Das Mittagessen möchte ich ebenfalls nur ungern aufschieben. Wollen wir direkt hingehen? Und wegen Lino heute Abend: Er kann mit mir in meiner Wohnung bleiben. Aber das besprechen wir noch beim Essen."

Beide erklären Lino, dass sie in spätestens einer Stunde wieder zurück sind. Auf dem Weg zum Speisesaal ruft Georg von seinem Handy aus Peer an und bittet ihn, Hannes um 17.30 Uhr abzuholen und in die Stadt zu fahren. Im Speisesaal treffen sie Olga. Sie hat viel zu tun. Wirkt etwas gestresst. Sie unterhalten sich nur kurz. Es sind ja alle auf dem neuesten Stand. Hannes fragt Georg, ob er ihn nicht mit Lino begleiten wolle. Die beiden könnten ja ein bisschen in der Stadt Gassi gehen, während er bei Dr. VON ist. Georg ist einverstanden.

Nach dem Mittagessen ziehen sie sich zur Siesta zurück. Um 17.30 Uhr ist Treffpunkt am Rondell.

27 Der Vogel im Käfig

Da sie bereits vor halb sechs gestartet sind, ist es erst viertel vor sechs, als Hannes, Georg und Lino am Katharinenplatz stehen. Dort hat der Psychologe seine Praxis.

Das Wetter ist ungemütlich heute. Es weht ein starker Wind und es nieselt. Beide Männer haben ihre Krägen nach oben geschlagen und ducken sich in ihre dunklen Wollmäntel. Lino hält wacker dem Wind stand.

„Ich muss Olga mal fragen, ob sie nicht auch ein Wintermäntelchen für Lino hat." Hannes sieht mitleidig zu dem Hund hinunter.

Die drei stehen frierend auf dem Platz vor der Kirche. Da sagt Hannes zu Georg: „Komm". Er steuert auf den Eingang der Kirche zu. Georg und Lino trotten neben Hannes her. Dann stehen sie vor der großen Holztür. Hannes drückt auf den goldenen Türknauf. Kalte Luft schlägt ihnen entgegen. „Ist ja noch kälter als draußen", beschwert sich Georg.

„Vergiss die Hülle ..." Hannes geht zügig hinein, Lino hinterher. Da hält Georg Hannes am Ärmel fest. „Du, Hannes, dürfen Hunde überhaupt in eine Kirche?" Hannes bleibt stehen, antwortet „Ich sehe hier nirgends ein Verbotsschild" und geht weiter. Er öffnet auch die Glastür, die sich an den Vorraum anschließt. Er taucht seine Hand ins Weihwasserbecken und bekreuzigt sich. Georg geht weiter. Es sind nur wenige Leute in der Kirche. Ein paar sitzen in den Bänken, ein paar stehen in den Seitenkapellen.

Am Taufbecken bleibt Hannes kurz stehen. Dann geht er zielstrebig den Gang im Hauptschiff nach vorne. Lino immer brav neben ihm. Hannes wendet sich nach links und setzt sich in eine der ersten beiden Reihen. Lino hinterher. Er kauert sich auf das schmale Stückchen Holzboden in der Kirchenbank. Georg folgt ihnen. Langsam. Gebremst. Schließlich setzt er sich neben Hannes.

Der kramt in seiner Manteltasche und holt ein kleines Faltblatt heraus. Eine kunstgeschichtliche Kurzbeschreibung der Kirche. „Hast du das Faltblatt von zu Hause mitgebracht?" fragt Georg im Flüsterton. Als Hannes nickt, ergänzt er. „Hab mir schon gedacht, dass es nicht nur das ungemütliche Wetter ist, das dich hierher führt."

Statt zu antworten liest Hannes und blickt dazwischen immer wieder nach vorne oben, in die Kuppel über dem Altarraum. Dann steht er auf. Er gibt Georg die Hundeleine. Um ihn nicht zu stören, geht Hannes die Kirchenbank nach links entlang und nähert sich von der Seite dem Altarraum. Vor der Absperrung mit dem roten Seil bleibt er stehen und blickt erneut nach oben in die Kuppel. Georg bleibt zunächst sitzen. Dann steht er ebenfalls auf und stellt sich mit Lino neben Hannes. Der deutet nach oben in die Kuppel und flüstert: „Dort oben, die Fresken, dort sind sieben Erzengel dargestellt. Das ist ziemlich ungewöhnlich. Sonst sind es immer nur drei: Michael, Gabriel und Raphael."

„Aha", entgegnet Georg ziemlich unbeeindruckt. „Wenn du nicht zu spät zu deinem Termin kommen willst, sollten wir jetzt gehen."

Hannes blickt Georg etwas enttäuscht an.

Georg beeilt sich daher, im Flüsterton zu ergänzen: „Versteh mich nicht falsch. Ich finde Fresken auch was sehr Bewundernswertes. Wenn man bedenkt, wie anspruchsvoll diese Maltechnik ist. Und dass jede einzelne Bildpartie an einem einzigen Tag fertiggestellt sein muss – mein Lieber, da gehört schon was dazu. Da muss man schon das rechte Maß finden. Für die Farbe, die Fläche, den Bildaufbau. Technisch wie künstlerisch ganz schön anspruchsvoll. Daher gab es ja auch so viele Pfuscher in dem Metier. Da war nicht jeder ein Michelangelo oder Giotto ... Die Frische ist das Zauberwort ... Aber Hannes, nimm's mir nicht übel – ich möchte jetzt gerne wieder gehen."

Hannes' Augen bleiben noch ein paar Sekunden auf die Fresken gerichtet. Leise spricht er zu sich selbst: „Die Frische ist das Zauberwort. Und das Tagwerk."

Nachdenklich steckt er das Faltblatt wieder in seinen Mantel. Er bekreuzigt sich. Dann gehen die drei nebeneinander her zum Ausgang.

Draußen breitet Georg als erstes die Arme aus: „Endlich wieder Luft! Oh, Lino zieht in Richtung Bäume. Er muss wohl sein Beinchen heben ..." Genau so ist es. „Bist kein sündiger Hund, Lino, brav. Hättest ja auch gegen den Taufstein pinkeln können." Angriffslustig lächelt er Hannes an. „Dass Erzengel Michael auf dem Fresko Luzifer in die Hölle stößt, hast du übrigens nicht erwähnt, Hannes. Und Jesus am Palmkreuz hast du auch nicht gesehen."

„Jesus am Palmkreuz? Nein ..."

„Wir gehen vielleicht an einem anderen Tag nochmal hinein."

„Jetzt bin ich aber sehr verwundert ..."

„Mein Vater ist oft vor diesem Palmkreuz gestanden und hat gebetet. Dabei sprach er immer einen Satz, den ich mir mein Leben lang gemerkt habe: *Mögen deine Anhänger sich tausendfach vermehren und blühen wie der Palmenbaum* ... Kennst du diesen Satz, Hannes?"

Hannes schüttelt verwirrt den Kopf.

„Das ist aus dem Film von Franco Zeffirelli. Über Franz von Assisi. Diesen Satz spricht der Papst zu Francesco. Papst ... äh ... Papst Sowieso. Im Film ist es Alec Guinness."

„Also Georg ... Ich weiß gar nicht, was ich sagen soll ..."

„Sag einfach Prost! Denn Lino und ich gehen jetzt ein Bier trinken. Ruf mich an, wenn du fertig bist." Und schon stapft Georg mit Lino davon. Er dreht sich noch kurz um und winkt.

Hannes ist völlig verdattert. Und winkt zurück. Dieser Georg ... Was für ein erstaunlicher Mann.

Nun geht Hannes auf ein Gebäude schräg gegenüber der Kirche zu. Da vorne muss die Praxis sein, denkt er sich. Auf dem kurzen Weg dorthin bläst der Wind Hannes erneut ungemütlich ins Gesicht. Er ist froh, als er durch die Glasschiebetüre des Ärztehauses geht und endlich im Warmen steht.

Laut Infotafel befindet sich die Praxis gleich im Erdgeschoss.

Mit dem Surren des Türöffners betritt Hannes einen langen Gang. Die Wände schmückt kein einziges Bild. Stattdessen hängen unterschiedlichste Lampen von der hohen Decke herab. Jede einzelne ist mit Sorgfalt ausgesucht worden, das merkt man, stellt Hannes fest. Der Gang der Erleuchtung ...

Am Ende des Flurs darf sich schließlich die Rezeption in einem großzügigen hellen Raum entfalten, mit durchgehender Fensterfront zur Gartenseite im Hinterhof. Eine blonde Frau sieht zu ihm auf.

„Sieberg. Ich hatte heute Mittag angerufen."

„Ah, Herr Sieberg. Richtig ... Von der Seniorenresidenz." Die Frau hat eine angenehm dunkle Stimme. Hannes schätzt sie auf Anfang sechzig. Sie hat dunkelblondes, schulterlanges und richtig fülliges Haar. Auch ihr Körper ist füllig. Ihre weiße, taillierte – aber nicht enge! – Bluse betont ihre attraktive Oberweite.

Mensch, die gefällt mir, denkt Hannes sofort. Das mit der Seniorenresidenz hätte sie jetzt nicht dazusagen müssen. Ist doch egal, wo ich wohne. Aber ich bin selber schuld. Hätte ich am Telefon mal Sieberg vom Hotel Waldorf Astoria gesagt!

Nachdem die Formalitäten erledigt sind, möchte er noch etwas Nettes zu der Frau sagen. Ihm fällt nichts Besseres ein, als sich für den kurzfristigen Termin heute Abend zu bedanken.

„Da dürfen Sie sich bei demjenigen, der den Termin heute Morgen abgesagt hat, bedanken." Sie lächelt ihn an. „Aber es ist nett, dass Sie das sagen ... Sie dürfen da vorne noch einen Moment Platz nehmen. Herr Hofacker wird gleich für Sie da sein."

Hannes setzt sich in einen der Ledersessel an den Fenstern, und zwar so, dass er die Frau in der weißen Bluse gut im Blick hat. Jetzt geht sie ans Telefon. Hannes bekommt mit, dass am anderen Ende der Leitung eine Person ist, der es offenbar sehr schlecht geht. Die weiße Frau am Empfang kann keinen Satz zu Ende sprechen. Immer wieder scheint sie unterbrochen zu werden. Hannes merkt, wie mitfühlend diese Frau in Weiß ist. Sie betont immer wieder, dass sie für morgen keine Termine mehr hat. Ja, sie bedaure das auch ... Aber ... Ist es wirklich so dringend? ... Ja, sie versteht ... Sie könne Herrn Hofacker fragen. Ja, sie notiert sich die Telefonnummer, ja, sie meldet sich ganz sicher heute Abend noch ... Bis später ... Auf Wiederhören.

Die Arzthelferinnen sind doch wirklich die Heldinnen des Alltags! Das ist ihm damals schon mit seiner ... er hat tatsächlich den Namen vergessen ... aufgefallen. Was diese Frauen in ihrem Beruf alles stemmen! Ich möchte nicht wissen, wieviele Großverdiener diesen Frontfrauen tagtäglich die Ohren zuwinseln, wie dringend dies oder das ist – und diese großen Heldinnen mit Mini-Gehalt müssen dann Überstunden machen und tausend Dinge auf einmal erledigen. Hannes wird richtig wütend! Diese Frau wird gerade das Opfer eines Energie-Vampirs!

„Herr Sieberg?" Ein groß gewachsener, gut aussehender Mann mit graublondem Haar und Brille steht vor ihm.

Hannes steht auf. „Ja."

„Hofacker. Freut mich. Bitte kommen Sie mit."

„Ach, Robert ... Eben hat eine junge Frau angerufen. Sie war so verzweifelt. Ich weiß, dass wir morgen schon voll sind, aber ..."

„Angelika ... Beim besten Willen nicht morgen."

„Ich weiß schon. Aber ich habe das Gefühl, das ist wirklich ein Notfall."

„Angelika. Du machst deinem Namen wirklich alle Ehre. Aber dann muss sie schon ganz früh kommen. Gleich um acht. Das heißt dann, dass wir beide morgen schon eine halbe Stunde früher da sein müssen."

„Danke dir."

Kopfschüttelnd wendet sich der Arzt wieder Hannes zu. „Zu gut für diese Welt. Aber jeder kann mal in Not geraten. Und dem ist dann unsere Angelika zu wünschen ..."

Sie wissen ja nicht, wie Recht Sie haben, denkt Hannes, und folgt dem Psychologen einen weiteren Gang entlang. Der Mann führt ihn in ein helles großes Zimmer. Wenig Möbel. Antiquitäten, ähnlich wie bei Georg. Ein paar großformatige abstrakte Bilder, die auf dem Boden stehen. Auf Hofackers Schreibtisch entdeckt Hannes ein Foto von Dietrich Bonhoeffer. Die Wand hinter dem Schreibtisch ist in einem zarten Grün gestrichen. Davor darf eine antike Chaiselongue mit blaugrauem Bezug ihre verschnörkelte Eleganz entfalten. Zwei braune Ledersessel stehen sich gegenüber.

An der Seite des Sessels, in dem der Arzt Hannes bittet, Platz zu nehmen, spiegelt sich das Licht einer Stehlampe auf der Glasplatte eines kleinen Tischchens. Mehrere Tierfiguren sind darauf verteilt. Goldfarbene Elefanten, blaugrüne Käfer, giftgrüne Schlangen, Enten in verschiedenen Farben und

Mustern, ein Reh, ein Pfau, der in allen Farben schimmert. Alle spiegeln sich auf dem blank geputzten Glas.

„Ah, Sie wohnen in der Seniorenresidenz."

„Ja, seit einem halben Jahr … Herr Dr. von Hofacker …"

„Nur Hofacker. Bitte. Dieses Monstrum von Namen kann man doch keinem zumuten …"

Hannes fängt an zu erzählen. Die Sätze scheint er nur aus seinen inneren Schubladen nehmen zu müssen, so leicht fließen die Worte aus ihm heraus. Wohlsortiert bringt er das Wesentliche seines Anliegens dem Psychologen zu Gehör. Er fängt nicht bei Adam und Eva an … Doch gleichzeitig ist Eva das zentrale Thema. Und der Trauerschwan von gestern.

Herr Hofacker hört ihm aufmerksam zu. Er ist ein eleganter Mann. Und trotz seiner Attraktivität wirkt er nicht eitel.

Als Hannes das Gefühl hat, das aus seiner Sicht erst einmal Wichtigste erzählt zu haben, bittet Herr Hofacker ihn, sich die Tiere auf dem Glastisch genau anzusehen.

„Und dann überlegen Sie sich: Welches Tier sind Sie? Welches ist Eva? Welches Marion?"

Hannes betrachtet die Tiere ganz genau. Ziemlich schnell greift er nach dem Pfau. „Das ist Eva."

„Gut. Nehmen Sie den Pfau in Ihre Hand. Und welches Tier ist Marion?"

Hannes braucht auch hier kaum zu überlegen. Dann nimmt er die kleine graue Ente. Er nimmt sie in die andere Hand, nicht in die, in der der Pfau ist. Er fängt an zu weinen. „Das ist sie … Das hässliche junge Entlein …" Er sieht die Packung Taschentücher auf der unteren Glasscheibe des Tisches. „Darf ich mir ein Taschentuch nehmen?"

„Aber bitte. Dafür sind sie da."

Hannes kann nicht aufhören zu weinen.

Nun fragt Herr Hofacker: „Und wer sind Sie? Wer ist Hannes?"

Hannes blickt auf die Glasplatte. Er sieht auf einmal viel mehr Tiere, als tatsächlich auf dem Tisch stehen. Sieht auch die Spiegelbilder dazu. Er sieht Tiere über Tiere ... Verschwommen. Eine große, bunt gemischte Herde. Mit seinen tränenüberfluteten Augen sieht er sie alle in einer Arche Noah über riesige Wellen treiben ...

„Ich weiß nicht, wer ich bin ..."

Hannes weint und weint. Er kann kaum mehr etwas sehen.

„Irgendwo müssen Sie sein, Hannes. Sie sind da."

Die Stimme des Mannes tut ihm gut. Hannes fängt langsam an, sich zu beruhigen.

„Lassen Sie sich Zeit. Sehen Sie noch einmal genau hin."

„Nein, ich bin nicht dabei ..."

Als Hannes weiterhin keine Regung zeigt, steht der Mann auf. Er geht zu einem Schrank, öffnet ihn und holt etwas heraus. Er geht er auf Hannes zu und überreicht ihm eine kunstvoll verzierte Holzschatulle.

„Sehen Sie nach, ob Sie vielleicht hier drin sind." Herr Hofacker setzt sich wieder in seinen Sessel.

Hannes hebt vorsichtig den Deckel an ... Er blickt in eine kleine Schatzkiste mit funkelnden Figuren. Wenige Sekunden später erblickt er sich selbst.

„Das bin ich." Hannes greift in die Schatulle, mit der Hand, in der schon das graue Entlein ist.

Er stellt den Pfau zurück auf den Glastisch.

„Sehen Sie sich die beiden an", hört Hannes Herrn Hofacker sagen.

Hannes öffnet seine Hand, in der er nun seine Tierfigur und das kleine Entlein hält. Er fängt wieder an zu weinen. „Ich hätte sie beschützen müssen ... Ich wäre stark genug gewesen ... Ich habe gute Augen ... Ich bin schnell ... Ich bin das schnellste Tier ..."

„Stellen Sie Ihr Tier auf den Glastisch. Stellen Sie es zu dem Pfau."

Während Hannes seine Hand auf den Tisch zubewegt, sagt er leise: „Es ist der Falke."

28 Engel in Weiß

Wir müssen von Zeit zu Zeit eine Rast einlegen und warten, bis unsere Seelen uns wieder eingeholt haben. Hannes sitzt im Wartebereich der Rehaklinik. Und er denkt an diese indianische Weisheit. Er soll hier warten, bis er aufgerufen wird.

Er denkt an ein Gespräch mit Georg im Speisesaal. Dass das Leben eine große Wartehalle ist: Keiner weiß, wer als nächstes abberufen wird.

Ganz allein sitzt Hannes hier. Kein Mensch weit und breit. Von fern hört er ein Telefon klingeln. Und nun kommt ihm diese indianische Weisheit mit der Rast und der Seele in den Sinn.

Hannes schließt die Augen. Er macht sich innerlich auf die Suche nach seiner Seele. Er hat das Gefühl, es ist tatsächlich gerade an der Zeit, nach seiner Seele Ausschau zu halten. Marion, der Herzinfarkt, seine Freundschaft mit Georg, Olga, Lino, die Tiere auf dem Glastisch des Psychologen ... Ist doch auch der treuesten Seele nicht zu verdenken, wenn sie auf dieser Marathonstrecke nicht mehr mitkommt.

Hannes atmet tief ein und aus. Und lässt sich tief in seinen Stuhl sinken, hat die Augen noch immer geschlossen. Es ist gut, dass ich hier endlich eine Rast einlege. Wo ist meine Seele im Moment? Er sieht sich mit Georg und Lino am See spazieren gehen. Das war, bevor ihm schlecht wurde. Da war seine Seele bei ihm. Das spürt er genau. Dann sieht er sein Zimmer im Krankenhaus, sieht sich in seinem Krankenhausnachthemd. Er denkt an den Blick in den Sternenhimmel. Auch da war seine Seele noch bei ihm. Jetzt spürt er etwas Kaltes – und zugleich Weiches und Warmes. Er sieht sich, fest eingepackt im warmen Wintermantel. Am Krankenhausteich auf der Parkbank. Er sieht sich aufstehen und zum Teich gehen. Sieht sich in die Hocke gehen. Sieht den schwarzen Schwan.

Dort ist sie. Dort verweilt sie noch.

Meine Seele. Sie ist bei meinem Kind.

„Herr Sieberg, bitte."

Die restlichen Novembertage sind nun ausgefüllt mit Hannes' Rehaterminen. Jeden Morgen um 8.30 Uhr fährt ihn das Taxi vom Heim in die Stadt. Zuvor genießt er ein gemeinsames Frühstück mit Georg, meist in Georgs Wohnung, damit auch Lino dabei sein kann. Abends gegen 17.30 Uhr ist er wieder zurück im Heim.

Ein kurzer Abstecher in seine Dusche, danach wartet schon der Graf-Koks-Sessel bei Georg, mit Lino zu seinen Füßen. Immer öfter bleibt Lino nun auch über Nacht bei Georg. Wie genau es dazu kam, konnte Hannes nicht so recht herausfinden. Laut Georg bat Olga ihn darum. Laut Olga bat Georg sie darum.

Wie auch immer – dem Hund geht es gut und Georg ebenfalls. Und Peer ist stets zur Stelle.

Zwischen 9 und 17 Uhr absolviert Hannes seine Termine in der Rehaklinik. Er lässt sie über sich ergehen. Man erklärt ihm viel. Er hört meist nicht zu. Nickt einfach. Und tut, wie ihm geheißen. In Gedanken ist er bei Marion. Und bei Georg und Lino.

Seit er die Reha macht, hat er Marion zweimal angerufen. Beide Male haben sie nur kurz gesprochen: Wie geht es dir? Und dir? Ok. Wir hören uns wieder.

Von den Ärzten erfährt Hannes, er habe wohl schon vor seinem Herzinfarkt am 2. November einige stumme Infarkte erlitten. Er nimmt diese Information recht gelassen auf. Ich weiß selbst, dass ich schon viele Tode gestorben bin, denkt er sich. Überrascht mich nicht.

Er bekommt eine Menge Medikamente verschrieben. Alles gut. Her mit der Chemie. Das brauchen meine Baustoffe – oder, Gustav? Das meinst du doch auch, mein lieber Schwiegervater. Sie sollen diesen Körper einfach noch ein bisschen am Laufen halten. Ich fühl mich gut. Keine Schwäche, keine Schmerzen. Keine Angst.

Das Sportprogramm, das man Hannes verordnet, tut ihm gut. Yoga, Schwimmen, Laufen, Radfahren – er wollte doch schon die ganze Zeit damit beginnen. Um seinen inneren Schweinehund zu überlisten, hat er sich einen richtigen Hund zugelegt. War ein guter Plan, Hannes! Doch jetzt ist es Georg, den Lino bei seinen Gassirunden auf Touren bringt – und ich strampel hier auf dem Ergometer.

Doch irgendwann ist der letzte Rehatag angebrochen. Die Ärzte sind sehr zufrieden mit Hannes. „Sie sind erstaunlich stabil, Herr Sieberg. Nach allem, was Sie hinter sich haben."

Ja, denkt Hannes, ich staune selbst. Und gleichzeitig erstaunt es mich doch nicht. Ich habe viel hinter mir, das ist wahr. Aber auch noch eine Menge vor mir. Er denkt an den Morgen des 2. November ... Der erste Schnee ... Und was hat er den Schneeflocken an diesem frühen Morgen zugerufen: „Heute ist es schlecht ..."

Hannes muss schmunzeln. Die Flocken, sie haben mich verstanden. Und die Kraft, die sie geschickt hat.

„Ich sehe, wir können einen rundum zufriedenen Menschen entlassen." Der diensthabende Arzt in der Rehaklinik sieht ihn freundlich an, reicht ihm die Hand. „Alles Gute, Herr Sieberg. Hier ist noch der Bericht an den weiterbehandelnden Arzt. In ein paar Wochen sollten Sie sich mal wieder bei einem

Kardiologen vorstellen. Ich habe Ihnen eine Ärzteliste beigelegt."

Hannes nickt, bedankt sich. Seine Gedanken fließen weiter.

Der schwarze Schwan, er hat mich beflügelt. Hat mich befreit. Aus meiner Holzkiste bei Herrn Hofacker. Die Holzkiste für mich soll bitte noch etwas warten.

Mein Weg, von meinem See am Heim, mit meinen weißen Schwänen, hin zu den schwarzen Schwänen, am Teich, wo die Kranken spazieren gehen. Dass ich diesen Weg noch gehen durfte. Mein Herzinfarkt hat mich dort hingeführt. Mein schmerzendes Herz hat mir den Weg gezeigt.

Hannes denkt an Hofackers Arzthelferin. Angelika. Der attraktive Engel in der weißen Bluse. Der Engel in der gut gefüllten Bluse. Ob sie wirklich so ein Engel ist?

Wie lange hat er mit keiner Frau mehr geschlafen ... Diese Frau, diese weiße Bluse ... Er muss nochmal in diese Praxis. Er hat keinen weiteren Termin ausgemacht ... Verschiebe nichts auf morgen, Hannes!

Er sieht auf die Uhr. Gleich viertel nach fünf. Das Taxi müsste schon am Klinikeingang stehen. Er beeilt sich. Und ja, dort steht der Taxibus. Zwei Herrschaften sitzen schon drin. Hannes sagt zum Fahrer: „Auf mich müssen Sie heute nicht warten. Ich bleibe noch in der Stadt und fahre später zurück."

Er wäre zwar gern noch unter die Dusche gesprungen, bevor er ... Angelika ... wiedersieht. Aber es muss jetzt sein! Jetzt und heute. Hannes hängt sich seine Sporttasche über die Schulter und spaziert die kleine beleuchtete Allee zur Altstadt hinunter. Es hat frisch geschneit. Es knirscht unter seinen Schuhsohlen. Er liebt dieses Geräusch. Auf leisen Pfoten, denkt Hannes. Und denkt an Lino. Seine Spuren, die er, taps, taps, taps, immer im Schnee hinterlässt. Und er denkt an seine Winterurlaube. Bevor er Eva kennenlernte, fuhr er manchmal mit Bekannten ins Zillertal. Jetzt, beim Knirschen des Schnees unter seinen Schuhen, denkt er an das weiche Geräusch des

Schnees unter den Skiern, wenn man mit dem Schlepplift unterwegs ist. Das leise Flüstern des Schnees, wenn man auf ihm dahingleitet. Als ob er sagt: Ja, ich gebe dir Halt und gleichzeitig Leichtigkeit. Ich biete dir Raum und Freiheit – finde die Spur, in der du dich wohlfühlst. Und er denkt an die Bemerkung eines dieser Bekannten beim gemeinsamen Schleppliftfahren, als Hannes ihm gegenüber von diesem wunderbaren Schneegeräusch schwärmte: „Ja, Hannes, Skifahren macht glücklich. Wer Ski fährt, der bekommt keine Depressionen."

Warum auch immer derjenige damals von Depressionen sprach, wusste Hannes nicht. Ob er vermutete, dass Hannes darunter litt oder ob es einfach so dahingesagt war, keine Ahnung. Auf jeden Fall, jetzt, in diesem Moment, da Hannes diese vom Schnee knirschenden Schritte hinunter in die Stadt geht, da hat er ein Bild in sich, ein Bild mit zwei Paar Ski, auf die er von oben hinunterblickt. Sie gleiten weich und geschmeidig über den Schnee. Die Sonne scheint.

Die Ski, die Füße, schwerelos gleiten sie über den Schnee. Er denkt wieder an sein geliebtes Schubertlied: *Gleitet wie Schwäne der wankende Kahn* ... Und da ist es wieder: Das Glitzern auf dem Schnee. Das Gedicht, das er Georg damals am See gezeigt hatte. Georg hat es nur ganz kurz gelesen. Der Schmerz ging noch zu tief. Gern würde er es ihm noch einmal zu lesen geben:

Steh weinend an meinem Grabe nicht.
Ich bin nicht da. Ich schlafe nicht.
Ich bin die tausend Winde, die wehen.
Ich bin das Glitzern auf dem Schnee ...

Ich bin das Knirschen im Schnee. Ich bin das Spazieren am See.

Küsse im Schnee. Küsse am See.

Mein Gott, Hannes, du bist verliebt!

Inzwischen ist die Katharinenkirche bereits in Sicht. Und alles drumherum schon weihnachtlich beleuchtet. Am Sonntag ist der 1. Advent, denkt Hannes. Die Weihnachtszeit, die ihm als Kind immer eine traurige Fröhlichkeit bescherte. Dieses Jahr, meint Hannes, wird es anders sein.

Nun steht er auf dem Katharinenplatz. Um ihn herum die Hütten für den Weihnachtsmarkt. Alles ist vorbereitet.

Und jetzt muss ich mich vorbereiten, denkt Hannes. Ich habe noch gar nicht darüber nachgedacht, was ich eigentlich sagen soll. Was soll ich sagen, wenn ich dort auf einmal auftauche? Er bleibt vor einem Schaufenster stehen. Er denkt angestrengt nach. Jetzt schlägt die Kirchturmuhr halb sechs. Ich mache einfach einen neuen Termin aus. Das ist doch das Einfachste.

Wackeren Schrittes steuert Hannes auf das Ärztehaus zu. Jetzt fängt das Herz an, ihm bis zum Hals zu schlagen. Das gleiche Gefühl hatte er, als er damals, am Allerheiligen-Tag, abends noch unangemeldet zu Georg ging. Auch an jenem Abend dachte er sich: Jetzt oder nie.

Der Türöffner summt. Hannes steht wieder im Gang mit den originellen Deckenlampen, dem *Gang der Erleuchtung*. Alles ist wie vor zwei Wochen. Nur er beschreitet nun als ein anderer diesen Gang. Den *Gang der Verwandlung*. Mein Gott, ich bin verschwitzt vom Radfahren auf dem Ergometer. Meine Haare sehen bestimmt schrecklich aus. Ich hätte doch vorher mal irgendwo in einen Spiegel sehen können.

Zu spät. Sie hat ihn gesehen. Da steht sie. Wunderbar sieht sie aus. Die blonden Haare, das gebräunte Gesicht. Die Bluse, die weiße. Das Lächeln, das engelsgleiche.

„Guten Abend." Hannes lächelt. Er steht an der Theke.

„Guten Abend." Die Frau legt einen Papierstapel zur Seite. „Sie haben aber heute keinen Termin bei uns. Herr Hofacker ist nicht mehr da." Freundlich sagt sie diese beiden Sätze. Den

Inhalt der beiden Sätze formuliert sie negativ. Aber ihre ganze Art, sie ist so positiv, denkt Hannes.

„Nein, ich habe keinen Termin heute …" Hannes stellt seine Sporttasche auf dem Boden ab. „Ich wollte nur einen neuen Termin ausmachen."

„Ach so. Das können wir gerne machen. Dafür hätten Sie aber auch anrufen können. Sind Sie jetzt extra vom Seniorenheim hierher gefahren? Sie kommen doch vom …"

„Ich hatte heute sowieso in der Stadt zu tun …"

„Na dann …" Die Frau sieht in den Computer. „Wie schnell brauchen Sie den Termin, Herr …"

„… Sieberg …"

„Ja, genau, Herr Sieberg."

„Ach, nächste Woche vielleicht … Oder auch übernächste … Ganz so dringend ist es nicht …" Jetzt wird Hannes unruhig. Mein Gott, er will doch mehr als diesen Termin. Was kann er noch sagen …

„Am Freitag, den 12. Dezember? 16 Uhr?"

„Ja … Ist gut … Danke …" Hannes steht etwas verloren an der Theke.

Die Frau sieht ihn freundlich fragend an. Ihre Augen lächeln und fragen. „Soll ich's Ihnen auf einen Zettel schreiben?" Will sie nur das wissen, denkt Hannes. Will sie nur die Antwort für den Zettel? Wie findet sie mich? Bin ich nur einer von vielen aus dem Seniorenheim?

Hannes nickt. Die Frau, Angelika, beugt sich gegenüber von ihm über den Tisch und fängt an zu schreiben. Ihre blonden Haare fallen etwas nach vorne. Sie glänzen wunderschön, sie sind weich. Hannes sieht ihr Dekolleté, ihre braune weiche Haut.

Dann sieht sie auf. Sie lächelt ihn an. Gibt ihm den Zettel. Ihre Hände berühren sich.

Hannes nickt. Er lächelt sie ebenfalls an.

Ein paar Sekunden sagt keiner von beiden etwas. Niemand ist hier, denkt Hannes. Ich sehe niemanden im Wartebereich. Herr Hofacker ist auch nicht da. Sag jetzt was, Hannes, sag was.

„Ich ... Ich wollte Sie etwas fragen ..."

„Ja ..."

„Draußen ... Ja, also, draußen, da stehen schon die Hütten für den Weihnachtsmarkt ..."

Angelika lächelt ihn noch immer freundlich an. Sie hat Geduld, denkt Hannes. So wie mit den Leuten am Telefon. Den Ungeduldigen. Den Energie-Vampiren.

„Ja, und ich wollte Sie fragen, ob Sie vielleicht in der Adventszeit einmal Lust hätten, mit mir ..."

Es läutet. Man hört den Türöffner. Man hört Schritte. Hannes verliert den Faden. Er blickt auf den Zettel, blickt stumm auf die Theke. Angelika sagt keinen Ton. Hannes hebt den Kopf. Ihre Blicke treffen sich.

„Hallo." Ein kräftiger, mittelgroßer Mann steht nun neben Hannes. „Guten Abend", sagt er, zu Hannes gewandt.

„Hallo. Grüß dich." Angelika lächelt den Mann an.

„Ich warte da vorne auf dich." Der Mann nickt Hannes freundlich zu und geht in den Wartebereich.

Er hört Angelika sagen: „Gut, Herr Sieberg, dann sehen wir uns am 12. Dezember um 16 Uhr."

„12. Dezember ... Ist gut ... Danke ...", hört Hannes sich krächzen. Ihm ist jetzt ganz heiß. Das Schlucken tut ihm weh.

Er nimmt seine Sporttasche. Als er den Gang entlanggeht, erscheint ihm das Licht nun unangenehm grell. Zu grell für seine empfindliche, dünne Haut. Für die hübschen Lampen hat er nun keinen Blick. Nachdem er den *Gang der Durchleuchtung* endlich hinter sich gebracht hat, fällt die Tür ins Schloss.

29 Glück ist in der kleinsten Hütte

„Schön, dass Sie wieder da sind, Herr Sieberg! Wie geht es Ihnen?" Als Hannes am nächsten Morgen den Speisesaal betritt, wird er von einem Mann mit Rollator begrüßt. Diesen Mann hat er schon oft gesehen und sie haben sich immer freundlich gegrüßt. Gesprochen haben sie bisher allerdings kaum miteinander. Doch Hannes erinnert sich nun, dass sie sich an einem sonnigen Oktobertag einmal im Garten getroffen haben. Da hat der Mann ihm eine kleine Papierschachtel voll mit Kleeblättern geschenkt. „Ich finde immer die vierblättrigen", sagte er damals zu Hannes und strahlte dabei. Er habe schon so viele hier im Garten gefunden. Und an der Wiese am See – als er noch besser zu Fuß war. Er würde die Blätter immer pressen und dann hübsch in Bilderrahmen arrangieren. Als er Hannes damals die Schachtel überreichte, sagte er: „Dann kann das Glück in Ihrem Zimmer weiterblühen."

Jetzt erinnert sich Hannes wieder ganz genau an dieses Glücksklee-Gespräch. Aber wo ist nur die Schachtel hingekommen? So wenig hat er sich darum bemüht, dass das Glück in seinem Zimmer weiterblüht? Mit einem Mal sehr enttäuscht von sich selbst, kommt Hannes ein verlegenes „Vielen Dank, inzwischen geht es mir wieder gut" über die Lippen. Hannes bleibt bei dem Mann stehen. Er sieht in sein Gesicht, sieht die faltige dünne Haut, die vielen kleinen roten und lila Äderchen auf seinen eingefallenen Wangen. Gleichzeitig blickt er in leuchtende Augen. Hannes steht ganz nah bei dem Mann. Die Augen leuchten hell. Ein hellblaues kleines Licht scheint Hannes entgegen. Für ein paar Sekunden verliert Hannes sich in diesem Licht. Es schimmert und erinnert ihn an seinen See im Sonnenlicht. So wie damals, an Ostern. Und das Blau schimmert nicht nur wie das Wasser, sondern auch wie der Himmel an einem Sommertag. Der Sommerhimmel spiegelt sich im Wasser. Es schimmert Frieden.

Hannes merkt, wie seine eigenen Augen sich auf einmal mit Tränen füllen. Doch warum? Er ist doch nicht traurig. Es gibt doch keinen Grund. Noch immer blickt er in die blauen Augen. Welche Güte und welche Liebe von ihnen ausgehen, denkt Hannes.

Nun überkommt ihn ein Gefühl der Scham. Was hat er sich all die Zeit angemaßt? Dass nur er auf der Suche nach Frieden ist? Nach Seelenfrieden und Sinn und den wahren Werten im Leben? Er, Herr von und zu Hannes, ja er braucht doch die anderen nicht! Er braucht keine Bastelabende, will nichts von anderen hören, nichts von sich erzählen. Er, ja er maßt sich an, über Menschlichkeit zu sinnieren – und schiebt doch so viel Menschliches von sich.

„Danke", hört Hannes sich noch einmal sagen. „Und Danke nochmal für die schönen Kleeblätter." „Die Klee...? Ach ja, ich habe Ihnen einmal welche geschenkt, nicht wahr ..." Wie Hannes sich eben noch mit dem Mann unterhält, betritt Georg den Speisesaal. „Guten Morgen." Georg bleibt bei den beiden stehen. „Guten Morgen", antworten Hannes und der Glücksklee-Mann fast gleichzeitig. Hannes sagt: „Verzeihen Sie, darf ich Sie noch einmal nach Ihrem Namen fragen?" „Gutjahr. Konrad Gutjahr." „Dass ich diesen schönen Namen vergessen konnte ... Das ist Georg Heeren. Georg – Herr Gutjahr." „Freut mich, Herr Heeren ... Wir haben uns doch neulich schon einmal getroffen. Da waren Sie mit Ihrem Hund spazieren."

Es folgen noch einige Sätze über zwei neue Heimbewohner, die jeweils mit ihrer Katze eingezogen sind. Dass es zwar ein paar kritische Stimmen über diese neue Regelung mit den Haustieren gebe, die Mehrheit sich aber darüber freue. Und dass die Katzenbesitzer schon Anfragen zu Streichelbesuchen erhalten hätten, wohlgemerkt aber nur die Katze betreffend, wie Herr Gutjahr augenzwinkernd ergänzt. Ja, so ein Tier sei eben Balsam für die Seele. Schließlich sprechen die drei Herren noch über den vielen Schnee, der mittlerweile einigen Heimbewohnern, wie beispielsweise Herrn Gutjahr, den täglichen Spaziergang verleidet oder auch ganz verwehrt, und über die von der Bastelgruppe gestaltete Adventsdekoration auf den Tischen hier im Speisesaal. Mit den besten Wünschen für einen schönen Wintertag verabschieden sich Hannes und Georg schließlich von Herrn Gutjahr.

Die beiden nehmen an ihrem Tisch am Fenster Platz. Sie sitzen kaum, da betont Georg, dass Lino natürlich Hannes' Hund sei, auch wenn Herr Gutjahr ihn eben Georg zugeordnet habe. Hannes meint, das sei doch gar nicht wichtig, und außerdem sei es ja in erster Linie Olgas Hund. Da erfährt Hannes, dass Olga Lino seit Tagen nicht abgeholt hat. Sie sei krank, habe sie Georg am Telefon gesagt.

Als Steffi später an ihren Tisch kommt, wundern sich die beiden, dass sie den Kaffee wortlos nachschenkt und anschließend ohne Gruß mit ihrem Servierwagen weiterrollt.

„Sie haben eben viel zu tun, die Mädchen hier." Mit betonter Ruhe spricht Hannes den Satz. Sein Blick, mit dem er Georg dabei ansieht, ist jedoch ein wenig nachdenklich, fast ernst. Nach einer kleinen Pause ergänzt er: „Georg, Marion besucht mich heute Mittag. Wenn es dir recht ist, würde ich Lino da gerne bei mir haben. Ich glaube, seine Gesellschaft wird ihr und mir guttun."

„Aber natürlich. Und Hannes: Lass uns mit Lino bloß kein Fass aufmachen. Du hattest die wunderbare Idee, ihn ebenfalls zu einem Heimbewohner zu machen ... Der Arme. So schnell gehört man zu den Senioren! Nein, also bitte: Du bist sein Herrchen Numero 1."

„Nein, bitte Georg. Es gibt doch hier keine Reihenfolge. Du warst in den letzten Wochen ständig für ihn da, bist eine wichtige Bezugsperson für ihn geworden. Wir sind jetzt einfach eine Männer-WG, wir drei!"

„Männer-WG ist gut! Wunderbar. Genau. So ist es!"

Hannes beobachtet Georg, wie er sich zufrieden in seinen Stuhl zurücklehnt, seinen Kopf zum Fenster wendet und nach draußen auf die verschneite Auffahrt blickt.

Die Auffahrt, mit der alles begann, denkt Hannes. So vertraut bin ich nun schon mit Georg. Und dennoch möchte ich ihm noch nicht von Angelika erzählen. Noch nicht ist gut ... Als ob ich mit der Zeit meinem Ziel näherkommen würde ... Doch wer weiß ... Immerhin weiß sie nun, dass ich mich mit ihr treffen möchte. Und sie hätte ja etwas erwidern können wie „Also lassen Sie sowas doch bitte, Sie Typ vom Seniorenheim ..." Aber das hat sie nicht ... Ach, mir schwirrt der Kopf. Ich muss immer an sie denken. Spätestens am 12. sehe ich sie wieder.

Nach dem Frühstück folgt ein kurzer Abstecher in Georgs Wohnung. Zum Thema Männer-WG wird beschlossen, Lino sowohl in Georgs als auch Hannes' Domizil jeweils Hundedecke, Fressnapf etc. zur Verfügung zu stellen. „Weißt du, Lino: Der Trend geht zur Drittwohnung!" Damit verabschiedet sich Georg nun erst einmal von Lino. Und zu Hannes gewandt: „Ich werde Peer bitten, noch ein paar Hundeutensilien für die doppelte Haushaltsführung zu besorgen. In Ordnung? ... Und Hannes ..."

„Ja?"

Georg beißt verlegen auf seine Unterlippe. „Wenn du dich jetzt mit Marion triffst ... Es klingt bestimmt komisch aus meinem Mund, aber ... Es gibt doch diesen Spruch ... Den hört man immer wieder ... *Man sieht nur mit dem Herzen gut ...* Hat doch mal ein berühmter Mensch gesagt, nicht wahr ..."

Hannes nickt ihm lächelnd zu. Dieser Georg Franz Karl, denkt er sich. Welche unsichtbaren Fäden haben uns zueinander geführt? Der schillernde Mafioso, als der er mir anfangs erschien, wie nah ist er meinem Herzen gekommen. Auch meinem physischen Herzen! Er hat es gerettet. Verletzt und gerettet gleichermaßen.

Brüder sind wir geworden. Nun ist er der Bruder, den ich nie hatte.

„Ja, Georg. Nur mit dem Herzen ..." Hannes geht einen Schritt auf Georg zu, legt ihm die rechte Hand an seinen Arm. Einen Augenblick später nimmt er die Hand weg und atmet tief ein und aus. „So, mal sehen, habe ich genug Doggybags dabei? Ok. Lino. Los geht's zum See."

30 Die Summe aller Farben

Auf vier Beinen läuft es sich eindeutig stabiler als auf zweien, denkt Hannes. Den verschneiten Weg hinunter zum See muss er vorsichtig hinunterstapfen, während Lino leicht und vergnügt vor sich hintippelt. Der Anblick von Linos kleinen Pfotenspuren im Schnee zaubert Hannes ein seliges Lächeln ins Gesicht. Das leichte Tippeln lässt den kleinen Hundekörper mühelos den verschneiten Abhang überwinden. Immerhin 16 Kilo müssen die vier Pfoten tragen. Die Kilos stehen im Heimtierausweis, den Hannes bei Linos Sachen gefunden hat.

Da liegt er nun, mein See im Schnee. Ohne Georg hätte ich ihn nicht wiedergesehen. Nun steht Hannes endlich wieder am Ufer. Mein Gott, was ist alles passiert seit dem 2. November ... Hannes seufzt laut. Nun geht er ganz nah ans Wasser. Die kleinen, flachen Wellen krabbeln sanft bis kurz vor seine Schuhspitzen – um sich danach schnell wieder zurückzuziehen. Nach dem Motto: Fang mich doch, wenn du dich traust! Oder hast du Angst vor mir?

Nein, denkt Hannes, keine Angst. Gar nicht. Im zweiten Leben hat man keine Angst mehr. Er denkt an die ZDF-Fernsehwerbung. Er würde es so sagen: *Mit dem zweiten lebt man besser ...* Dann denkt er an seine Unterhaltung mit Georg am Abend von Allerheiligen. „Es ist gut, wenn man schon einmal gestorben ist, bevor man stirbt", hatte er Georg damals gesagt. Und das kann er nun noch einmal unterstreichen.

Die dünnen Eisplatten knacken unter seinen Schritten. Ein Geräusch, das die Kinder so lieben im Winter. Ein Abenteuer für die kleinen Füßchen und die kleinen Ohren. Hannes denkt an Winterspaziergänge mit klein Marion. Ein graues Wintermäntelchen hatte sie damals. Ja, jetzt fällt es ihm wieder ein. Ein Bild, eine Farbe aus der Vergangenheit! Und eine graue Pelzmütze, mit zwei kleinen grauen Fellkugeln an den Schnüren zum Zubinden. Grau, grau, immer nur grau. Das kleine graue Entlein. Hatte sie denn niemals ein buntes Kleidchen an? War es immer nur Eva, die glänzen durfte? Wenn er wieder in seinem Zimmer ist, muss er unbedingt noch einmal seine Fotoschachtel aus der Vitrine holen. Nach dem Glücksklee will er ja auch noch suchen.

Hannes denkt an Hofackers hübsch verzierte Holzschatulle. Eine ganze Welt passt in so ein kleines Ding. Wenn es deine Welt ist, denkt Hannes, erreicht dich beim Öffnen ein Strahl, der nur für dich bestimmt ist. Ein Gedanke, eine Energie. Auf einmal findet er dich, dieser Kanal, bringt dich wieder in Kontakt mit dem Unaussprechlichen. Keine Worte gibt es dafür. Der Himmel berührt die Erde.

Auf einmal ist alles klar.

Lino zerrt an einem dicken Ast, der jedoch noch am Gebüsch festzuhängen scheint. Er knurrt ungeduldig. Doch der Ast widersetzt sich noch der von Lino gewünschten Rolle als Hundespielzeug. Hannes muss grinsen. Dann dreht er sich wieder in Richtung See.

Er geht in die Hocke. Auch der See ist grau heute. Doch als er das Grau auf sich wirken lässt, merkt er, dass er mit den Farben nun endlich seinen Frieden machen möchte. Ja, Eva, sie war der farbenprächtige Pfau in der Familie. Und Hannes wollte sie so. Er dagegen, er liebte sein geheimnisvolles Schwarz.

Ob er nicht eher ein Rabe ist als ein Falke? Nein, der Falke in Hofackers Holzkiste, er wollte zu ihm. Es ist der Falke.

Und doch war ich ein pechschwarzer Rabenvater.

Lange dachte ich, Schwarz sei die Summe aller Farben. Das hätte doch auch gepasst. Die Faszination der Farbe Schwarz als Gesamtheit aller bunten Pfauenfedern dieser Welt, ohne dass jemand den Stolz und die Pracht erkennt. Wäre doch die perfekte Erklärung für einen so selbstverliebten Pfau wie mich! Vielleicht war ich ja der noch viel eitlere Pfau als Eva. Sie war der sichtbare Pfau, ich der getarnte.

Doch Weiß ist die Summe aller Farben – wie mir mein Grafiker einmal erklärt hat.

Weiß wie ihre Bluse. Sie trägt die Farbe der Vollkommenheit ... Eigentlich trägt sie alle Farben gleichzeitig ... Die Fülle im scheinbaren Nichts ... Ein Glasprisma ist auch farblos. Nur wenn sich das Licht darin bricht, fächert sich die Farbpalette auf.

Hannes erhebt sich wieder aus seiner Hockstellung. Das ging auch schon mal leichter, denkt er sich seufzend.

Wo ist eigentlich Lino? Schnell dreht Hannes sich um. Aufgeregt. Er wird doch hoffentlich nicht weggelaufen sein. An dem Strauch, an dem er sich vorhin zu schaffen gemacht hat, ist Lino jedenfalls nicht mehr zu sehen. Hannes' Herz fängt an, ihm bis zum Hals zu schlagen.

„Lino", ruft er laut, „Lino!" Er fängt an zu laufen. Dort, da vorne, da erkennt er etwas Schwarzes. Daneben eine Gestalt in einem weißen Mantel. Ja, das ist Lino. Gott sei Dank. „Lino!", ruft Hannes erneut.

Die Gestalt in dem weißen Mantel winkt ihm zu. „Vati!"

Dann saust Lino auf ihn zu. „Lino, du Ausreißer ... Hab ich wohl ein bisschen zu lange vor mich hingeträumt ... Kein Wunder, dass dir das zu langweilig wurde ... Unter Gassigehen verstehst du etwas anderes, ist doch klar." Hannes streichelt ihn ausgiebig.

„Ist der süß ..." Nun steht auch Marion neben ihm. Sie umarmen sich. Hannes riecht einen angenehmen frischen Duft, kein Parfum.

„Ja, Marion, das ist also Lino. Ich hab dir ja schon von ihm erzählt."

Marion hakt sich bei ihm unter. Die beiden schlendern noch ein wenig das verschneite Ufer des Sees entlang, Lino immer fröhlich vorneweg. Schließlich kehren die drei in der Cafébar ein.

Nun sitzen sie gemütlich am Fenster des Cafés, mit zwei dampfenden Teetassen vor sich und dem friedlich kauernden Lino unter sich. Auf dem kleinen Adventskranz, der auf dem Tisch steht, brennt eine Kerze. „Morgen ist der 1. Advent", raunt Hannes ein wenig ungnädig, „und nicht heute". Als der Kellner vorhin die Kerze anzündete, wollte Hannes keine Diskussion mit ihm anfangen.

„Aber das Licht ist so schön gemütlich, Vati." Wie schon bei ihrem letzten Treffen im Krankenhaus trägt Marion auch heute wieder einen weiten, weichen Winterpullover. Nun in einem zarten Rosa. Alles andere an ihr ist wieder cremeweiß – vermutlich der gleiche Mantel und die gleiche Hose wie beim letzten Mal. Und sehr gepflegt sieht alles aus, stellt Hannes zufrieden fest.

Still sitzen sich die beiden gegenüber. Unter dem Tisch knabbert Lino an einem Leckerli, das Hannes für ihn mitgenommen hat. Man hört immer wieder ein kleines Knackgeräusch. Hannes und Marion nippen still an ihren Teetassen. *The World lies in a Cup of Tea.*

Hannes blickt nach draußen, auf den Schnee und den See.

Das Weiß und das Grau, denkt Hannes.

Für die wirklich wichtigen Dinge im Leben braucht man manchmal keine Worte, denkt Hannes. Die Stille sagt mehr als tausend Worte.

Marion umfasst mit beiden Händen Hannes' rechte Hand. Dann lächelt sie ihn an, mit ihren dunkelbraunen Augen.

Nun nimmt Hannes seine linke Hand – und umfasst ihre beiden Hände.

Mein Gott, jetzt weiß ich es, schießt es Hannes plötzlich durch den Kopf. Er blickt auf Marions Hände. Er blickt auf seine Hände. Wie sie sich gegenseitig streicheln und festhalten. So war es damals, im Krankenhaus, denkt Hannes. Als mein Kind und mein Freund gleichzeitig bei mir waren. Die Gegensätze, die scheinbar unvereinbaren, sie können sich begegnen! Etwas, was doch eigentlich völlig unmöglich, undenkbar, ausgeschlossen ist, das Zusammentreffen von Feuer und Wasser, es kam zusammen. Das Undenkbare. Das Unerhörte. Und hat damit auch jede Bewertung, jede Zuordnung unmöglich gemacht.

Es gibt keine Worte dafür, denkt Hannes. Keine Farbe.

Es ist ein Prisma. Ein Kristall. Der Hort für Wahrheit und Klarheit. Die Summe aller Farben.

Hannes sieht nach oben in den grauen Himmel. Eva, es ist alles gut. Sei nicht traurig. Wir waren eben nur Menschen. Damals.

Er denkt an Hofackers Glastisch. An Hofackers Schatulle.

Erst als Tiere konnten wir es verstehen, Eva. Erst dann.

Aus der Verbindung der Gegensätze – erst da kann etwas Neues entstehen. Manchmal unter großen Schmerzen. Das Neue fließt aus einer reinen und sprudelnden Quelle. Und das Neue, es ist hell. Und es fließt ... ins Licht.

31 Von jungen und alten Träumen

„Weißt du schon, was du nimmst?" Hannes sieht von der Speisekarte auf. „Ich werde Kartoffelpuffer mit Apfelmus nehmen."

„Und ich die Spinatlasagne."

„Weißt du, Marion, seit einiger Zeit kann ich kein Fleisch mehr essen."

„Das finde ich gut, Vati. Hat ja lange genug gedauert."

„Wie meinst du das?"

„Na, ich kenne dich nur mit Fleisch auf dem Teller."

Hannes nickt betroffen. „Ja, ich weiß. Ich habe mir erst sehr spät Gedanken um das Leid der Tiere gemacht. Das stimmt."

„Besser spät als nie, Vati. Jeder Einzelne, der an das Tierwohl denkt, zählt. Und übrigens: Fisch ist auch Fleisch. Nur eben Fischfleisch. Das kapieren manche nicht ..."

Hannes ist getroffen. Sie hat Recht. Da bleibt dann wirklich nur noch: Lach mit Gemüse, und zwar nur mit Gemüse!

„Denkst du denn an das Tierwohl?"

„Ich esse seit zwanzig Jahren kein Fleisch, Vati."

Hannes ist platt. Das hat er nicht gewusst. Wie denn auch.

Marion kramt in ihrer Handtasche. „Aber natürlich muss man sehen, dass man keine Mangelerscheinungen bekommt. Ich gehe regelmäßig zum Arzt, lasse mein Blut untersuchen und mir manchmal auch bestimmte Vitamine spritzen. Außerdem gibt es tolle Alternativen zu tierlichen Produkten. Wusstest du zum Beispiel, dass man Eier im Kuchen durch Bananen oder Apfelmus ersetzen kann? Vati, ich gehe mal kurz vor die Tür zum Rauchen."

„Gehört das auch zu deinem Gesundheitscocktail?!"

„Ich habe fest vor, damit aufzuhören. Kommt schon noch." Sie steht auf.

„Dann bestelle ich schon mal für uns."

Nachdem er dem Kellner gewunken und die Essenswünsche weitergegeben hat, befällt Hannes erneut ein Gefühl der Scham. So wie heute Morgen im Gespräch mit Herrn Gutjahr hat er einmal mehr gemerkt, wie leicht man sich über andere erheben möchte. Wie wenig Fragen an das Leben man anderen zutraut.

Als Marion hereinkommt und wieder am Tisch Platz nimmt, bringt sie nicht nur einen deutlichen Zigarettenduft mit, sondern auch eine wunderbare frische Winterluft.

„Ah, das tut gut, die Frische! Und du bist auch frisch Marion. Ja! Die Frische junger Leute tut unsereins einfach gut." So ist es, denkt Hannes. Es geht um ein Leben in Frische. Egal, wie alt man ist. Er denkt an die Freskomaler. Sie mussten sich jeden Tag ans Werk machen – frisch ans Werk! Mit ihrer frischen Farbe. Hut ab. Wenn es nicht so abgedroschen klingen würde: Es ist das viel zitierte *Jeden Tag sein Bestes geben* ...

„Ach, jung bin ich nun wirklich auch nicht mehr." Marion zieht die Augenbrauen hoch und lächelt ihren Vater an.

„Aber du siehst jung aus, mein Kind. Du siehst gut aus."

Marion sieht ihn mit großen Augen an. Sie fasst sich mit der Hand an die Stirn, sie schließt kurz die Augen.

„Vielleicht kommt das daher, dass ich nachts nicht mehr arbeite." Nach einer kurzen Pause, in der Hannes' unausgesprochene Frage nach ihrer Arbeit am Tag förmlich in der Luft schwebt, ergänzt sie: „Ich mache eine Weiterbildung zur Altenpflegerin."

„Du machst ... was?!" Aus Hannes' Körper ist sämtliche Spannkraft gewichen. Er sackt regelrecht auf seinem Stuhl zusammen. Seine Augen füllen sich mit Tränen. Er nimmt die Hände vors Gesicht.

Der Kellner kommt mit dem Essen an den Tisch. Als er wieder gegangen ist, meint Marion trocken: „Der Kellner wird sich denken: Einer von den beiden spinnt immer ..."

Noch im Weinen muss Hannes lachen. „Ach Marion. Ich habe gerade keine Worte in meinem Kopf. Gib mir deine Hände."

„Weißt du, Vati, in den vergangenen Jahren, da bin ich immer wieder mit alten Leuten ins Gespräch gekommen. In der Schule von Tim und Ben. Oder beim Einkaufen. Und sie haben von ihren Kindern erzählt, ihren Enkeln, ihren verstorbenen Partnern, vom Krieg ... Von dem, wovon sie als Kind geträumt haben ... Und von dem, wie das Leben dann wirklich wurde ... Von dem Mut, für den man oft belohnt wird ... Und von dem Bereuen von Dingen, die man nicht getan hat und für die es irgendwann zu spät ist ... Und da hab ich gemerkt, dass ich ihnen gerne zuhöre. Dass es mich wirklich interessiert, was sie mir erzählen. Und dass sie so dankbar dafür sind."

Hannes nickt. Er ist berührt von Marions tiefen Empfindungen. So wenig kenne ich mein Kind. „Beim Zuhören und Erzählen wird es bei diesem Job aber nicht bleiben, Marion. Das ist harte körperliche Arbeit. Da geht es schon ans ..."

„… ans Eingemachte … ins Bett Gemachte … Ich weiß, Vati. Aber davor habe ich keine Angst. Irgendwie … ich weiß auch nicht … irgendwie möchte ich nun … ja, in eine ganz andere Welt. Ich möchte Sinn machen, Vati. Ich möchte helfen."

Ganz fest drückt Hannes nun Marions Hände. Er presst die Lippen zusammen. Dann möchte er etwas sagen. In dem Moment gehen zwei junge Frauen in ihren dicken Wintermänteln an ihrem Tisch vorbei. Eine von ihnen kommt mit ihrer Handtasche dem kleinen Adventskranz gefährlich nahe. „Vorsicht!" Schnell hat Marion reagiert und das Gesteck aus der Schusslinie der Handtasche gezogen.

„Oh, Entschuldigung." Die junge Dame dreht sich zu Marion um.

Da erkennt Hannes die andere junge Frau, die hinter ihr steht. Es ist Steffi.

„Hallo Steffi! Ich grüße Sie!" Hannes lächelt sie freudig an. Doch Steffi sieht sehr ernst aus. Sie nickt Hannes freundlich aus der Entfernung zu.

„Ach, Sie sind das!" Nun sieht auch Marion zu Steffi. „Ich hoffe, Ihrer Freundin geht es besser."

„Ja … ja … Es geht ihr …" Steffi spricht mit stockender Stimme.

Hannes blickt etwas verwirrt erst Steffi an, dann Marion. Dann wieder Steffi. Doch sie ist in diesem Moment schon mit ihrer Bekannten auf Höhe der Ausgangstür. Hannes sieht eben noch, wie sie sich eine Mütze aufsetzt. Dann ist sie weg.

„Wie … Woher … Also, Ihr kennt euch?"

„Ich habe sie heute Vormittag mit dem Auto mitgenommen. Sie stand an der Straße und hielt den Daumen raus. Und woher kennst du die Frau?"

„Na, sie arbeitet bei mir im Heim. In der Küche und im Speisesaal."

„Das hat sie mir gar nicht erzählt. Ich sagte ihr nämlich, dass ich auf dem Weg zur Seniorenresidenz bin, um meinen Vater zu besuchen."

Hannes denkt daran, dass ein solcher Satz bis vor kurzem ein Albtraum für ihn gewesen wäre. Herr Sieberg hat Familie? Na sowas! Das Gerede hatte er sich schon ganz konkret ausgemalt. Paul Watzlawick dreht sich wahrscheinlich gerade kopfschüttelnd im Grabe um.

„Da wäre es doch wirklich naheliegend gewesen, wenn sie erwähnt hätte, dass sie dort arbeitet", ergänzt Marion.

„Heute Morgen beim Frühstück habe ich sie noch im Speisesaal gesehen. Aber mir fällt ein, dass sie auch dort schon kein Wort mit Georg und mir gesprochen hat. Ganz gegen ihre Art. Seltsam."

„Sie war sehr sorgenvoll heute Vormittag. Sie sagte mir, sie habe ihre Freundin besucht, der es nicht gut gehe."

„Und sie ist per Anhalter gefahren? Ganz schön gefährlich als Frau. Das hatten wir dir ja immer verboten, weißt du noch?"

„Ja, Vati, und ich bin auch nur einmal getrampt. Da hatte ich solche Angst, dass ich es danach nie mehr gemacht habe."

Hannes ist betroffen. Da hat sie ja damals doch etwas von unserer Erziehung erreicht. Wir haben ja irgendwann an allem gezweifelt, kein Wort mehr geglaubt, alles verteufelt.

Das Essen wird serviert. Und Hannes sagt zu Marion: „Wenn wir mit dem Essen fertig sind, Marion, dann würde ich gerne einmal mit Steffi sprechen. Sie wirkte ja völlig verstört."

„Ich weiß nicht, Vati. Du solltest dich da nicht einmischen."

„Wie waren deine Worte vorhin? Ich möchte Sinn machen oder so ähnlich? Normalerweise misch ich mich auch nicht ein. Wenn du wüsstest, wie weit weg ich normalerweise von allem und jedem hier bin."

„Von allen außer Georg."

„Ja. Georg. Und Lino."

„Oh ja. Der süße kleine Lino." Marion sieht unter den Tisch. „Ganz brav liegt er da und knabbert an seinem Leckerli."

„Der Hund ist ein Schatz."

„Was ist eigentlich mit der Frau, der er gehört? Wie oft ist ihr Hund denn überhaupt noch bei ihr? Hat sie keine Sehnsucht nach ihm?"

„Bestimmt hat sie das ... Aber sie muss ja auch arbeiten ... Allerdings ..." Da fällt Hannes ein, dass Olga ja seit ein paar Tagen krank war.

„Marion. Würdest du mich nach dem Abendessen noch ins Heim begleiten? Ich hätte gerne, dass du dabei bist, wenn ich zu Steffi gehe."

„Wenn du das unbedingt möchtest ... In Ordnung. Ich komme mit."

Die beiden vegetarischen Gerichte sind schnell verspeist. Was auch, aber nicht nur, an den kleinen Portionen lag. In erster Linie war es Hannes' eiliges Esstempo, das auch Marion zum zeitigen Aufbruch aus der Cafébar anspornen sollte.

Eine halbe Stunde später steigt Hannes in Marions Auto auf dem großen Parkplatz.

32 Es gibt nichts Gutes – außer man versucht es

„Schön hast du es dir hier eingerichtet, Vati."

„Ja, das kennst du alles noch nicht. Warst ja nur am Tag der Anmeldung hier." Hannes stellt Linos Wasserschale, die er eben neu befüllt hat, in der Nähe der Terrassentür auf den Boden. Lino kauert auf seinem Lammfell unter dem Esstisch. „Der Teppich ist frisch gereinigt." Hannes denkt: Die Erinnerungen sind aufgefrischt, die Farben sind aufgefrischt. Ich sehe nun Manches klarer. Dann spricht er weiter: „Lino hat vor ein paar Wochen mit seinen Pfoten jede Menge Matsch darauf verteilt. Hast du das gehört, du Schlingel?" Hannes bückt sich und sieht Lino mit hochgezogenen Augenbrauen an.

„Du Schlingel ... Das hätte ich mal hören wollen. Bei uns zu Hause musste man ja immer vom Boden essen können. Wehe, man hat auch nur einen Krümel auf dem heiligen Parkettboden verloren – schon musste man untertänigst um Verzeihung bitten und sofort mit Besen und Staubsauger anrücken. Einmal ist mir ein Marmeladebrot im Flur auf den Teppich gefallen. War nur ein Minifleck, den man kaum gesehen hat. Mutti hat einen Tobsuchtsanfall bekommen und sofort die Reinigung angerufen. Einen Monat lang habe ich kein Taschengeld bekommen. Und jeder, den Mutti in den folgenden Tagen und Wochen traf, bekam die Geschichte vom *schrecklichen Kind, das sie noch den letzten Nerv kostet*, zu hören." Marion steht vor der Terrassentür. Ihre Stimme ist ganz ruhig, als sie die Sätze spricht.

Hannes stützt sich auf den Esstisch. Er schließt für einen Moment die Augen. Er holt sich Verstärkung über den Atem. Dann geht er ebenfalls zur Terrassentür. Er stellt sich neben Marion. Dann legt er seinen Arm um sie. Es fühlt sich fremd und vertraut gleichzeitig an. „Marion, weißt du ..."

„Nicht reden, Vati, nicht reden. Ich will nur bei dir sein. Ich bin so froh, dass ich hier bei dir bin." Sie lehnt ihren Kopf an seinen Hals. „Kann ich hier bleiben, während du zu Steffi gehst? Ich würde mich gerne ein bisschen ausruhen."

„Natürlich kannst du hierbleiben." Hannes ist berührt von Marions innerer Aufgeräumtheit. Zumindest meint er diese in ihr zu spüren. „Lino freut sich auch, wenn er nicht allein im Zimmer bleiben muss. Mach's dir am besten in meinem Sessel gemütlich. Du kannst ihn nach hinten klappen. Man kann wunderbar darauf schlafen."

Marion setzt sich auf den Sessel, Hannes nimmt die Fernbedienung. Mit einem leisen Summen streckt das Möbel seinen grünen Kopf- und Fußbereich von sich. „Eine herrliche Streckbank. Danke, Vati."

Hannes breitet noch die Wolldecke über Marion aus. Dann streichelt er Lino über den Kopf. Danach verlässt er das Zimmer und macht sich auf den Weg in Richtung Speisesaal.

Schon im Flur vor der Eingangstür hört er das Geräusch des Staubsaugers. Als er den Saal betritt, ist außer der staubsaugenden jungen Frau, die er nicht kennt, niemand zu sehen. Er geht in die Küche. Auch dort kennt er niemanden. Und auch dort ist es laut. Geschirr klappert, Servierwagen werden hin- und hergeschoben. Hannes sieht einen jungen Mann, der an einem großen Spülbecken steht. „Entschuldigung, ich suche Steffi."

„Steffi nicht da. Frau Schubert fragen."

„Wo ist denn Frau Schubert?"

Der Mann nimmt ein Handtuch, geht zur Küchentüre und zeigt auf eine Tür an der Seite des Ganges. „Schubert steht auf Schild."

Hannes nickt freundlich und bedankt sich. An der Tür, auf die der Mann gezeigt hat, steht „Therese Schubert, Leitung Hauswirtschaft und Verpflegung". Hannes klopft an die Tür.

Keine Antwort. Er klopft ein weiteres Mal. Dann hört er Schritte. Die Tür geht auf, eine Dame mittleren Alters sieht ihn an. „Ja, bitte. Ich bin eben in einem Gespräch. Wie kann ich Ihnen helfen?"

„Mein Name ist Sieberg. Ich … ich suche Steffi. Ich wollte sie etwas fragen. Wissen Sie, wo sie ist?"

Die Frau scheint einen Moment zu überlegen. Dann macht sie die Tür etwas weiter auf. Da sieht Hannes Steffi auf einem Stuhl am Schreibtisch sitzen.

„Herr Sieberg …"

„Entschuldigen Sie, Steffi, dass ich Sie störe, und auch Sie, Frau Schubert …"

Da steht Steffi auf. „Ich glaube, Sie kommen im richtigen Moment, Herr Sieberg."

Frau Schubert sieht Steffi fragend an.

Da wendet sich Steffi an Frau Schubert. „Herr Sieberg ist der Mann, der sich um Olgas Hund kümmert."

„Ach ja?"

„Das ist vielleicht ein Wink des Schicksals, das Sie jetzt gerade kommen, Herr Sieberg." Steffi lächelt Hannes an. Nun sieht sie etwas besser aus als vorhin in der Cafébar.

Frau Schubert schließt die Tür. „Bitte, setzen Sie sich zu uns, Herr Sieberg."

Hannes nimmt auf dem Stuhl neben Steffi Platz. Er sieht die beiden Frauen fragend an. Frau Schubert sieht Steffi an. „Steffi, wollen Sie anfangen?"

Hannes erfährt, dass die beiden Frauen sich große Sorgen um Olga machen. Seit Tagen sei sie nicht zur Arbeit erschienen, habe sich lediglich per E-Mail krankgemeldet und per Post eine Krankschreibung für insgesamt zehn Tage an Frau Schubert geschickt. Hannes erfährt auch, dass Steffi und Olga eng befreundet sind. Schon seit ihrer Schulzeit. Und dass Steffi von Olga eine seltsame SMS bekommen hat.

In dieser SMS teilt Olga ihr mit, dass sie Probleme mit Stefan habe. Aber sie denke, dass schon alles wieder in Ordnung kommen werde. Aber im Moment gehe es ihr gar nicht gut. Sie könne nicht ihre Wohnung verlassen.

Daher sei Steffi auch heute Morgen zu Olga gefahren. Als Hannes erwähnt, was für ein Zufall es gewesen sei, dass ausgerechnet seine Tochter sie im Auto mitgenommen habe, wendet sich Frau Schubert an Steffi: „Sie haben gar kein Auto, Steffi? Warum haben Sie mir das nicht gesagt? Ich hätte Ihnen doch meins gegeben."

Steffi nickt und sagt: „Ok. Danke, Frau Schubert. Das nächste Mal weiß ich's."

„Und ein nächstes Mal wird es auch geben müssen, Steffi." Frau Schubert sieht Steffi und auch Hannes besorgt an. „Das Ganze beunruhigt mich schon sehr … Herr Sieberg, ich lehne mich jetzt ein wenig aus dem Fenster, weil es hier um eine Angestellte von uns geht. Aber ich denke, es handelt sich hier um einen Notfall und da ist jede Hilfe wichtig."

„Notfall?" Hannes sieht Frau Schubert und Steffi fragend an.

Frau Schubert sieht Steffi an. „Steffi, ich rede jetzt ganz offen mit Herrn Sieberg, in Ordnung? Es ist so … Steffi hat den Verdacht, dass Olga ihr Freund… sagen wir mal … nicht gut tut …"

„Stefan ist ein Psychopath!" Steffi sieht mit starrem Blick auf den Boden, als sie das sagt.

„Dafür gibt es keine Beweise, Steffi ..." Frau Schubert blickt sorgenvoll auf ihren Schreibtisch.

„Beweise gibt es eben erst, wenn etwas passiert ist ..." Steffi verschränkt die Arme vor dem Körper. „Und außerdem: Olga hat mir schon jede Menge E-Mails und SMSe von Stefan gezeigt. Da merkt man genau, wie der drauf ist."

„Sowas wäre natürlich schon ein Beweis." Hannes sieht Steffi an. „Was hat er ihr denn da so geschrieben?"

„Erst ging es immer um die große Liebe ... Dass er noch nie jemanden so geliebt hat wie sie und so weiter ... Aber dann ..." Steffi seufzt. Sie presst die Lippen aufeinander. „Irgendwann fing er an mit seiner Kontrolle ... Also, es kamen immer wieder Vorwürfe wie *Ich hab dich vorhin angerufen, warum bist du nicht ans Telefon gegangen* oder *Du hattest doch schon vor einer Stunde Schluss in der Arbeit, wieso bist du erst jetzt hier* ... Und ..." Jetzt sah Steffi zu Hannes: „Und seit der Hund bei Ihnen und Herrn Heeren ist, seitdem ist alles noch schlimmer geworden ..."

Hannes kneift die Augen zusammen und schüttelt den Kopf: „Wieso das denn? Das war doch gerade auch Stefans Wunsch. Er konnte es ja gar nicht abwarten, dass ich ihnen Lino abnehme. Aber ... ja, Steffi, Sie haben schon Recht: Ein bisschen kam es mir auch so vor, alle wollte er Olga ganz für sich haben. Und warum meinen Sie, ist jetzt alles schlimmer geworden, seit Lino bei Herrn Heeren und mir ist?"

„Das hat mit Olgas Ex-Freund zu tun ..."

„Ihrem Ex-Freund? Wer soll das sein?"

„Na, der Sohn von Herrn Heeren! Sie kennen ihn doch!"

„Ja, aber ... Peer hat doch eine Freundin ... Das ist doch vorbei ..."

„Ja", sagt Steffi, und nun fängt sie an zu weinen, „ja, das ist vorbei. Gott sei Dank. Ich hab das ja damals alles mitbekommen, das Drama … Aber jetzt steckt Olga in einem neuen Drama … Stefan ist gefährlich, Herr Sieberg. Der ist psychisch krank, das spür ich …"

„Oh Gott …" Hannes seufzt und fasst sich an die Stirn.

„Was befürchtest du, Steffi?" Nun sieht Hannes Steffi eindringlich an.

„Ich glaube, dass Stefan Olga nicht mehr aus der Wohnung lässt … Vielleicht schlägt er sie auch, keine Ahnung … Er ist völlig verrückt nach ihr … Total besitzergreifend … Rasend vor Eifersucht …"

„Eifersüchtig auf wen? Ich habe die beiden schon einmal zusammen gesehen. Ich hatte den Eindruck, als sei alles sehr harmonisch zwischen den beiden."

„Eifersüchtig auf den Sohn von Herrn Heeren eben! Hab ich Ihnen doch schon gesagt!"

Eine Zeitlang herrscht Schweigen im Büro von Frau Schubert. Dann steht Frau Schubert auf und geht zum Fenster. „Wir müssen mit Frau Kelch sprechen. Wenn es so schlimm ist, wie Steffi befürchtet, müssen wir die Polizei einschalten."

Ein zweites Mal sagt Hannes „Oh Gott". Doch kurz darauf besinnt er sich. „Warten Sie, Frau Schubert."

Frau Schubert und Steffi sehen ihn fragend an.

33 Ein Freund kennt die Melodie deines Herzens (Albert Einstein)

„Hier ist es". Steffi weist auf einen kleinen Weg. Sie geht voran, Hannes und Frau Schubert folgen ihr. Frau Schubert hatte vor ihrer Abfahrt noch mit Frau Kelch telefoniert. Nach kurzem Hin und Her bekam sie dann aber das OK von ihr. Sie sollten sich aber regelmäßig von unterwegs melden. Notfalls würde Frau Kelch trotzdem noch die Polizei rufen.

„Glauben Sie mir, es ist gut, wenn erst ich mit den beiden spreche. Oder nur mit ihm. Je nachdem." Hannes wendet sich an Steffi und Frau Schubert. Die beiden nicken. „Und bitte ganz still sein. Sie sollen denken, ich bin allein hier." Die beiden nicken erneut.

Hannes drückt auf die Klingel. Es vergeht eine halbe Minute. Hannes klingelt noch einmal. Die Sprechanlage summt. „Ja." Es ist die Stimme von Stefan.

„Stefan. Grüß dich. Hier ist Hannes Sieberg."

Schweigen am anderen Ende. Dann summt es. „Was wollen Sie denn, Herr Sieberg?"

„Ich wollte Olga fragen, ob sie vielleicht Durchfalltabletten für Lino hat. Ihm geht es heute nicht gut. Und ich wollte nicht gleich zum Tierarzt fahren. Auf dem Handy habe ich sie leider nicht erreicht."

„Und woher wissen Sie, wo Olga wohnt?"

Da haben wir's, denkt Hannes. Mit zusammengekniffenen Lippen blickt er sorgenvoll zu den beiden Frauen. Die blicken ebenso sorgenvoll zurück.

„Das ... das hat sie mir mal erzählt. Und ich hab's mir gemerkt."

„Aber Sie haben doch gar kein Auto. Wie sind Sie hierher gekommen?"

„Meine Tochter hat mich heute besucht. Die hat ein Auto. Und das habe ich mir ausgeliehen."

„Ist die auch dabei, die Tochter?"

„Nein, ich bin allein hier, Stefan. Kann ich jetzt kurz mit Olga sprechen?"

„Moment."

Das Summen der Sprechanlage hat aufgehört.

„Sie sind der Hammer, Herr Sieberg! Voll der Schauspieler. Genial!" Steffi lächelt ihn an.

„Gut, dass Sie so ruhig bleiben können. Das ist jetzt wichtig." Frau Schubert lächelt nicht. Sie sieht sehr ernst und konzentriert aus. „Oh Gott, ich stelle noch schnell mein Handy auf lautlos."

„Von der Wohnung oben kann man hier nicht heruntersehen, oder Steffi?"

Steffi schüttelt den Kopf. „Nein, die Fenster liegen auf der anderen Seite des Hauses."

„Herr Sieberg, ich mache auf. Zweiter Stock."

Die Eingangstür geht auf. Alle drei gehen hinein. Hannes weist still auf die Treppe, die zum Keller hinunterführt. Die beiden Frauen nicken und gehen leise die Stufen hinunter. Frau

Schubert weist mit dem Zeigefinger auf den Boden, will also damit sagen, dass sie dort bleiben und warten. Hannes nickt. Alle drei nicken sich zu. Steffi ballt noch die Toitoitoi-Faust – und lächelt ermutigend.

Hannes hält sich am Treppengeländer fest. Er will den ersten Schritt in Richtung Treppe machen, bleibt dann aber doch noch stehen. Erst jetzt ist die ganze Situation bei ihm angekommen. Wieder so eine spontane Aktion. Wie das Hundesitting für Lino. Wie der Allerheiligen-Besuch bei Georg. Aber alles waren doch gute Entscheidungen, wichtige Entscheidungen, Hannes. Nur jetzt lebst du, Hannes, nur jetzt. Nur in diesem Moment, jetzt kannst du leben und agieren.

„Gut, ich gehe jetzt hoch." Leise spricht er diesen Satz. Steffi und Frau Schubert hören ihn auch. Aber er ist letztlich nur für ihn selbst bestimmt.

Konzentriert nimmt Hannes eine Stufe nach der anderen. Bewusst setzt er einen Schritt nach dem anderen. Er teilt sich die Luft zum Atmen ein. Er spürt seinen ganzen Körper. Spürt sein Herz schlagen. Regelmäßig schlägt es, kraftvoll und treu. Was, wenn Steffi Recht hat? Wenn dort oben ein Psychopath sein Unwesen treibt? Hannes, Hannes, was machst du ... Doch gerade, wenn der Typ gefährlich ist, macht alles Sinn, was du hier tust. Dann ist dieser Tag für ihn angebrochen, damit er genau jetzt und hier in diese Wohnung geht. Zu Olga. Zu einem jungen Menschen, der das Leben noch vor sich hat. Dieses Mädchen lässt er nicht hängen. Hannes, und wenn du dabei drauf gehst: Es hätte schon lange vorbei sein können mit dir. Du spielst ohnehin schon in der Verlängerung. Der reguläre Abpfiff – der war schon ...

Stefan steht vor der Wohnungstür. Er hat seine Arme vor der Brust verschränkt. Die Tür ist angelehnt. Hannes kann nicht hineinsehen. „Olga hat keine Durchfalltabletten für Lino."

„Grüß dich, Stefan." Hannes überlegt. Wo kann er jetzt einhaken? „... Dann ... bräuchte ich die Adresse vom Tierarzt ... Von alleine wird das nicht besser ..."

„Mein Gott, ist doch nur ein Hund!"

In dem Moment geht die Wohnungstür auf. Eine blasse Olga streckt ihren Arm heraus. Sie gibt Hannes einen Zettel. „Olga ... Wie ..." Hannes sieht in ihr verweintes Gesicht. Doch Olga hat die Tür wieder hinter sich angelehnt. Keinen Ton hat sie gesagt.

„Olga ..." Hannes ist jetzt klar, dass Olga aktiv werden muss. Sie muss er jetzt irgendwie erreichen. „Olga. Steffi hat mir noch etwas für Sie mitgegeben." Bloß was, denkt Hannes ... Bloß was?! ... Was kann sie mir für sie mitgegeben haben ... Jetzt wird ihm heiß und kalt ...

„Das können Sie auch mir geben. Die Adresse vom Tierarzt haben Sie ja jetzt. Das war's ja dann." Stefan macht einen Schritt auf Hannes zu. „Also, was hat Steffi für Olga mitgegeben?"

„... Stefan ... das müsste ich Olga persönlich geben ... Hab ich Steffi versprochen ..."

„Hä? Was soll das denn Geheimnisvolles sein?"

Jetzt wird Hannes' Stimme lauter: „Das ist etwas von Steffi für ihre allerbeste Freundin ... Die Freundin, für die sie alles tun würde ... Die ihr so viel bedeutet ... Die ... damals ... in der Schule ... Olga, weißt du das noch, damals in der Schule ... Auf dem Pausenhof ..."

„Was ist denn das für ein Gelaber ... Und warum schreien Sie auf einmal so herum ... Jetzt geben Sie mir das Zeugs und dann ..."

„Da bin ich ..." Olga steht wieder in der Tür.

„Was tust du hier!" Stefan sieht sie wütend an. „Ich hab dir doch ..."

Da geht Olga einen Schritt auf Hannes zu. Barfuß steht sie auf dem kalten Fließenboden. Noch einen Schritt geht sie. Da packt Stefan sie am Arm. „Olga! Bleib hier!"

Jetzt packt Hannes ihn am Arm. Als Stefan sich Hannes zuwendet, reißt Olga sich los. Sie läuft in Richtung Treppe. Läuft die Stufen hinunter. Dort sieht Hannes plötzlich Steffi stehen. Olga fällt ihr in die Arme. Die beiden laufen weiter die Treppen nach unten.

Stefan will hinterher. Hannes stellt sich ihm in den Weg. Alle Kraft und allen Mut nimmt er zusammen. Er packt Stefan am Arm, macht sich ganz breit vorne in seinem Brustkorb und zieht ihn in die Wohnung. „Und wir beide reden jetzt, Stefan." Bei aller äußerer Kraftanstrengung ist seine Stimme ruhig geblieben. Warum, weiß er auch nicht.

In Stefans Arm lässt die Spannung nach. Er lässt den Kopf sinken. Hannes merkt, dass er ihn regelrecht stützen muss. Sie gehen den Flur entlang. Hannes gibt die Richtung und das Tempo vor. Stefan geht teilnahmslos nebenher. Auf der linken Seite geht es in die Küche. Hannes steuert hinein. Er setzt Stefan auf einem der Stühle ab. Kraftlos sinkt er darauf nieder. Mit nach vorne eingerollten Schultern und gesenktem Kopf sitzt er da. Hannes setzt sich auf den Stuhl gegenüber.

Es ist nur der Atem der beiden zu hören. Ein regelmäßiges Ein und Aus. Ein wechselseitiges Ein und Aus. Ein wechselseitiges Ich und Du. Nehmen und Geben. Voll und Leer. Glück und Pech. Liebe und Hass. Tag und Nacht. Leben und Sterben.

Haben und Lassen.

34 Spinnweben in der Luft

„Den hab ich gestern Abend gekocht, Hannes. Der Koriander und der Anis sind ganz wichtig ..." Georg schließt die Augen und genießt den Dampf, der aus seiner Tasse nach oben steigt. Die beiden sitzen auf Hannes' Terrasse. Auf zwei der insgesamt vier Gartenstühle, die Peer noch auf Georgs Speicher aufgestöbert hat. Darüber liegen Lammfelle. Den alten runden Holztisch hatte Hannes noch in seinem Keller stehen.

„Tut das guuuut." Hannes schlürft genüsslich aus einer großen Keramiktasse. „Das ist doch wirklich der allerbeste Weihnachtspunsch, den ich jemals getrunken habe. Und das ist keine Übertreibung."

„Danke, danke. Ja, doch, ich bin selber ganz zufrieden. Auf jeden Fall besser als die Plörre, die man sonst so auf den Weihnachtsmärkten vorgesetzt bekommt. Kann man doch nicht trinken, diese Zuckerbrühe dort."

Da ist unser etruskischer Weingourmet natürlich anderes gewöhnt, denkt Hannes. Tja ... Weihnachtsmarkt ... Noch zwei Tage. Dann hat er seinen Termin bei Hofacker. Und bei Angelika.

„Hast du eigentlich noch einmal etwas von der Polizei gehört, Hannes?"

Es dauert ein paar Sekunden, bis Hannes antwortet. Die nächste Begegnung mit Angelika beschäftigt ihn mehr als die

Ereignisse neulich bei Olga und Stefan. „Nein. Die haben sich nicht mehr gemeldet. Ich habe denen und auch dem Polizeipsychologen ja alles ausführlich erzählt. Ich denke nicht, dass da noch Nachfragen kommen werden. Und weißt du, in dem Gespräch mit diesem Polizeipsychologen – da habe ich selber noch nachträglich bei mir etwas aufgearbeitet."

„Wie das?" Georg runzelt die Stirn.

„Ich hatte als junger Mann viel Liebeskummer. Habe selbst erlebt, wie es einem mit einer Amour fou ergehen kann. Wie widersprüchlich man sein kann. Wie nah Liebe und Hass beieinander liegen können. Wie sehr man sich verrennen und verstricken kann. So schlimm, dass sich selbst die besten Freunde abwenden. Bis man irgendwann einsam und isoliert ist. Um dann umso heftiger um das zu kämpfen, was schon längst verloren ist."

„Die Indianer sagen: Wenn du ein totes Pferd reitest, steig ab."

„Guter Spruch. Ja, die Weisheit der Indianer. Ich kenne nur den Spruch mit der Seele, die von Zeit zu Zeit eine Rast einlegen muss. Den mit dem toten Pferd habe ich noch nicht gekannt. Muss ich mir merken. Wäre auch noch ein guter Satz gewesen, den ich Stefan hätte mitgeben können. Aber jetzt soll sich seine Familie um ihn kümmern. Vor allem sein Vater. Da scheint es Probleme zu geben."

„Tja. Die Väter und die Söhne. Ich weiß manchmal auch nicht, ob ich ein Mutterproblem hatte – oder habe! – oder ein Vaterproblem. Er war einfach zu schwach. Sie ist über ihn drüber gerollt. Ungebremst und immer schneller. Kein Stoppschild hat sie aufgehalten. Ein Schild, auf dem in großen Buchstaben *Respekt* geschrieben steht!"

„Ja, genau. Wie im Fußball. Die Initiative mit *Respekt!*"

„*Respekt! Kein Platz für Rassismus!* heißt es da. Stimmt. Das fängt mit kleinen Respektlosigkeiten an – und endet beim Völkermord. Wie auch bei den Indianern."

„Ja, ein furchtbares Kapitel. Auch die Bisons wurden abgeschlachtet, bis sie fast ausgerottet waren. Ich habe gelesen, um 1850 gab es in den Ebenen Amerikas um die 30 Millionen Bisons. Ein paar Jahrzehnte später gab es fast keine mehr."

Georg schüttelt den Kopf. „Ja, so ist der Mensch."

Nach einer kurzen Pause ergänzt er: „Aber der Mensch hat zum Glück auch eine andere Seite. Ich muss immer wieder staunen, wie du das hinbekommen hast. Was für ein großes Herz du hast – und das, wo es erst kürzlich einen schweren Unfall hatte!"

„Wie meinst du das?"

„Na, die Aktion mit Olga und diesem … Psychopathen."

„Ich denke nicht, dass er ein Psychopath ist."

„Wie auch immer. Die Polizei wird wissen, wie sie da weiter verfährt. Auf jeden Fall warst du sehr mutig, hast dich eingesetzt ohne Rücksicht auf dich selbst. Ich weiß, ich weiß: Wir sind alte Männer, haben ohnehin nichts mehr zu verlieren! Nur noch etwas zu gewinnen!"

„Ja, wie im Märchen von den Bremer Stadtmusikanten: *Etwas Besseres als den Tod findest du überall …*"

„Oh ja. Dieses Märchen hat mir mein Vater auch vorgelesen. Damals konnte ich mir allerdings noch nicht vorstellen, wie sehr diese Geschichten einem im Alter noch Halt geben können."

„Ob die Omas und Opas dieser Welt ihren Enkeln vielleicht gerade deshalb so gerne vorlesen?" Mit nach innen gekehrtem Blick schlürft Hannes von seiner Punschtasse. „Und wie ich dir schon gesagt habe: Es war der Mut der Verzweiflung. Ich habe mich komplett spontan und impulsiv in diese Situation hineinbegeben. Niemand hat das von mir verlangt. Ich wollte es. Aber als ich dem jungen Mann dann plötzlich gegenüberstand, hatte ich schon ein wenig Angst vor meiner eigenen Courage. Und auf einmal hatte ich eine regelrechte Eingebung für die Worte, die ich dann sagte. Keine Ahnung, woher diese Worte kamen. Nicht von meinem Intellekt auf jeden Fall. Meine Lippen haben sich wie von selbst bewegt. Und plötzlich hatte ich auch keine Angst mehr. Ich konnte mich komplett der Situation überlassen. Es war irgendwie auch ein fatalistisches Sich-Überlassen. Es war, ja, ich wollte mich überlassen. Irgendeinem höheren Plan. Fast so wie in einem mittelalterlichen Gottesurteil ..."

„Schauerliche Vorstellung ... Aber ja, ich fange an, mich in deine Gedanken hineinzuversetzen. Du hast gedacht: Wenn der Typ jetzt ausrastet und mich umnietet, dann soll es so sein ... Oder?"

„Ja, irgendwie so. Allerdings war mir schon klar, dass ich damit auch Olga diesem Gottesurteil ausliefere. Und Steffi und Frau Schubert hingen ja auch mit drin. Da kam mir dann der Gedanke, dass ich es schaffen muss, Olgas Lebensgeister wiederzuerwecken. Sie sah ja aus wie der Tod, als sie mir den Zettel mit der Adresse vom Tierarzt aus der Tür reichte. Sie war es, die aktiv werden musste."

„Das war wirklich eine Eingebung, Hannes, absolut. Mein Gott. Und das passiert ausgerechnet Olga. Einer Frau, die selber – entschuldige Hannes, aber ich muss das so sagen – die selber mal so drauf war wie dieser Stefan ..."

„Ja, Georg, ja ... Das hast du mir jetzt schon ein paarmal erzählt. Ich weiß es inzwischen ..."

Wie ein Kind, das von seinem Vater, den er bewundert, gerügt wird, so sieht Georg nun zu Boden.

Hannes sieht diesen Blick. Er kennt Georgs Vorbehalte gegenüber Olga.

Nun sieht Georg wieder auf. Er nimmt einen Schluck Punsch.

Die Blicke der beiden Männer begegnen sich. Es sind sanfte Blicke. Keiner von uns beiden muss Recht haben, denkt Hannes. Alles hat seine Berechtigung. Seine Vorbehalte – und meine Gelassenheit in dieser Sache. Ist das schön, gemeinsam mit diesem Mann zu schweigen, denkt Hannes. Eine Empfindung, die nun schon so oft in Georgs Gegenwart über ihn kam.

Hannes lehnt sich in dem Gartenstuhl zurück. Der noch immer heiße Punsch dampft aus seiner Tasse. Sein warmer Atem dampft aus seinem Mund. Georgs warmer Atem dampft aus dessen Mund.

„Hast du dir eigentlich schon einmal Gedanken um deinen Atem gemacht, Georg?"

Georg setzt seine Tasse auf seinem Knie ab. Er sieht ihn verdutzt an. „Um meinen Atem? Wie meinst du das?"

Hannes antwortet nicht sofort. Er sieht dem sanften warmen Nebel nach, wie er aus seinem Mund nach draußen in die kalte Winterluft strömt. Wie die spinnwebenfeine Feuchtigkeit nach und nach unsichtbar wird. Und kurz darauf ein neuer warmer Nebel sich dem kalten Winter hingibt.

„Nur im Winter wird das Wunder sichtbar." Hannes sieht weiterhin dem warmen Hauch hinterher. „Nur wenn es kalt ist, zeigt die Wärme, dass sie wirklich da ist ... Regelmäßig da ist ... Zuverlässig da ist ... Dass sie wiederkommt ... Gerade in der Kälte will sie sich zeigen ..."

Georg blickt Hannes mit großen Augen an. Er nickt. Ein klein wenig abwesend wirkt er dabei.

„Wie die Wellen im Meer ... Ein Kommen und Gehen ..." Hannes denkt wieder an seine Strandspaziergänge mit Eva.

„Ein Kommen und Gehen ..." Langsam spricht Georg die Worte nach.

„Man darf keine Angst haben vor der Kälte, Georg. Nicht vor der Kälte und auch nicht vor dem Unbekannten." Hannes fängt an, tief zu atmen, ganz tief lässt er die kalte Luft in seinen Bauch einfließen.

Selbst unter der dicken Wolldecke kann man sehen, wie sich Hannes' Bauch hebt ... und senkt ... hebt ... und senkt.

„Ja", Georgs Stimme klingt auf einmal etwas müde und rau. „Ja, Hannes, jetzt, wo du das so beschreibst, fällt mir auch auf, dass du immer mal wieder tief atmest. Tiefer, als ich das von anderen Menschen kenne. Oder auch von mir selbst."

„Ich suche immer noch nach einem Wort für dieses tiefe Atmen. Eine sanfte Brise ist es ja nun nicht. Was ist es dann? Ein Wind ja auch nicht gerade oder ein Sturm. Irgendwas dazwischen ..."

„ ... ein Eimer?"

Hannes muss schallend lachen. „Herrlich! Ja, ein Eimer Luft! Wenn nicht gleich zwei, drei Eimer!"

Die beiden glucksen und atmen vor sich hin.

Schließlich meint Hannes: „Ja, Georg. Ich habe das irgendwann einmal für mich entdeckt, wie gut dieses tiefe Atmen tut. Dass es einen beruhigt, einem die Angst nimmt, den Körper erfüllt und weitet. Immer, wenn ich tief atme, kann ich Danke sagen. Danke, dass noch Leben in mir ist."

„Und ja, wie du sagst, heute, in der Kälte, da darf man das sogar sehen, wofür man Danke sagt." Nun sieht auch Georg seinem sanften warmen Atemnebel nach. Er stellt seine Tasse auf den Tisch. „Es ist noch Leben in uns, Hannes. Dieser kalte Wintertag weist uns darauf hin. Und ja, ich empfinde auch ein tiefes Danke dabei ... Weißt du noch, als ich dir vom Sterben meiner Mutter erzählt habe? Von dem Arzt, der sagte: *Das Letzte, was man loslässt, ist der Atem.*"

Hannes nickt.

„Ja, Hannes, ein Geben und ein Nehmen ... Meine Mutter, sie hat mir mein Leben geschenkt ... Ohne sie hätte ich es nicht ..."

Hannes sieht ihn erstaunt an.

Georg spricht weiter: „Sie hat für alles bezahlt ... Einen hohen Preis hat sie bezahlt ..." Er wendet seinen Kopf zu Hannes: „Ich weiß das so genau, weil auch ich diesen Preis kenne ... Den Preis für oberflächliche Vergnügungen, für Herzlosigkeit." Er macht eine Pause. „Ein Leben ohne Liebe, Hannes."

Schon öffnet Hannes seinen Mund und will etwas sagen. Da ergänzt Georg: „Ohne Liebe. Und ohne Achtung vor sich selbst."

Georg spricht mit einer solchen Klarheit und Deutlichkeit, dass Hannes kein Satz einfällt, den er jetzt hätte sagen können. Georgs Sätze sind hinausgeschickt in die Winterluft. Hinaus in die Kälte. Doch entstanden in seinem warmen Inneren, denkt Hannes.

Hannes steht auf. Er nimmt die Thermoskanne mit dem Punsch, die auf dem Tisch steht. Er dreht am Verschluss und schenkt Georg etwas Punsch nach. Dann sich selbst.

„So ... Jetzt dampft es wieder ..." Hannes lächelt Georg an.

„Etwas Warmes braucht der Mensch ..." Georg sieht zu Hannes auf. Ein wenig von seiner Verschmitztheit ist wieder in seinem Blick. „War das nicht mal ein Werbespruch? Da bist du der Experte ... Ja, genau, für Tee! ... Und jetzt weiß ich es, Hannes ..."

Hannes sieht ihn fragend an.

„Ein Schluck Luft! Man gönnt sich einen kräftigen Schluck Luft!"

Hannes lacht. „Ja, ist auch ein guter Versuch! Die Sprache drückt sich da wirklich drumherum. Man sagt, man geht ein bisschen Luft schnappen. Aber was heißt schon *ein bisschen* ... Das Wort, diese beiden Worte, sagen überhaupt nichts aus."

„Eine Packung!"

„Nicht schlecht, Statler! Du denkst da wohl an die Luft, die du dir täglich über deine Packung Zigaretten einverleibst!"

„Genau! Das ist quasi meine Extrapackung Luft!"

„So kann man's auch sehen ..." Hannes schmunzelt. Er setzt sich wieder auf seinen Gartenstuhl und packt sich in die Wolldecke und das Lammfell ein. „Sag mal, Georg ... deine Frau ..."

Georg sieht ihn mit hochgezogenen Augenbrauen an.

Hannes fährt fort: „... Du bist doch noch verheiratet, hast du gesagt."

Georg nickt.

„Hast du denn noch Kontakt mit ihr?"

Georg schüttelt den Kopf. „Kaum ... Sie lebt genauso ruhelos wie ich es die meiste Zeit meines Lebens getan habe. Im Moment ist sie, glaube ich, in Südafrika beim Golfen."

Nach einer kleinen Pause überkommt Hannes wieder eine Welle der Spontaneität und er sagt: „Georg ... Ich muss dir das jetzt einfach erzählen: Ich habe eine ganz tolle Frau getroffen ..."

Georg sieht ihn mit ernstem Blick an.

„Getroffen. Ja, nur getroffen. Ich weiß überhaupt nicht, ob ich ihr gefalle oder so. Aber sie gefällt mir, Georg. Sie gefällt mir so unglaublich gut, sie berührt mich, sie ... Aber ..."

„Was aber?" Georg fragt mit weiterhin ernstem Blick nach.

„Aber ... Sie hat einen Mann ..."

„Meine Frau hat auch einen Mann ... Das legt noch lange nicht fest, mit wem man ins Bett geht." Regungslos kommen diese Worte über Georgs Lippen. „Sowas hat mich noch nie beeindruckt ..." Jetzt muss Georg schlucken. Nun ist er derjenige, der tief einatmet und lange seiner weißen Atemwolke nachblickt. „Wäre vielleicht doch gut gewesen, wenn es mich beeindruckt hätte. Ein paar Spielregeln haben wohl doch ihren Sinn."

Beide Männer schlürfen ihren heißen Punsch.

„Wo sind denn eigentlich deine Spatzen heute?" Georg wandert mit seinem Blick über Hannes' Terrasse.

„Die sind schon immer mal wieder da ... Besonders treu ist zur Zeit ein hübsches Rotkehlchen ... Aber heute hat es sich noch nicht blicken lassen."

Nun wendet Hannes seinen Kopf hin und her, um nach dem Rotkehlchen Ausschau zu halten. Nach einer Weile sagt er zu Georg: „Diese Frau, am Freitag sehe ich sie wieder."

Georg sitzt da, sagt nichts, hat seine Augenbrauen hochgezogen.

Beide Männer blicken ihren Atemwölkchen nach.

Schließlich steht Georg auf: „Weißt du was: Ich werde Olga mal fragen, ob ich Lino am Freitag Abend haben kann. Wo ist eigentlich Olga? Nach dem Schock wird sie nicht allein in ihrer Wohnung sein."

„Nein. Sie und Lino wohnen bis auf Weiteres bei Steffi. Der Hund fehlt dir, nicht wahr? Mir fehlt er ja auch. Aber jetzt, wo Olga in der Verwaltung arbeitet und den Hund immer bei sich im Büro haben kann, braucht sie halt keine Hundesitter mehr."

„Ja, Lino fehlt mir sehr ... Und du wirst auch bald ausgebucht sein ..."

Hannes hebt den Kopf. „Du meinst wegen ..." Er rollt mit den Augen. „Also, Georg. Das ist doch noch überhaupt nicht spruchreif. Hätte ich das bloß nicht erwähnt ... Vergiss es gleich wieder ... Und wegen Lino: Frag Olga einfach! So eine junge Frau ist doch froh, wenn sie abends mal ausgehen kann. Und sie will den Hund ja nicht mehr allein lassen. So wie früher. Mittlerweile glaube ich auch, dass sie den Hund nie weggeben wollte. Das ging von Stefan aus. Er wollte sie ganz für sich haben. Da war er wohl selbst auf den Hund eifersüchtig. Na, dieses Thema kann er jetzt mit seinem Psychologen bearbeiten. Aber Olga hat er verloren. Soviel steht fest."

Georg steht auf. Er nimmt die beiden Tassen und trägt sie hinein in Hannes' Zimmer. Hannes nimmt die beiden Decken, geht ebenfalls hinein und schließt die Terrassentür. „Das war ein wunderbarer Punschnachmittag mit dir."

„Ja, es war schön. Unser ganz privater Weihnachtsmarkt. Ich lasse dir die Thermoskanne hier. Vielleicht nimmst du ja nach dem Abendessen noch einen Schluck."

„Danke. Wir sehen uns später."

35 Der Fuß des Manitu

Die warmen Treter? Oder lieber die eleganten? Hannes steht unentschlossen vor seinem Schuhregal. Aber werden ihr seine Schuhe so wichtig sein? Er hat nicht den Eindruck, als sei sie wie Eva.

Nein, sie ist kein Pfau. Was ist sie? Eine Taube? Ein Schwan? Nein, kein Schwan. Die Schwäne, sie stehen bei ihm auf einem anderen Blatt.

Hannes kann sich noch nicht entscheiden, welche Schuhe er nehmen soll. Er setzt sich auf seinen Sessel. Er blickt nach draußen in die vom Schnee eingehüllte Landschaft. Der Zauber der Farbe Weiß. Ob sie nun per definitionem eine Farbe ist oder nicht.

Wo sind die Spatzen heute? Wo das Rotkehlchen? Nun steht er auf und öffnet die Terrassentür. Er lässt den kalten Windhauch tief in seine Lungen hineinfallen. Mit einem bewussten, tiefen Atemzug lässt er die Frische in seinen Körper ein, spürt, wie sie sich in seinem Bauch ausbreitet. Wie sie ihn mit neuer Energie und Weite erfüllt.

Die reinste Energiedusche, denkt Hannes. Also, wenn es sich beim Atmen wie beim Duschen anfühlt, dann liegt Georg mit seinem *Eimer* und seinem *Schluck* doch schon ganz richtig! Hannes denkt an die gemeinsamen Atemwolken neulich beim Punsch auf der Terrasse. Da sah man das Warme, wie es dem Kalten begegnet und sich mit ihm verbindet und versöhnt. Nun spürt er, wie das Kalte und Frische sich mit dem Warmen in seinem Inneren verbindet. Er nimmt das Kalte auf, das Außen – und wie wohl tut es ihm.

Auch die Terrasse ist eingeschneit. Mit seinen Hausschuhen macht Hannes ein paar vorsichtige Schritte auf der weichen, weißen Decke. Dann geht er in die Hocke. Und siehe da: Es sind ein paar winzige Vogeltrittchen zu erkennen. Vom Spatz? Oder vom Rotkehlchen? Indianer müssten wir sein. Die könnten die Spuren lesen. *Wenn du ein totes Pferd reitest, steig ab.* Da weiß man wirklich nicht, ob man lachen oder weinen soll. Manchmal kann man die offensichtlichsten Dinge nicht erkennen. Dinge, die so offensichtlich sind wie ... wie ... wie ein zutiefst unglückliches und einsames Kind.

Wenn jetzt ein Spatz geflogen käme, ein grauer, dann wüsste er: Das ist das Weibchen. Das ist Frau Haussperling. Im Gegensatz zu ihren Männern kleiden sich die Spatzendamen schlicht. Haben Sie das gehört, Frau Sieberg?

Und wenn jetzt ein Rotkehlchen geflogen käme, dann wüsste er nicht, ob es ein Weibchen ist. Denn die Damen und Herren dieser Schöpfung tragen denselben Federschmuck.

Der rote Hals beim Rotkehlchen, der rote Schnabel beim Trauerschwan: Hannes denkt an sein Kind. Wieviele Facetten und Farben stecken doch in jedem von uns. In jedem Lebewesen. Als das Rot bei Marion verschwunden war, da waren meine Augen zufrieden. Doch wahre Zufriedenheit sitzt da, wo der Schmerz mich im November fast gesprengt hat. Dort, wo treu und unermüdlich 60 oder 70 mal pro Minute Blut gepumpt wird. Wenn dort Zufriedenheit herrscht, dann müsste eigentlich bei allem, was man erblickt, Freude herrschen. Oder?

Auch beim Anblick eines weißen Hais, einer grünen Mamba oder orangefarbenen Tigermuräne?

Na ja, Hannes, das sind dann schon die höheren Weihen der inneren Zufriedenheit. Man muss ja noch Ziele haben ... Und er erinnert sich in diesem Moment gleichzeitig an Hofackers Glastisch. An die vielen Tiere, die er hinter seinem

Tränenschleier auf der Arche Noah erkannte. Alle vereint. Allen ist das Leben geschenkt. Alle sind Teil der Schöpfung.

Das ewige Fressen und Gefressenwerden. *To eat or not to eat.* Hannes sagt jetzt laut lachend: „To eat or be the eat!"

Nun richtet er sich wieder auf und dreht sich um. Beim Blick auf die Abdrücke seiner Hausschuhe im Schnee erschrickt er regelrecht über deren Riesigkeit. Vor allem nun im Vergleich zu den zarten Vogeltrittchen ein wenig weiter vorn. Georgs Indianer würden sich hier vielleicht denken: Was für ein riesiger Bison muss hier unterwegs gewesen sein? Doch im Vertrauen auf den Großen Geist, auf Manitu, würden sie wohl gleichzeitig denken: Er darf auch jagen. Er muss auch satt werden.

Ja, denkt Hannes. Das ist die Ehrfurcht vor dem Leben. So wie Albert Schweitzer es gemeint hat.

Jetzt wird es Hannes eindeutig zu kalt im Freien. Rasch befreit er vor der Terrassentür mit einem kleinen Besen seine Hausschuhe vom Schnee und geht wieder in sein Zimmer. Seine Füße sind eiskalt. Das merkt er erst jetzt so richtig. Er zieht seine Socken aus und holt sich ein paar dicke Skisocken. Er setzt sich in seinen Sessel. Und betrachtet das erste Mal seit langer Zeit seine Füße. Viele blaue Adern treten dort hervor. Kleine und große. Ja Hannes, das sind alte Füße. Deine treuen alten Füße. Nachdem er die Skisocken darüber gezogen hat, zieht er, so gut es geht, den rechten Fuß an sich heran. Yoga sei Dank, gelingt es ihm immer noch einigermaßen gut. Er fängt an, den Fuß vorsichtig zu massieren. Direkt liebevoll machst du das, Hannes, denkt er sich. Die Klammheit verschwindet nach und nach. Die Wärme breitet sich wieder aus. Als er diese Selbsterwärmung mit dem anderen Fuß wiederholt, denkt er an den Film *Jenseits von Afrika*. Denys Finch Hatton – eigentlich ist es ja Robert Redford – stellt dort fest, dass es kein Gedicht gibt, das sich dem armen alten Fuß widmet. Da hat er Recht, findet Hannes. Das hätte der Fuß nun wirklich verdient.

Finch Hatton, der Großwildjäger. Tja, da sind wir wieder bei der bunten Vielfalt der Schöpfung, in der unerbittlich und ohne Pause gejagt wird. Und trotzdem dürfen wir uns doch immer wieder aufs Neue an diesem bunten Leben erfreuen. Nachdem die grausame Realität zugeschlagen hat – und bevor die grausame Realität wieder zuschlagen wird. In einer solchen Verschnaufpause ist dann Vieles möglich.

Zum Beispiel, dass aus einem grauen Entlein ein eleganter weißer Schwan wird. Oder dass man sich nach der Heirat mit einem bunten Vogel viele Jahrzehnte später in eine Frau verliebt, die gerne Weiß trägt. Ob es nur eine dienstliche Farbe ist? Darüber hat Hannes bisher noch nicht nachgedacht. Egal. In Weiß hat er sie kennengelernt. Ja, sie ist eine weiße Taube für ihn.

Er denkt erneut an die Arche Noah. Es war die Taube, die mit dem Olivenzweig zu Noah zurückflog. Da wusste Noah: Das Wasser der Flut hatte sich nun zurückgezogen. Die ersten Pflanzen wuchsen wieder.

Ob Angelika auch für ihn eine frohe Botschaft bereithielt? Woher nahm er diese eigenartige Zuversicht? War es wieder der Mut der Verzweiflung? Nein, denkt Hannes, ich denke und hoffe, es ist der Mut der Verwandlung. Der beleuchtete Gang in Hofackers Praxis – es wäre zu schön, wenn sich auch heute dort wieder etwas verwandeln könnte …

So, und welche Schuhe nun? Wie hieß es in der Werbung: Etwas Warmes braucht der Mensch. Also her mit den warmen Tretern. Ich hoffe ja schließlich, dass es mir gelingen wird, Angelika auf den Weihnachtsmarkt zu entführen. Und bis der Glühwein meine Füße erreicht, wird es doch 1,86 Meter dauern.

36 Wie ein Blitz ins Herz

Irgendwo in der Innenstadt gibt es doch einen Mc Donald's! Wo war das noch? Hannes sucht verzweifelt nach einer Toilette. Es ist 15.45 Uhr.

Gott sei Dank. Da vorne leuchtet das gelbe M. Nichts wie rein.

Kurz vor dem Verlassen der Toilette blickt Hannes noch in den Spiegel. Halblaut spricht er zu sich selbst: „Hannes, das ist deine Taube. Sie bringt dir den Olivenzweig. Glaub daran."

Und kurz vor dem Verlassen kommt ein anderer halblauter Satz über Hannes' Lippen: „Verflixte Kleinstadt!" An einem Tisch mit mehreren jungen Leuten sieht er Steffi sitzen! Doch Gott sei Dank mit dem Rücken zu ihm. Olga sieht er nicht. Lino auch nicht. Das wäre ja auch gegen die Abmachung – denn der Hund ist heute Abend ja bei Georg.

Seit dem gemütlichen Punschnachmittag auf der Terrasse hat er Georg nur noch zu den Mahlzeiten im Speisesaal gesehen. Georg war wortwitzig und verschmitzt wie immer. Und doch war eine seltsam neue Distanz in ihre Unterhaltung geraten, eine hauchfein gewebte Decke der Oberflächlichkeit, die sich über ihre Gespräche legte.

Gleichzeitig schmiedete Georg Reisepläne. „Und in Florenz, da gehe ich mit dir in ein Lokal. Hannes – das ist das Paradies. Ein Stück vom Himmel. Der frühere Besitzer und mein Vater waren Freunde. Es gehört ein kleines Hotel dazu.

Das steht in keinem Reiseführer. Ich war so lange nicht dort. Lass uns im Frühjahr dorthin fahren. Und San Francesco in Assisi statten wir auch einen Besuch ab."

Der Etrusker, die Zypresse, der Mafioso – ja, gerne möchte Hannes mit ihm reisen.

Doch nun ist Hannes auf dem Weg zur Praxis von Hofacker. Herzklopfen wie bei einem Teenager, denkt er. Aber ich bin jetzt ein neues Mitglied der Bremer Stadtmusikanten – und werde überall etwas Besseres finden als den Tod. Warum also nicht gleich hier. Da, wo ich vor kurzem noch viel mehr als Esel, Hunde, Katzen und Hähne gesehen habe – alle Tiere der Arche Noah waren auf Hofackers Glastisch versammelt! Und da muss auch die Taube dabei gewesen sein! Allerdings, da muss Hannes nun streng mit sich selbst sein, allerdings war jedes Tier paarweise vertreten …

In Ordnung. Ja. Es gibt einen Täuberich. Ok. Doch prompt bei diesem Gedanken fällt Hannes nun ein Satz ein, den genau in diesem Moment Georg so sagen könnte: „Die Flut ist schließlich vorbei! Schluss mit den Zwangsehen auf der Arche – und raus auf die freie Wildbahn!" Hannes sieht Georg förmlich vor sich, wie er ihn dabei schelmisch anblickt, die Augenbrauen hochzieht. Er würde sicher auch auf Angelika Eindruck machen. Ganz sicher. Hannes denkt an das Knistern zwischen Georg und der Krankenschwester, damals in der Klinik.

Doch nun summt der Türöffner. Hoffentlich hat sie heute nicht frei. Könnte ja auch mal sein. Aber nein. Er hört ihre Stimme! Sie ist gerade am Telefon. Das Licht im Gang der Verwandlung empfindet Hannes heute als besonders warm und feierlich, die Lampen kommen ihm noch geschmackvoller vor als die anderen beiden Male, die er hier war.

Da steht sie. In einem weißen Rollkragenpullover. Und einer schwarzen Hose. Sie hat sich den Telefonhörer unters Kinn geklemmt, hält irgendwelche Papiere in der Hand und sieht gleichzeitig in ihren Computer. Aus ihren Augen strahlt Hannes ein freundliches Lächeln entgegen. Ihre blonden Haare rahmen schmeichelnd ihr lebhaftes Gesicht ein. Ja, lebhaft ist der richtige Ausdruck, denkt Hannes. Sie ist ja auch nicht mehr die Jüngste, aber sie wirkt interessiert, beschwingt. Mit der kann man Pferde stehlen, denkt Hannes. Ganz bestimmt. Genau wie mit Georg.

Hannes merkt sofort, dass Angelika ihrem Namen auch bei diesem Telefonat wieder alle Ehre macht: „Eigentlich haben wir da keine Termine mehr frei ... Ist es denn sehr dringend ..." Hannes muss innerlich – und äußerlich – schmunzeln. Und selbstverständlich ist es dringend, Frau! Sehr dringend sogar! Die Zeit drängt. Der zweite Herzinfarkt kann klammheimlich schon in Vorbereitung sein ...

Angelika weist Hannes, weiterhin ins Telefonat verstrickt, mit ihren großen Augen und einer Bewegung ihres Kopfes den Weg in Richtung Wartebereich. Als Hannes dankend nickt, strahlt ihm erneut ihre Beschwingtheit entgegen.

Mein Gott, denkt Hannes, mit ihrem Leuchten in den Augen den Lichterglanz des Weihnachtsmarkts erleben – *Billiger Kommerz!* ... Mit ihr gemeinsam durch den Schnee stapfen – *Mit eiskalten Füßen und Horden von Menschen! Sehr romantisch!* ... Hannes macht noch einen Versuch: Mit ihr umarmt am Ufer des Sees stehen – *Weiber! Kennste eine, kennste alle ...*

Ist hier irgendwo ein Störsender? Was funkt hier immer dazwischen? Ich wollte das nicht denken. Das waren nicht meine Gedanken. Hannes sitzt etwas verwirrt auf seinem Stuhl.

„Herr Sieberg! Schön, Sie wiederzusehen." Herr Hofacker steht vor ihm. Wortlos gibt Hannes ihm die Hand. Auf dem Weg in das große helle Zimmer mit den wenigen Bildern folgt eine kleine Plauderei. Doch Hannes hört kaum hin. Nickt. Lacht immer mal wieder höflich. Fragt: „Ach ja?". Schlussfolgert: „Interessant." Doch passt es in die Konversation? Er hat keine Ahnung.

„Herr Sieberg, alles in Ordnung bei Ihnen?" Ok, Hofacker hat gemerkt, dass etwas nicht gepasst hat.

Hannes ist vollkommen neben der Spur. Auf einmal wird ihm heiß. Etwas in seiner Brust beengt ihn. Jetzt bereut er, dass er die warmen Winterstiefel angezogen hat. Auf dem Weg hierher war er allerdings froh über die wohlige Wärme an seinen Füßen. Denys Finch Hatton hätte es ebenfalls gefreut – für den armen alten Fuß.

Hannes steht auf. Etwas in seiner Brust beengt ihn. Jetzt weiß er es: Er muss nach Hause. Also ins Heim. Und zwar sofort. „Bitte, entschuldigen Sie, Herr Hofacker. Ich kann Ihnen das jetzt nicht erklären, aber ich muss weg. Es tut mir leid." Herr Hofacker ruft ihm noch etwas hinterher. Doch Hannes hört es schon nicht mehr.

Als er am Empfang vorbeikommt, sieht Angelika ihn an, ein wenig verständnislos, enttäuscht? „Brauchen Sie irgendetwas, Herr Sieberg?" Ihre Stimme ist das einzige, was ihn jetzt noch erreicht. „Ja, ja ...". Hannes stammelt vor sich hin. „Ja, ein Taxi bitte."

„Da ist im Moment leider nicht daran zu denken. Vorhin hat es zu regnen angefangen. Jetzt haben wir Blitzeis. Kam eben im Radio. Auch unsere Putzfrau hat eben angerufen, um Bescheid zu geben, dass man gerade keinen Schritt aus dem Haus gehen und sie deshalb nicht kommen kann. Alles steht im Moment still. Oder schlittert vor sich hin. Tut mir leid. Sie werden doch noch ein wenig hierbleiben müssen. Möchten Sie sich vielleicht etwas hinlegen?"

Nun steht auch Hofacker an der Empfangstheke. „Ja, Herr Sieberg. Möchten Sie sich ein wenig ausruhen?"

„Nein, ich ... Blitzeis ... Kann ich mal telefonieren?"

„Selbstverständlich." Angelika gibt ihm das Telefon.

Eben will er in seinem Notizbuch die Telefonnummer von Georg heraussuchen. Da läutet sein Handy.

„Ja. Hallo. Peer. Sie sind es."

37 Die Decke der Erinnerungen

„Möchten Sie noch ein Glas Wasser?"

Wasser ... Ja ... Wasser ... Ich möchte die Schwäne sehen. Und den Sonnenuntergang.

Hannes sitzt in dem braunen Sessel in Hofackers Besprechungssalon, in dem er schon einmal saß. Nun eingehüllt in eine weiche goldgelbe Decke. Bevor der Psychologe gegangen ist, hat er Hannes noch eine Beruhigungsspritze gegeben.

Seitdem sitzt Hannes hier. Und weint.

„Es tut mir so leid." Angelika streichelt ihm über die Schulter. Dann setzt sie sich in den braunen Sessel gegenüber.

„Wieviel Uhr ist es?"

„Gleich halb sieben."

„Schon so spät ... Bitte entschuldigen Sie. Sie möchten doch auch nach Hause. Und ich halte Sie hier auf."

Angelika schüttelt den Kopf. „Machen Sie sich keine Gedanken. Die Ruhe hier tut Ihnen jetzt gut. Und außerdem: Die Leute schlittern draußen immer noch durch die Gegend. So ein Blitzeis hatten wir schon lange nicht mehr. Ich könnte jetzt gar nicht wegfahren." Sie sieht Hannes mit ihren großen blauen Augen an. Ihre angenehm dunkle Stimme tut ihm gut.

„Bleiben Sie noch ein bisschen hier. Ich bin nebenan und erledige noch ein paar Sachen." Sie nickt ihm lächelnd zu.

Hannes schließt die Augen. Und fängt wieder an zu Schluchzen. Das Schlucken tut ihm weh. Jeder Schluck Luft schmerzt ihn. Er trinkt von dem Wasserglas, das ihm Angelika gebracht hat. Ja, das hilft. Nein, es hilft nicht. Georg. Warum heute? Warum so schnell? Und ich war nicht bei dir.

Noch eine halbe Stunde sitzt Hannes so im Sessel. Weint still vor sich hin.

Er sieht auf den Glastisch neben sich. Die Tiere sind noch immer dort. Wie neulich. Nur heute spiegeln sie sich nicht so klar wie neulich. Eine hauchfeine Staubschicht hat die Glasfläche überzogen. Und die Tiere.

Hannes denkt an die letzten Gespräche mit Georg. Hatte er sie nicht am Schluss wie durch eine hauchfein gewebte Decke erlebt? Wie durch hauchfeine Spinnweben.

Das hauchfeine Gewand. Das geistige Kleid. Hast du es dir angezogen, Georg? Was ist mit unserer Reise nach Italien? Das war ausgemacht! Wir fahren nach Italien, Georg! Du darfst mich jetzt nicht im Stich lassen!

„Herr Sieberg ... Wenn Sie möchten: Ich könnte Sie nach Hause fahren. Also ins Heim. Ich fahre sowieso in die Richtung. Und die Straßen sind jetzt nicht mehr glatt. Kam eben im Radio."

Hannes nickt etwas abwesend.

„Gut. Warten Sie. Ich helfe Ihnen auf."

„Danke. Es geht schon."

„Sie sind jetzt auch müde von der Beruhigungsspritze."

Wortlos steht Hannes auf. Er will die Decke zusammenlegen. Angelika sagt: „Lassen Sie. Ich mach das schon."

„Nein ... Bitte ... Lassen Sie mich die Decke schön zusammenlegen ... Die schöne Decke ... Eine schöne Verpackung ..." Mit jedem Wort wird Hannes' Stimme leiser. *Eine hübsche Verpackung, sie macht unsere Welt schöner – und das kann ihr doch nicht schaden ...* Hannes erinnert sich an diesen Satz von Georg. Das war bei ihrem ersten gemeinsamen Mittagessen in seiner Wohnung. An dem Tag, als er ihm vom Tod seines Bruders erzählt hat. An dem Tag, als er ihn später zusammen mit Marion gesehen hat. Mein Gott. Was war das für ein Tag. Wie verwirrend hat alles begonnen. Von oberflächlichen Verpackungen habe ich mich verwirren lassen. Bis ich endlich mit Statler in der gemütlichen Loge sitzen durfte. Aber nicht lange.

Viele gemeinsame Vorstellungen waren uns nicht vergönnt, Georg. Aber dass wir sie überhaupt gemeinsam erlebt haben, hier, an unserer letzten Wirkungsstätte, dafür bin ich unendlich dankbar. Wer hätte das gedacht?! Der Störenfried, der mich aus meiner einsamen Seitenkapelle herausführte. Mir zeigte, dass es nie zu spät für Freunde ist.

Angelika beobachtet, wie Hannes die Decke ganz langsam, behutsam zusammenlegt. Schließlich legt er sie vorsichtig auf den Sessel. Er hält sie, als sei etwas Zerbrechliches darin eingewickelt. Dann bleibt er vor dem Sessel stehen. Schließlich bückt er sich und legt seine Hand noch einmal ganz vorsichtig auf die Decke.

„Kommen Sie, nehmen Sie die Decke mit."

Hannes dreht, erschrocken, schnell seinen Kopf zu ihr. Er blickt auf den Boden und schließlich wieder auf die Decke. Er nickt.

So behutsam, wie er die Decke abgelegt hat, so habt er sie nun wieder vom Sessel auf. Er hält sie vorsichtig vor seinem Körper.

So verlässt er mit Angelika die Praxis. So steigt er in ihr Auto in der Tiefgarage. So steigt er am Eingangsrondell des Heims aus, dreht sich noch einmal zu Angelika um, geht wortlos am Portier vorbei und setzt sich so in seinen grünen Sessel. „Und jetzt die Graf-Koks-Decke ..." Hannes deckt sich mit Hofackers goldgelber Decke zu. Weinend sagt er noch „Hab keine Angst ... Ich bin bei dir ... Und du bist bei mir ... Schlaf jetzt ...".

38 I will meet you anywhere

Eine Woche nach Georgs Beerdigung sucht Hannes wieder die Nähe zum See. In den vergangenen Tagen war er zwar oft in der Cafébar gewesen, nicht aber am See. Jetzt erst, an diesem späten Nachmittag, hat es für ihn gestimmt. Lino saust immer wieder voller Eifer ins Wasser – und bringt brav die Stöckchen zurück, die Hannes zuvor hineingeworfen hat.

„Ach, Lino. Hab ich das verdient, dass ich hier so ausgelassen mit dir spielen darf?" Hannes streichelt dem Hund über den Kopf. „Du warst bei ihm. Du hast ihn nicht im Stich gelassen. Nur du weißt, wie es genau war an diesem Abend."

Hannes denkt an den Tod des alten Jolyon Forsyte. In seinem Garten. Unter dem alten Baum. Nur sein Hund war bei ihm. Der Tod kam, als der Frieden in sein Leben eingezogen war. Die Versöhnung. Als alte Wunden heilen durften.

Hannes kniet am Seeufer. Die Steine, der Schnee, er spürt es nicht. Lino sitzt an seiner Seite. Beide blicken über die goldgelb und rötlich schimmernde Wasseroberfläche zum anderen Ufer hinüber. Die Sonne verabschiedet sich, doch lässt den Tag zum Ende hin noch einmal leuchten, verwöhnt ihn mit Wärme und Licht.

Georg, hörst du das Lied?

Freude des Himmels und Ruhe des Haines
Atmet die Seel' im errötenden Schein.
Ach, es entschwindet mit tauigem Flügel

Mir auf den wiegenden Wellen die Zeit.
Morgen entschwinde mit schimmerndem Flügel
Wieder wie gestern und heute die Zeit,
Bis ich auf höherem strahlenden Flügel
Selber entschwinde der wechselnden Zeit.

Hannes schließt die Augen. Seine Hand liegt auf Linos Schulter. Das warme rotgelbe Licht strahlt durch seine geschlossenen Augenlider hindurch, ihm ist warm. An diesem kalten Dezembertag. In zwei Tagen ist Weihnachten. Es ist windig. Hannes hat seine Mütze vergessen. Der Wind wirbelt durch sein Haar. Doch ihn friert nicht. Der Wind ist gnädig.

Maßvoll beendet der Tag sein Werk, mäßig geschwind spielt der Wind sein Abendlied. So hat Schubert sein Lied komponiert. „Das maßvolle Tagwerk, Georg. Maßvoll und konzentriert muss der Künstler vorgehen. Erst dann kann ein Fresko gelingen und Bestand haben. Du kommst mit nach Italien! So haben wir's ausgemacht! Das ist unsere Reise."

Zwei Schwäne gleiten auf dem schimmernden Wasser dahin. Der Wind wirbelt sanft durch ihre Federn. Er lässt ihre Flügel leicht werden. Sie spüren den Lufthauch, der sie trägt. Die Flügel werden leichter und immer leichter. Alles wird leichter. Und das Flügelschlagen schließlich schneller. Die Füße der Schwäne, noch ein paarmal berühren sie die Wasseroberfläche. Dann dürfen sie schweben. Endlich.

In den weißen Federn spielt der Wind. Sie flattern, sie zittern und strecken sich. Dürfen sich entfalten in der neuen Dimension. Sie tanzen den Tanz ihrer Befreiung. Ein feierlicher Friede erfasst die vor Freude tanzende weiße Leichtigkeit.

Doch das Weiß unterwirft sich dem Lichterglanz der untergehenden Sonne. Erscheint mal rot, mal gelb, mal golden. Auf dem Wasser spiegeln sich die warmen Farben des Abendrots. Und auch der Schatten der großen Bäume am Ufer findet sich im Lichterspiel des Wassers wieder.

Hannes blickt den entschwindenden Schwänen nach. Von ihrem weißen Gefieder kann er nun nichts mehr erkennen.

Vom fernen Flügelschlagen schickt ihm der Abendhimmel einen feierlich-entrückten schimmernden Glanz. Etwas gleißend Silbernes nimmt Hannes noch war, einen silbernen Abschiedsgruß. Bevor seine angestrengten Augen schließlich am Horizont vergeblich suchen, was einmal war.

Nicht mehr weiß waren die Schwäne, als sie wegflogen, denkt Hannes. Auch nicht grau und auch nicht schwarz. Silbern waren sie. Und leicht. Frei. Der silberne Haarschopf, der immer alles überragt hat. Fein und elegant hat er dein Gesicht gekrönt, Häuptling Silberlocke. Dein Federschmuck war etwas Besonderes. Den hast du mitgenommen. In dein neues Abenteuer.

Hannes denkt an Johnny Cashs Zeilen in *Ain't no grave*:

Meet me, Jesus, in the middle of the air
And if these wings don't fail me
I will meet you anywhere.

Und der zweite Schwan, Georg? War es dein Bruder? Vielleicht hat er dich abgeholt. Und dir die Angst genommen.

Hannes kniet noch immer am Ufer. Er lässt den Kopf hängen, er weint. Lino legt seine Schnauze auf sein Bein. „Ach, Lino … Wir zwei … Wir bleiben zurück …"

Georg, jetzt bist du erlöst. Weg ist er, der Schrank, in den dich deine Mutter gesperrt und der dir die Weite genommen hat. Weg ist der Körper, der dich geschmerzt hat. Und die ruhelose Seele deiner Mutter – auch sie wird in Licht und Liebe aufgenommen worden sein. Mit ihrem letzten Atemzug, den sie schließlich hergeben musste, hat sie einen Hauch in die Ewigkeit getan.

Noch immer laufen Tränen über Hannes' Gesicht. In seiner Manteltasche sucht er nach einem Taschentuch. Dabei zieht er auch das Faltblatt heraus, das er für den Besuch der Katharinenkirche eingesteckt hatte. Er schlägt es auf.

Neben der Beschreibung der Fresken mit den sieben Erzengeln gibt es noch einen Text mit der Überschrift *Fürchte dich nicht. Ich habe dich erlöst (Jes 43,1)*. Hannes liest ihn. Im Zusammenhang mit der Unsterblichkeit der Seele steht hier: *Das Wort für Seele ist im Lateinischen „anima". Doch es hat noch weitere Bedeutungen: Geist, Leben, Gemüt, Hauch, Lufthauch, Lebenskraft und Atem.*

Hannes lässt die Hand, mit der er das Faltblatt hält, sinken. Sie landet auf Linos Kopf, der auf seinem Bein liegt.

„Ja, Lino", Hannes streichelt den kleinen schwarzen Kopf. „Der Atem … Mit ihm sind wir mit allem verbunden … Immer … In allen Dimensionen … Die Lebenden und die Toten."

Wo ist denn mein Gedicht, denkt Hannes. Er hatte es Georg einmal im Café gezeigt. *Ich bin die tausend Winde, die wehen. Ich bin das Glitzern auf dem Schnee.* Doch das Blatt mit dem Gedicht ist in einer anderen Jacke.

39 Der betet gut, wer Liebe hegt – für Vogel, Mensch und Tier

Weizmann. Auf welcher Klingel steht denn der Name? Hannes muss seine Lesebrille aufsetzen. Die Sprechanlage knackt genauso wie damals bei Olga, denkt er sich. „Hannes?" „Ja, ich bin's." „Ich komm gleich runter."

Am liebsten möchte Hannes über das *z* von *Weizmann* auf dem Klingelschild ein *ß* kleben! Schließlich hab ich sie als *Frau Weiß* kennengelernt ... Da kommt sie. Und küsst Hannes auf den Mund. „Na, wie war's gestern Abend noch im Heim? Hast du dich wohlgefühlt?"

„Ich hätte niemals gedacht, dass ich das sagen würde, Angelika. Aber ja, es war schön. Gemütlich und feierlich. Frau Kelch hat nachmittags noch eine Weihnachtsgeschichte vorgelesen. Das war, wie damals in der Schule, am letzten Tag vor den Weihnachtsferien. Und das Essen, ja, nicht überwältigend, aber in Ordnung. Und die Tische waren so festlich und liebevoll geschmückt. Tja, mein erster Heiliger Abend im Altersheim ..."

Hannes folgt Angelika zu ihrem Auto. Er sagt: „Ob deine Lieblingsfarbe wohl Lila ist?" Sie dreht sich um – in ihrem hellbeigen Wintermantel. Und den weißen Moonboots. Sie sagt: „Knapp daneben. Giftgrün!" Er denkt: Da gehe ich jetzt einfach neben dieser wunderbaren Frau her. Einfach so. Vor kurzem schien sie noch so unerreichbar. Und jetzt küssen wir uns schon auf den Mund. Er nimmt auf dem Beifahrersitz Platz. „Und bei dir?" „Bei uns war es wie die letzten Jahre auch.

Meine Söhne haben mit mir mittags den Weihnachtsbaum geschmückt und das Fondue vorbereitet. Später sind sie dann zu ihren Freundinnen gefahren und abends mit ihnen wieder zu mir gekommen. Dann gab's gemeinsame Bescherung. Es ist schön, zwei erwachsene Söhne zu haben ..."

„... und vor allem, dass Ihr euch so gut versteht ..." Hannes denkt: Es wäre auch schön, zwei Enkelsöhne zu haben. Und ich habe sie auch noch ...!

„Das stimmt. Und jetzt, wo mit ... also mit meinem ... ehemaligen ... Lebensgefährten endgültig Schluss ist ... Es ging ja schon lange hin und her, mal waren wir zusammen, dann wieder nicht ..." – Angelika dreht ihren Kopf beim Fahren kurz zu Hannes und sieht ihn dabei kurz und intensiv an – „... jetzt ist mein Verhältnis mit den Kindern noch entspannter."

„Waren deine Söhne eifersüchtig?"

„Sie waren oft in Sorge um mich. Ob er mir wirklich gut tut, mich gut behandelt und so. Als alleinerziehende Mutter hat man schon ein sehr enges Verhältnis zu seinen Kindern. Ein neuer Partner steht da schnell im Abseits. Die Kinder sind immer die Nummer eins für eine Mutter. Und das sollten sie auch sein. Dass sie sich so viele Sorgen um mich gemacht haben, das tut mir sehr leid. Ich wollte das nicht und hatte mein Leben auch ganz gut im Griff. Aber natürlich war ich oft überfordert. Und das haben sie gespürt."

Hannes nickt nachdenklich. Alleinerziehend mit zwei Söhnen. Die Frau hat ganz schön was hinter sich.

Was hat es Eva schön gehabt dagegen. Musste nie arbeiten. Keine Boutique war vor ihren Jagdzügen nach neuen Pfauenfedern sicher ...

„Tja, und jetzt sind sie erwachsen und führen ihr eigenes Leben. Und ich hab ... na ja, ich hab jetzt neue Freiheiten ..."

Hannes legt seine Hand kurz auf Angelikas rechten Oberschenkel. Und sieht sie an.

„Es ist verboten, den Fahrer bei der Fahrt anzusprechen … abzulenken … anzufassen …" flötet es in sein linkes Ohr.

Hannes küsst sie auf die Wange. „Dass man den Fahrer nicht küssen darf, hab ich noch nirgends gelesen."

„Herr Sieberg …" „Ich dachte, wir sind per Du …" „Dann Duberg" … „Ja, ich Berg ich …" „Die Frau, die Berge versetzt …" „Hab ich ein Glück, dass du mich nicht versetzt hast …" „Dich versetzen? Ein Date ausmachen und dann nicht da sein, meinst du? Das können wir ja das nächste Mal probieren." „Untersteh dich." „Was blüht mir denn, wenn ich's doch mal tue?" „Du tust es einfach nicht. Und was dir blühen würde? Das bleibt eine Überraschung. Und du erfährst es erst, wenn wir einmal allein sind."

Beide blicken etwas verlegen aus dem Autofenster. Hannes fährt nun mit Angelika die Strecke zurück, die er vorhin mit dem Taxi in die Stadt gefahren ist. Zur Weihnachtsmesse. Er saß in der Kirchenbank, in der er damals mit Georg saß. Gleich unter dem Fresko mit den sieben Erzengeln.

„Da vorne musst du rechts". „Danke, aber ich kenne den Weg, Hannes. Obwohl ich hier noch nie beim Essen war. Es war mir … ehrlich gesagt … immer zu teuer …" „Ich war bisher auch nur einmal hier", meint Hannes. „Das Restaurant besuchen immer sehr viele Leute, die im Heim wohnen. Daher bin ich immer lieber in das kleine Café auf der anderen Uferseite." „Du bist den anderen also eher aus dem Weg gegangen?" „Wenn ich ehrlich sein soll, ja …" „Und trotzdem wolltest du heute hier essen? Am Weihnachtsfeiertag werden sicher auch viele vom Heim da sein." „Ja, ich wollte es. Ich wollte diesen Feiertag mit dir an einem besonderen Ort verbringen. Hier am See. Und außerdem … außerdem habe ich inzwischen gemerkt, dass … ja … dass die Leute im Heim viel netter sind, als ich dachte … Was heißt nett … Ich meine … man kann mit vielen von ihnen richtig gut reden."

Angelika sieht ihn mit hochgezogenen Augenbrauen an. Fast so, wie Georg das immer gemacht hat, denkt Hannes. „Ja, das hast du mir erzählt. Wie sehr sie Anteil genommen haben an deinem Schmerz. Nach dem Tod deines Freundes. Wer in einem Altersheim lebt, der hat ja auch schon einiges in seinem Leben meistern und so manchen Schmerz aushalten müssen. Wer sowas selbst erlebt hat, kann dann auch Worte finden, die einem Trauernden wirklich helfen, die ein echter Trost sind."

„Ja. Und heute tut es mir leid, dass ich viele im Heim so lange nicht an mich rangelassen habe. Irgendwie ... aber das hab ich dir ja schon erzählt ... irgendwie brauchte ich die Zeit für mich ... Und oft war mir das Gerede in der Menge einfach zu viel."

„Das kann ich schon verstehen. Manche Worte werden massenweise und gedankenlos in die Welt geschickt. Das geht uns doch allen mal so, dass uns das nervt. Das ist im Büro so, in der Schule, überall, wo Menschen zusammenkommen. Oft ist es einem zu viel, sich wirklich in jemanden reinzudenken und ihm einen Satz zu schenken, der von Herzen kommt. Da ist es dann oft besser, nichts zu sagen, als etwas Gedankenloses. Jeder ist eben mit sich und seiner kleinen Welt beschäftigt ... Aber du hast mir doch erzählt, dass du jetzt mit anderen Leuten an einem neuen Tisch sitzt."

„Ja. Das hat sich in den letzten Tagen so ergeben. Als ich mal wieder auf meinen einsamen Tisch am Fenster zusteuern wollte und ich sah, dass bei einem netten alten Herrn noch alle Stühle frei waren – da hab ich einfach gefragt, ob ich mich zu ihm setzen darf. Und seitdem sitze ich dort regelmäßig."

„Na, das ist doch schön, Hannes."

Hannes nickt. „Aber jetzt mal rein mit uns in die gute Stube!"

Das Lokal ist gar nicht so voll, wie Hannes vermutet hat. Weihnachten ist eben doch ein Familienfest, denkt er. Ein Kellner führt die beiden an einen sehr schönen Tisch in der ersten Reihe, von dem aus man direkt auf den See blickt. Auf dem Tisch steht ein großer Blumenstrauß aus Tannenzweigen, Amaryllis und kleinen goldenen Weihnachtskugeln. Hannes hatte bei der Reservierung des Tisches auch den Blumenstrauß bestellt – ein kleines Weihnachtskunstwerk soll es sein, sagte er dem Kellner. Und so eines steht nun da.

„Wunderbar." Hannes nickt dem Kellner zu. Angelika sieht auf den Blumenstrauß und anschließend in Hannes Augen. Ihr lächelnder Blick sagt Danke.

Der Kellner nimmt den beiden die Mäntel ab. Angelika und Hannes nehmen gegenüber voneinander Platz. Für Hannes liegt der See zur Linken, für Angelika zur Rechten. Warum war ich eigentlich nie mit Georg hier, fragt sich Hannes. Das hätte doch Graf Koks gefallen. Die Zeit war eben viel zu kurz.

Inzwischen hat der Kellner die Speisekarten gebracht. „Sieh dir das an: Die haben hier einen veganen Weihnachtsbraten!"

„Tatsächlich?" Hannes steckt seine Nase noch tiefer in die Karte. „Ah … Aus Getreideschrot steht hier … Pikant gewürzt … in Rotweinsauce … mit Knödeln und Blaukraut … Klingt toll. Den nehme ich."

„Ich auch. Wollen wir vorneweg noch eine Suppe nehmen? Es gibt eine Kürbissuppe mit Cashewmilch."

„Ein Edelitaliener mit so viel veganen Gerichten … Wenn ich das früher gewusst hätte …"

„… wärst du trotzdem lieber in das kleine Café am anderen Ufer gegangen." Durch ihre Lesebrille sieht Angelika lächelnd und ein bisschen provokant von der Speisekarte zu ihm auf.

Hannes ergibt sich: „Da hast du mal wieder ins Schwarze getroffen, Frau Weiß äh Weizmann!"

Nachdem Sie bestellt haben, blicken sie zufrieden auf den See hinaus.

„Ist doch ein ganz anderes Gefühl, wenn man keine Tiere mehr isst, nicht, Angelika?"

Angelika nickt. „Ja, das fühlt sich nach Frieden an. Und nach Bescheidenheit. Einer gesunden Bescheidenheit. Wir haben ohnehin alles im Überfluss. Auch so manche Pfunde ..." Nun sieht sie unter ihrer Lesebrille nach unten, auf ihre, von Hannes so bewunderte, gut gefüllte – Bluse. Sie nimmt die Brille ab und legt sie in das Etui, das vor ihr auf dem Tisch liegt. „Kennst du den Film *Jenseits von Afrika*, Hannes?" „Denys Finch Hatton?" „Ja, genau!"

„Es gibt kein Gedicht für den armen alten Fuß ...". Zufrieden lächelnd blickt Hannes auf den See. Ist das schön, wenn man sich mit einem Menschen unterhält – und beide in dem Gespräch die gleichen Bilder vor Augen haben. Und die gleichen Worte im Gedächtnis. Was für eine wunderbare Verbindung. Mit Eva hatte er das nicht. Da fällt ihm ein, neulich, als er mit Lino am See war, da hat er nur an Georg gedacht. Nicht an Eva. Zum ersten Mal nicht an Eva. Wo er sie doch sonst immer dort besuchte und mit ihr sprach. Seit er versucht, das Gewirr seiner Familiengeschichte zu entflechten, hat er sich von ihr entfernt. Von dem Pfau, der die anderen immer überstrahlen wollte mit seiner Schönheit. Und der auch das Kind, das im Schatten aufwachsen musste, überstrahlte. Wie konnte sie so selbstverliebt sein – und er so blind.

Der Kellner bringt beiden den bestellten Aperitif: Zwei Gläser Champagner.

„Frohe Weihnachten, liebe Angelika. Schön, dass du mit mir hier bist."

„Frohe Weihnachten, lieber Hannes. Ich freu mich auch. Und ich danke dir für die Einladung."

„Mmhh, der ist gut. Ich kenne mich zwar da nicht aus. Aber er schmeckt mir. Er ist nicht so süß ..." Angelika stellt das Glas vor sich auf den Tisch. „Weißt du, ich bin eine einfache Frau."

Hannes stellt sein Glas ebenfalls vor sich ab. „Eine einfache Frau ... Und ich bin ein einfacher Mann. Wir sind einfache Menschen. Einfach nur Menschen ..." Er blickt wieder nach links auf den See. „Angefangen habe ich als Automechaniker.

Und was man im Laufe seines Lebens so anhäuft – Geldscheine, Zeugnisse, Zertifikate, edle Klamotten – was ist das schon? Alles vergänglich, oberflächlich. Vielfältige Erscheinungsformen menschlicher Eitelkeit und Selbstüberschätzung."

„Aber diese oberflächlichen Dinge, denen man hinterherjagt, halten die Welt auch am Laufen."

Hannes nickt. „Du hast Recht. Natürlich. Das ist eben der abgeklärte und resignierte Blick eines alten Mannes."

Angelika nimmt noch einmal einen Schluck Champagner. „Weißt du, welcher Satz mir besonders gut gefällt in *Jenseits von Afrika*? Als Karen Blixen ihren Diener fragt, wie es ihm gehe und er antwortet: *Es geht mir gut genug.*"

Hannes nickt nachdenklich. „Ja, aber da muss man erst mal hinkommen. Dass man nicht mehr dem Höher, Schneller, Weiter hinterherjagt."

„Tja, wir leben in einer Leistungsgesellschaft …"

„… in der immer mehr Menschen nicht mehr mithalten können … Weil es krank macht … Aber wem sag ich das: Das bekommst du ja jeden Tag in eurer Praxis mit …"

Angelika nickt bestätigend. „Manchmal denke ich, den Menschen fehlt die körperliche Arbeit. Viele sind so verkopft, dass sie die natürlichsten Dinge nicht mehr wahrnehmen oder sich gar nicht mehr an ihnen erfreuen können. Und sie auch gar nicht mehr respektieren. Die Natur und die Tiere zum Beispiel."

Sie bekommen die Vorspeisen serviert. Angelika die Suppe. Hannes einen Salat.

„Was ich vorhin noch zu *Jenseits von Afrika* sagen wollte: Denys Finch Hatton, also Robert Redford, zitiert doch an einer Stelle ein paar Verse von der *Ballade vom alten Seemann*. Erinnerst du dich?"

„Der betet gut, wer Liebe hegt ..." Hannes weiß sofort, welche Stelle im Film Angelika meint.

„Ich kenne ein paar Strophen auswendig. Darf ich sie dir aufsagen?"

„Aber sehr gerne. Unbedingt."

„Es geht ja in der Ballade darum, dass ein Seemann einfach so einen Albatros mit seiner Armbrust erschießt ...

Harmlosen Vogels Herzblut trank
Sein grausam Pfeilgeschoss
Der Geist im Schnee- und Nebelland
War hold dem Albatros
Und auch der Vogel liebte den
Der grausam ihn erschoss"

„Das geht einem selber voll ins Herz ..."

„Es kommen dazwischen noch andere Strophen ... Aber dann geht es so weiter:

Der betet gut, wer Liebe hegt
Für Vogel, Mensch und Tier
Der betet gut, wer Liebe hegt
Für alle, groß und klein
Gott, der uns schuf, der liebt uns all,
Will allen Vater sein"

Hannes seufzt. Er sieht Angelika an, wie sie vorsichtig die heiße Suppe löffelt. Und sie sichtlich genießt. So ein Geschenk. Georg, an deinem Todestag hat der Himmel mir diese Frau geschenkt. Hast du da deine Finger mit im Spiel? Hast du sie mir geschickt? Damit ich nicht alleine bin? Du bist gegangen, sie ist gekommen.

Die beiden genießen die Vorspeise. Danach den veganen Weihnachtsbraten, ein Dessert und später noch Kaffee.

„Machen wir noch einen kleinen Spaziergang?" Hannes klappt die Mappe mit der Rechnung und den Geldscheinen zu und legt sie vor sich auf den Tisch. Angelika ist einverstanden. Einer der Kellner bringt die beiden Mäntel.

Beim Hinausgehen lächelt Hannes ein bekanntes Gesicht entgegen. „Herr Sieberg! Schön, Sie zu sehen!" Hannes geht auf den Tisch zu, an dem Herr Gutjahr sitzt. „Einen Moment noch, Angelika." Angelika nickt und geht, mit ein wenig Abstand, hinter Hannes her. „Ja, Herr Gutjahr. Ich wünsche Ihnen noch Frohe Weihnachten. Wir haben uns in den letzten Tagen gar nicht gesehen." „Ja, es geht mir gerade nicht so gut. Ich esse im Moment in meinem Zimmer und nicht im Speisesaal. Außer heute. Heute führt mich meine Familie aus." Hannes blickt in die kleine Runde an Herrn Gutjahrs Tisch. „Meine jüngste und meine älteste Tochter. Und mein Enkel Jakob." Freundliches Nicken, Weihnachtswünsche, Wünsche für einen guten Appetit, gute Wünsche fürs neue Jahr.

Auch Angelika nickt freundlich in die Runde. „Darf ich vorstellen: Angelika Weizmann. Und mein lieber Mitbewohner Herr Gutjahr. Und seine Familie."

„Sehr erfreut, Frau Weizmann." Herr Gutjahr wirft einen freundlich-interessierten Blick auf Angelika. Seine Stimme ist schwach, aber seine Augen leuchten lebhaft. „Auch Ihnen noch einen schönen Weihnachtstag und ein Jahr, das so werden soll, wie ich heiße!" Alle lachen kurz auf. Kurz darauf gehen Hannes und Angelika durch die Eingangstür nach draußen.

„Jetzt war ich Zeuge deiner neuen Geselligkeit!"

Hannes nickt. „Und es hat gar nicht weh getan ... Wollen wir noch zum See runterspazieren?"

Vom Restaurant ist man in zwei Minuten am Seeufer. Rollatorfreundlich, denkt Hannes. Angelika hat sich zunächst bei ihm untergehakt. Nun legt er seinen rechten Arm um ihre Schulter. Sie sehen sich an. Sie bleiben stehen. Hannes spürt Angelikas zarte Haut auf seinen Wangen, ihren Atem, ihr weiches Haar. Sie küssen sich.

Hannes wird es heiß und kalt. Er fühlt sich wie damals, in seiner schwarzen Lederjacke. Mit dem Moped ist er zum Rendezvous gefahren. Es ist Sommer, endlich hält er seine große Liebe in den Armen. Ich heiße Hannes Lindemann, bin 17 Jahre und heirate demnächst das schönste Mädchen von unserem Schulhof. Alle meine Kumpels haben ein Auge auf sie geworfen. Aber wen hat sie genommen: Mich einfachen Kfz-Mechaniker mit den ölverschmierten Händen.

Genauso verlegen und verliebt wie zwei 17-Jährige sehen sich die beiden nach dem Kuss in die Augen. Sie nehmen sich an den Händen und spazieren am Seeufer entlang, in Richtung des Seecafés.

Hannes hört, wie Angelika ein paarmal tief ein- und ausatmet. Wie ich, denkt er. Sie saugt das Leben genau so dankbar und intensiv ein, wie ich es immer tue.

„Ich war lange nicht mehr hier." Angelika bleibt stehen und hält ihr Gesicht mit geschlossenen Augen der warmen Wintersonne hin. „Als die Kinder klein waren, sind wir oft an dem Spielplatz da hinten", sie dreht sich kurz um, „gewesen. Ich weiß gar nicht, ob es den überhaupt noch gibt. Danach war ich nur noch ganz selten hier. Nur einmal ..." Angelika hört plötzlich auf zu sprechen.

„Ja?" Hannes sieht sie fragend an. „Einmal?"

„Einmal ... Wir kennen uns erst so kurz, Hannes, und trotzdem möchte ich dir das gerne sagen. Einmal, da war ich 37, bin ich hier in einem Zustand gewesen, den du dir vermutlich nicht vorstellen kannst."

Hannes möchte witzig sein und sagt: „Betrunken? Beschwipst?"

Angelika schüttelt wortlos den Kopf. „Ach, ist nicht so wichtig. Ich erzähle es dir vielleicht ein andermal." Sie klingt ein wenig enttäuscht.

„Bitte entschuldige. Das war blöd von mir. Du wolltest mir etwas sehr Nachdenkliches sagen, das spüre ich jetzt. Wenn dir danach ist, kannst du es mir ja erzählen." Nach einer kurzen Pause ergänzt er: „Manchmal rolle ich über andere drüber und merke es gar nicht ..."

Angelika bleibt stehen. Sie sieht ihn fragend an. „Wie meinst du das?"

Hannes schüttelt den Kopf. „Das war ein Zitat. Ich habe mich gerade daran erinnert, dass ich Georg – das war auch am Anfang unserer Freundschaft – einmal etwas Nachdenkliches erzählen wollte. Und er hat es nicht gemerkt. Er ist, ohne es zu merken und zu wollen, einfach oberflächlich darüber hinweggegangen. Und als er gemerkt hat, dass ich enttäuscht war, hat er diesen Satz gesagt: Manchmal rolle ich über andere drüber und merke es gar nicht ...

Angelika zieht versöhnlich die Mundwinkel nach oben. Sie blickt über den See. Sie hakt sich wieder bei Hannes unter und sie gehen ein Stück weiter am Ufer entlang.

Kurz danach bleibt sie stehen. Sie sieht wieder in die goldene Wintersonne. Wieder mit geschlossenen Augen. „Einmal, da stand ich hier, und sagte Danke für jeden Hauch, den meine Lungen geschenkt bekamen. Für jeden Hauch, Hannes."

„Was war damals passiert?"

„Man hatte bei mir eine Lungenfibrose festgestellt. Ich hatte jahrelang damit zu kämpfen. Habe kaum mehr Luft bekommen. Meine Fingerspitzen färbten sich blau. Es war furchtbar."

„Und das Ganze als alleinerziehende Mutter von zwei Söhnen ..."

„Das kann sich niemand vorstellen, was da in einer Mutter vorgeht. Ich hatte schon alles durchgespielt und aufgeschrieben. Für den Fall, dass ich sterbe. War schon beim

Notar, um alles zu verfügen, was für meine Kinder wichtig sein würde. Kennst du den Film *Mein Leben ohne mich*?"

"*Mein Leben ohne mich*? Nein, kenn ich nicht." Was für ein wunderbarer Titel, denkt Hannes. Sich verabschieden und sich gleichzeitig zurücklassen. Sich selbst verschenken. Ich überlasse euch meine Lebensspur. Ich steige aus dem Skilift aus, nehmt meine Spur. Wenn Ihr das wollt. Aber biegt ab, wenn euch danach ist. Findet die Spur, die Abfahrt und den Lift, wo es euch hinzieht. Und vor allem: Genießt das Gleiten auf dem Schnee. Das Glitzern auf dem Schnee.

"Hannes? Hörst du mir noch zu?" Angelika sieht ihn fragend an. Hannes sieht sie mit großen Augen an und nickt. "Das ist ein spanischer Film. Darin geht es um eine junge Frau, die erfährt, dass sie Krebs hat und nur noch ein paar Monate zu leben hat. Sie ist verheiratet und hat zwei kleine Töchter. Sie erzählt niemandem von ihrer Krankheit. Sie schreibt eine Liste mit Dingen, die sie noch erleben und erledigen möchte. Unter anderem sucht sie eine neue Frau für ihren Mann und bespricht Kassetten für ihre beiden Kinder – für ihre Geburtstage, bis sie 18 Jahre alt sind."

Hannes nickt wortlos. Dann sagt er: "Sehr berührend. Wahnsinn."

"Ja, und bei mir war es ähnlich. Aber ich hatte Glück: Als ich alles geregelt hatte und bereit war, dem Tod entgegenzugehen, da kam ein Anruf von der Klinik. Ich solle sofort kommen. Es gebe einen Spender für einen Lungenflügel."

"Du hast eine Lungentransplantation hinter dir?" Hannes sieht sie mit großen Augen an.

Angelika nickt.

"Und du warst damals 37?"

Angelika nickt.

„Und es ist alles gut gegangen? Du lebst seitdem damit?"

„Ich lebe und atme damit." Sie lächelt ihn an. Die beiden gehen weiter. „Und ich führe seitdem mein zweites Leben. Ein sehr dankbares und intensives." Sie atmet dankbar und intensiv, denkt Hannes. Das ist mir vorhin schon aufgefallen.

„Ich habe einmal einen schönen Spruch gelesen: *Das zweite Leben fängt dann an, wenn man merkt, dass man nur eines hat.*"

„Genauso ist es." Angelika lächelt ihn an. „Und mein Leben lebe ich nun schon … Warte, ich bin jetzt 62, also … seit 25 Jahren."

„Man kann eine ganze Lunge verpflanzen?"

„Ich habe eine halbe Lunge bekommen, also, einen Lungenflügel. Man könnte auch eine ganze Lunge transplantieren. Aber es gibt viel zu wenige Organspender. Daher muss man sparen. Und teilen. Die zweite Hälfte der Spenderlunge hat jemand anders bekommen."

„Da hat also jemand sein Leben gegeben und dafür zwei Leben gerettet." Hannes sieht nachdenklich auf das Wasser. Er denkt an Georg und dessen Bruder.

Angelika und Hannes gehen umarmt weiter am Ufer entlang. Gleich sind sie am Café. „Ich glaube, jetzt drehen wir wieder um", meint Hannes.

Ein Lungenflügel. Der Atem und die Leichtigkeit. Das Wort Lungenflügel ist ein schönes Wort. Flügel ist ein schönes Wort. Der Atem kann fliegen.

Hannes lässt noch einmal seinen Blick über den See schweifen. Heute ist kein Schwan zu sehen. Die denken sich wohl: Die haben jetzt so viel über Flügel gesprochen. Da fliegen wir heute mal woanders hin. Irgendwohin, wo schwere Gedanken ein bisschen Leichtigkeit vertragen können.

„Angelika, kannst du Skifahren?"

40 Ain't no Grave

Angelika hat ihn zum Heim heraufgefahren. Sie haben sich im Auto verabschiedet und für morgen verabredet.

Natürlich würde er gerne einmal ganz allein mit ihr sein. Zweimal hat sie ihn schon in seinem Zimmer besucht. In ihrer Wohnung war er noch nicht. Es ist noch zu früh.

Die Trauer um Georg. Die Traurigkeit um Eva und Marion. Wenn Angelika nicht wäre, würde er sich nun wieder zurückziehen. In sein altes Muster. An seine alten Fensterplätze.

Hannes steht an seiner Terrassentür und blickt hinunter auf den See. Du eindrucksvolle Zypresse, du schillernder Mafioso, du eleganter schwarzer Mann. Schwarz hast du mir am besten gefallen.

Dann dreht er sich um und denkt: Ich habe ja noch einen *Man in Black* hier. Er legt eine CD in seinen CD-Player.

There ain't no grave
Gonna hold my body down
There ain't no grave
Gonna hold my body down

When I hear that trumpet sound
I'm gonna rise up out of the ground
Ain't no grave
Gonna hold my body down

Well, look way down the river
And what do you think I see
I see a band of angels
And they're coming after me

Ain't no grave
Can hold my body down
There ain't no grave
Can hold my body down

Well, look down yonder, Gabriel
Put your feet on the land and sea
But Gabriel, don't you blow your trumpet
Until you hear from me

There ain't no grave
Can hold my body down
Ain't no grave
Can hold my body down

Well meet me, Jesus, meet me
Meet me in the middle of the air
And if these wings don't fail me,
I will meet you anywhere

Ain't no grave
Can hold my body down
There ain't no grave
Can hold my body down

Well meet me, Mother and Father,
Meet me down the river road
And Mama, you know that I'll be there
When I check in my load

Ain't no grave
Can hold my body down
There ain't no grave
Can hold my body down
There ain't no grave
Can hold my body down

Ja, Georg. Ich werde beherzigen, was in meinem Gedicht stand: Ich werde nicht weinend an deinem Grabe stehen. Dort werde ich nicht weinen. Aber manchmal kann ich es vielleicht nicht zurückhalten. Es sind die Tropfen aus unserem See.

Und hast du gehört? Gabriel, einer unserer Erzengel-Freunde aus der Katharinenkirche, der kommt auch vor in dem Lied.

Well, look down yonder, Gabriel
Put your feet on the land and sea

Was ist jetzt eigentlich mit dem Dom von Orvieto? Muss ich den jetzt allein besichtigen?! Du lässt mich ganz schön im Stich! Die Fresken von Luca Signorelli, die wollte ich dir unbedingt zeigen – wo du doch so gern mit mir in Kirchen gehst! Hannes lacht leise vor sich hin.

Über das Jüngste Gericht kannst du dich ja jetzt mit Johnny Cash unterhalten. Eines seiner letzten Stücke handelt davon. Warte, ich spiel's dir vor:

There's a man going around taking names
And he decides who to free and who to blame
Everybody won't be treated all the same
There will be a golden ladder reaching down
When the man comes around

Wieder und wieder hört Hannes dieses Lied. Immer wieder drückt er auf die Wiederholungstaste des CD-Players. Bis er irgendwann die Dauer-Repeat-Taste aktiviert. Er legt sich auf den Teppich. Den gereinigten. Doch noch immer mit viel Erinnerung gefüllten. Hannes schließt die Augen. Er sieht sein altes Tonbandgerät vor sich. Die für heutige Verhältnisse riesigen Tasten. Er erinnert sich, dass Marion, als sie klein war, auch einmal die Play-Taste drücken wollte. Mit ihren Kinderfingerchen schaffte sie es nicht. Es brauchte schon etwas Stabiles und Robustes, das der Taste Herr wurde. Wo sind die Jahre hin, Hannes.

Eva.

Ain't no grave. Auch nicht für eitle Pfauen. Ja, entschuldige. Ich bin enttäuscht von dir. Ich muss dir das leider so sagen.

Morgen rufe ich Marion an.

Gute Nacht, Georg. Gute Nacht, Eva.

Träum schön, liebe Angelika.

41 Der Anfang vor dem Ende

„Marion?" - „Vati!" - „Wie geht es dir, mein Kind?"- „Gut, Vati. Danke. Ist bei dir auch alles ok?" - Ja, alles ok soweit. Die Tage zwischen Weihnachten und Silvester sind für mich ja immer etwas Besonderes. Das weißt du ja. Da bin ich noch melancholischer als ich es sonst schon bin." - „Ja, Vati, ich weiß … Wie verbringst du denn so deine Tage? Gehst du immer noch mit Lino spazieren?" - „Ja, ab und zu. Er ist jetzt viel bei Peer und seiner Freundin." - „Und das funktioniert? Ich meine, wo doch Olga die Ex von Peer ist …" - „Es scheint zu funktionieren …" - „Und was machst du sonst so? Fühlst du dich sehr einsam? Ich meine, jetzt, wo Georg nicht mehr da ist …" - „Manchmal schon. Er fehlt mir sehr. Und du? Was macht deine Weiterbildung?" - „Die gefällt mir gut. Und ich fühl mich wohl mit den anderen in meinem Kurs. Für viele ist es der Einstieg in ein neues Leben. Da bin ich nicht die einzige gescheiterte Existenz … Wobei ich niemandem erzählt habe, wie genau ich vorher gelebt habe … Ich habe gesagt, ich war Kellnerin in verschiedenen Diskotheken und dass mir das zu stressig geworden ist … Vor ein paar Tagen war ich übrigens mit Tante Marga auf dem Friedhof. Wir haben ein schönes Weihnachtsgesteck auf Muttis Grab." - „Das ist schön, dass Ihr daran gedacht habt. Ich habe es dieses Jahr nicht geschafft, etwas zu organisieren." - „Marga war etwas enttäuscht, dass du dich so wenig ums Grab kümmerst." - „Mein Gott, ich wohne 200 Kilometer entfernt. Wie soll ich mich da groß drum kümmern?!" - „Na ja, du könntest ja auch mal in einer Gärtnerei anrufen und etwas in Auftrag geben …" - „Ach, immer dieses Getue mit den Gräbern. Das bringt den Verstorbenen doch nichts mehr! Das ist doch nur eine Alibi-

Pilgerstätte für die Familie. Ein Ort, wo man viel bereut, was man zu Lebzeiten nicht gemacht hat. Oder ein Ort, wo man sich mit dem eigenen bevorstehenden Tod auseinandersetzt." - „Warum bist du jetzt auf einmal so genervt, Vati?" - „Ich bin nicht genervt. Ich ... Mich nervt .... dass man an den Gräbern immer so tut, als seien die Verstorbenen die allerliebsten Menschen gewesen, die allerheiligsten ... Als sei alles immer wunderbar gewesen ..."

Marion schweigt.

„Verstehst du, was ich meine, Marion?" - „Nicht so ganz, wenn ich ehrlich bin ..."

Nun schweigt Hannes. Jetzt hab ich mich da aber ganz schön reingesteigert, denkt er sich.

„Marion ... Du hast schon Recht. Und Marga hat auch Recht. Ich ... ich hätte mich wirklich mehr um Muttis Grab kümmern sollen ... Das tut mir jetzt leid ... Ich werde bei einer Gärtnerei anrufen. Die sollen das Grab mehrmals im Jahr schön bepflanzen." - „Da hat sich Marga aber jetzt schon darum gekümmert. Sie wollte ebenfalls eine Gärtnerei beauftragen. Darüber solltest du vielleicht mal mit ihr sprechen." - „Mit Marga sprechen? Wie du weißt, haben wir nicht den allerbesten Draht zueinander." - „Das weiß ich, Vati. Aber ich mag sie gerne. Sie hat mir oft geholfen. Und nicht nur mit Geld, wie du vielleicht meinst. Ich konnte sie immer anrufen, wenn es mir nicht gut ging. Sie hat mir immer zugehört."

Hannes seufzt. „In Ordnung. Ich werde sie anrufen. Und dann sprechen wir über das Grab." - „Ja, mach das Vati. Im neuen Jahr besuche ich dich wieder." - „Das wäre schön, Marion ... Was ich dich noch fragen wollte: Wie geht es eigentlich deinen beiden Jungen?"

Marion schweigt.

„Ich weiß ... Ich habe nie nach ihnen gefragt ... Aber ... ja ... ich hoffe, dass es ihnen gut geht ... Und ..."

„Vati. Die beiden sind zehn und zwölf Jahre alt. Sie gehen ihren Weg. Mach dir keine Sorgen."

Langsam beruhigt sich Hannes. Er atmet noch etwas schwer. Dann verabschieden sich die beiden.

Als er aufgelegt hat, blickt er eine Weile durch seine Terrassentür auf den See. Dann holt er sein Adressbuch.

„Hallo?" - „Grüß dich, Marga. Nicht erschrecken. Hier ist Hannes."

Die dunkle Stimme am anderen Ende der Telefonleitung ist ruhig und gefasst wie immer. Stets Herrin der Lage. „So schnell erschreckt mich nichts, Hannes."

Hannes räuspert sich. „Schön."

„Rufst du wegen dem Grab an?" - „Ja." - „Es ist bereits alles erledigt." - „Marga, es tut mir leid. Ich weiß, ich habe mich in der letzten Zeit kaum um das Grab gekümmert ... Ich ..." - „Es ist erledigt, sagte ich." - „Dann sag mir, was du ausgegeben hast. Ich übernehme die Kosten selbstverständlich." - „Willst du mich beleidigen? Eva war meine Schwester. Meinst du, dass ich da eine Sekunde über Geld nachdenke?" - „Nein. So habe ich das doch nicht gemeint, Marga. Ich ..." - „Hannes, ich habe nicht viel Zeit. Ist sonst noch irgendetwas, was du mir sagen möchtest? Wenn nicht, möchte ich das Gespräch gerne beenden." - „Jetzt warte doch, Marga. So lange haben wir nicht miteinander gesprochen. Ich finde es übrigens, ja, das möchte ich dir gerne noch sagen, ich finde es sehr schön, dass du und Marion, ja, dass Ihr so einen schönen Kontakt miteinander habt."

Schweigen am anderen Ende der Leitung.

„Ja, das tut ihr gut. Dass sie mit dir immer über alles sprechen kann ... Mit ihrer Mutter ... Na ja ... Da hatte sie ja kein so gutes Verhältnis ..."

Schweigen am anderen Ende der Leitung.

„Eva, na ja, sie war ja doch immer sehr mit sich selbst beschäftigt ... Da hat sich Marion bestimmt manchmal etwas allein gefühlt ..."

„Mit sich selbst beschäftigt ... Aha ... So siehst du das ..."

„Jetzt krieg doch nicht immer alles in den falschen Hals, Marga ... Ich meine eben nur, dass Eva doch manchmal ein bisschen ... ja ... schon ein bisschen dominant war ... Ich meine das ja nicht negativ ... Sie war eben ein bunter Vogel ..." Hannes lacht etwas verlegen.

Hannes hört Marga laut ein- und ausatmen. „Jetzt sage ich dir mal etwas, Hannes. Eva war also deiner Meinung nach sehr mit sich selbst beschäftigt. Was blieb ihr denn auch anderes übrig? Du warst ja nie da! Und als sie sich eine Arbeit suchen wollte ... Ich habe sie da sehr unterstützt, wie du weißt. Da wolltest du das nicht! Da hat sie den Plan mit dem eigenen Beruf wieder aufgegeben. Weil sie es dir mal wieder recht machen wollte. Denn zu Hause musste ja alles perfekt sein. Da sollte der liebe Hannes ja jeden Komfort haben, damit er sich von seinem harten Alltag und den anstrengenden Geschäftsreisen erholen kann."

„Ich hatte einen harten Alltag und anstrengende Geschäftsreisen!"

„Ach hör doch auf! Du hast dich doch gesonnt in deiner Eitelkeit! Hast dich bewundern lassen auf deinen Präsentationen und Messen. Dein Job war deine Insel, dein ganz persönlicher Rückzug! Weißt du, wie sehr Eva darunter gelitten hat, dass du so oft weg warst?! Immer hatte sie Angst, du würdest was mit einer anderen anfangen! Du bist dein Leben lang um dich selbst gekreist!"

„Ich habe Eva geliebt! Nie eine andere! Es gab immer nur Eva für mich ..." Beim letzten Satz wurde die Stimme etwas leiser. Und Hannes sprach langsamer.

„Aha. Immer nur Eva, sagst du ..."

Hannes macht einen lauten Seufzer.

„Ja ... Immer nur ... Eva ..." - „Schämst du dich nicht, Hannes?"

Hannes schweigt. Das kann sie nicht wissen, denkt Hannes. Das kann sie nicht wissen.

„Wie alt bist du jetzt, Hannes? 79? Du hast Mut. So willst du mal ins Grab steigen? So verlogen willst du deinen letzten Atemzug tun?"

Sie kann es nicht wissen, hämmert es in Hannes' Kopf. Das kann nicht sein, das kann nicht sein.

„Warum sagst du nichts mehr?" Marga macht eine kleine Pause. Sie scheint etwas zu trinken. „Warte, Hannes. Ich muss mich setzen. Ich bin ja schließlich auch nicht mehr die Jüngste."

Schließlich spricht sie weiter. Nun ist weniger Angriffslust in ihrer Stimme. „So war es immer, Hannes. So war es immer. Du redest nicht. Du schweigst vor dich hin. In deinen eleganten Klamotten."

Ja, denkt Hannes. Sie hat Recht. Ich schweige vor mich hin. Doch wenn ich mich heute so ansehe, die Strickjacke und die Cordhose – ich war schon mal eleganter gekleidet. Mein Gott, ich habe wirklich vergessen, dass ich auch ein Pfau war. Habe ich nicht neulich das schlichte Federkleid der Spatzendamen gewürdigt – und dabei vergessen, dass die Herren der Spatzenschöpfung gar nicht so schlicht sind? Ach, das Federvieh rettet mich jetzt auch nicht ...

„Mit deinem Schweigen hast du viel kaputt gemacht, Hannes."

Eine halbe Minute lang, in der auch Marga schweigt, denkt Hannes kurz nach. Dann sagt er: „Ich hatte, ungefähr zu der Zeit, als die schlimme Zeit mit Marion war, eine kurze Affäre."

Jetzt ist es raus, denkt Hannes. „Das ... mein Gott ... Das hatte nichts mit Liebe zu tun ... Ich war eben auch nur ein Mann ..."

„Hör auf damit! Das ist ja unerträglich!" Marga schreit ins Telefon.

Hannes muss sich setzen. Er setzt sich auf den kleinen Hocker. Er trinkt von der Teetasse, die auf dem Fenstersims steht. Der Tee ist kalt.

Eine Minute lang spricht keiner von beiden ein Wort.

Dann fügt Hannes hinzu: „Zu dieser Zeit ist es mir auch nicht gut gegangen, Marga, das kannst du mir glauben. Und ich bin unsagbar froh darüber, dass Eva es nie erfahren hat."

Es herrscht wieder eine lange Stille am Telefon.

„Sie hat es erfahren."

Hannes bleibt die Luft im Hals stecken. Sein Herz schlägt schnell und schneller. Sein Hals fühlt sich rau an und trocken.

„Das kann nicht sein."

„Sie muss dich irgendwo gesehen haben."

„Das ... Nein, Marga ... Das kann nicht sein ..."

„Es ist so gewesen, Hannes!" Marga schreit erneut ins Telefon.

Hannes presst seine Hand an die Stirn. „Aber ... aber warum ... warum hat sie nie etwas gesagt?"

„Warum, warum, warum!!! Weil sie Angst hatte, dich zu verlieren. Weil sie Angst hatte, du würdest dich entscheiden, zwischen ihr und einer anderen, Hübscheren, Jüngeren, Intellektuelleren ..."

„Oh mein Gott ..." Hannes laufen Tränen übers Gesicht. Er sieht Hofackers Tiere vor sich. Es regnet in Strömen. Er kann sie nicht genau erkennen. Der Pfau ist auch dabei. Aber es regnet so stark, dass er sein Rad nicht schlagen kann. Seine wunderschön schimmernden Federn sind vom Regen verklebt, zusammengeklebt an seinem Körper. Er strengt sich an. Er will die Federn spreizen. Es gelingt ihm nicht. Ein klagender Ton löst sich aus der bunten Federbrust des Pfaus. Ein schmerzvoller Schrei aus tiefster Verzweiflung.

„Hannes ... Hannes ..." Margas Stimme ist auf einmal wieder ruhig.

„Ja ..."

„Wir sind beide alt, Hannes. Wir wissen nicht, ob wir uns noch einmal sehen in diesem Leben. Oder noch einmal telefonieren. Die Chancen sind gering. Daher ... ich kann dir das nicht ersparen, Hannes ..."

Noch einmal folgt eine lange Stille.

„Eva. Sie ist nicht an Herzversagen gestorben."

„Sie ist nicht an Herzversagen gestorben?"

„Weißt du noch, welchen Beruf ich hatte, Hannes?"

„Du stellst Fragen. Natürlich weiß ich das, Frau Doktor."

„Als Arzt hat man gewisse Privilegien. Man kann Medikamente verschreiben. Starke Medikamente. Sehr starke Medikamente."

„Ja. Und?"

„Ich habe Eva Schlaftabletten verschrieben."

„Ich weiß, dass sie oft schlaflose Nächte hatte."

„Sie hat die Tabletten gesammelt. Um eines Tages ..."

„Nein!!"

„Doch, Hannes. Sie ist nicht einfach so an Herzversagen gestorben. Sie hat nachgeholfen. Sie hat sich das Leben genommen."

42 Seid also wachsam. Denn Ihr wisst weder den Tag noch die Stunde (Matthäus 25, 13)

Noch ein paar minikleine Schritte ... Jetzt hat er es endlich, das Stöckchen ... Langsam schleicht Lino über das mit Schnee überzuckerte Eis, zurück zu Hannes, der am Ufer steht. Die Schneekristalle glitzern im Sonnenlicht. So stark, dass Hannes seine Sonnenbrille aufsetzt. Als Lino das Stöckchen vor seinen Füßen ablegt, beugt sich Hannes zu ihm herunter und streichelt ihm über den Kopf. „Dass wir zwei uns noch haben, kleiner Lino." Jedes Mal, wenn Hannes mit der Hand über seinen Kopf streichelt, macht Lino die Augen zu. „Du weißt, dass wir Freunde sind, nicht wahr, mein Kleiner."

Von fern hört Hannes schon ein paar Silvesterraketen pfeifen. Der letzte Tag des Jahres ist angebrochen.

Olga geht heute Abend mit einer Freundin auf eine Silvesterparty. Peer und Alessandra sind für ein paar Tage verreist. Angelika feiert mit Freunden. „Und wir zwei", Hannes sieht Lino in die Augen, „und wir zwei feiern auch. Wir sehen uns eine schöne DVD an und freuen uns einfach, dass wir zusammen sind!"

Das war immer schon meine große Sehnsucht an Silvester, denkt Hannes. Gemütlich zu Hause sein. Diese faschingsähnlichen Zustände eine Woche nach Weihnachten waren ihm ja schon als Kind ein Graus. Daran hat sich auch später nichts geändert. Auch wenn es Eva Jahr für Jahr aufs Neue schaffte, ihn zu irgendeiner Silvesterparty mitzuschleifen. Wenn er dann mal dort war, ging es ja meist. Aber spätestens beim ausgelassenen Tanzvergnügen nach Mitternacht dachte er an den schönen Weihnachtsbaum, der einsam und verlassen bei ihnen zu Hause im Wohnzimmer stand. Wofür das ganze Brimborium mit Baumschmücken und O Tannenbaum, wenn wenige Tage nach der Bescherung das Jammern über die am Boden verstreuten Tannennadeln beginnt. Was für eine Überheblichkeit und was für ein gedankenloser Konsum der Natur!

Hannes denkt an Eva. Wie sie es geliebt hat, das Tanzen. Alle hat sie angesteckt mit ihrer Begeisterung, ihrem Charme, ihrer Lebenslust. Vielleicht war es ein Fehler, dass ich ihren Wunsch nach einem eigenen Beruf so wenig ernst genommen habe. Sie liebte die Geselligkeit.

Hannes denkt an Margas Satz: *Sie hat sich das Leben genommen.* Hannes denkt an Angelikas Satz: *Mein Leben ohne mich.*

Die sind doch komisch, diese Worte *sich das Leben nehmen*. Man nimmt es sich ja gerade NICHT. Man nimmt es sich selber weg, lässt es zurück. Weil man es nicht mehr braucht, nicht mehr haben will, nicht mehr haben darf. Und man lässt etwas von sich dabei zurück. Ein Haus. Einen Namen. Ein Kind. Menschen, die sich an einen erinnern.

Dieses große Zurücklassen, das uns allen bevorsteht: Muss es denn immer schmerzhaft sein? Muss denn Sterben immer mit Verzweiflung einhergehen? Ich meine nicht das Sterben, bei dem einem das Leben mit Gewalt, durch Verbrechen, durch schreckliche Unfälle genommen wird. Oder das Sterben eines kleinen Kindes, einer jungen Mutter, eines jungen Vaters, eines überfahrenen Haustiers. Oder die unvorstellbaren Gräueltaten während der Nazizeit. Oder im Jugoslawienkrieg.

Ich meine das Sterben eines Menschen, der viele Jahre lang Zeit hatte, seine Erfahrungen auf Erden zu machen. Mit Lebensbedingungen, die eine Entwicklung zulassen. Für Körper, Geist, Seele, Emotionen.

Hannes denkt an seine Abende in der Klinik. Als er in den nächtlichen Sternenhimmel sah. Als er über den Sternenstaub nachdachte. Über die unendlichen Weiten. Und die schier unerträgliche Enge, die das Leben auf der Erde im Vergleich dazu bedeutet. Das Leben in der Enge und Anfälligkeit eines menschlichen oder tierlichen Körpers.

Das menschliche Tier, das wir sind, es hat – unter einigermaßen günstigen Lebensbedingungen – die Chance, sich zu entwickeln. Wir bekommen ein Zeitbudget. Um allmählich, nach zahllosen Lernerfahrungen, einen Weg zu beschreiten, der uns bewusster leben lässt, mutiger werden lässt, uns lernen lässt, die Dinge anzunehmen.

Wenn man das will, Hannes, wenn man das will! Georgs Worte werden wieder in ihm wach. Das waren Georgs Worte, als sie über seine Mutter gesprochen hatten. Über ihren Todeskampf, ihre Weigerung, ihren Körper und ihr privilegiertes Leben zurückzulassen.

Ja, natürlich, Georg, man muss es wollen, man muss sich auf den Weg machen!

Hannes denkt wieder an Johnny Cash, daran, dass auch er eines Tages seinem Leben ein Ende setzen wollte. 1967 war das. Als Cash dachte, nun sei sein Leben vorbei, sei der letzte Funken Kraft aus seinem Körper gewichen – da spürte er auf wundersame Weise plötzlich wieder einen neuen Funken Leben in sich. Da wurde ihm klar, dass er nicht sterben sollte, bevor Gott es wollte. Dass das Sterben nicht in seiner Hand lag.

Georg streichelt Lino noch einmal über den Kopf. „Dieser Gedanke nimmt einem ganz schön viel Last ab, was, Lino? ... So, und wir beide, wir machen uns jetzt auch auf den Weg. Jetzt geht's nach Hause. Auf dich wartet deine Futterschüssel, und auf mich Kuchen von Alessandra im Kühlschrank."

Wie er Lino so ansieht, denkt Hannes: So ein Tier – es lebt im Hier und Jetzt. Beneidenswert. Was sage ich: Nachahmenswert! Die viel zitierten Modeworte wie *Im Hier und Jetzt leben, Achtsamkeit, Meditation,* da hat man doch immer das Gefühl, das können nur die anderen! Das können nur Leute, die sich eine Woche Selbstfindungsseminar auf Mallorca im Ökoholzhaus am Meer leisten können.

Ich denke, man muss sich erst mal trauen, sich selbst zu trauen. Das ist das Schwerste. Das dauert. Man traut anderen oft eher zu, über das eigene Leben zu entscheiden, als sich selbst. Wie kompliziert wird das Leben, wenn man immer erst die anderen fragt, was man tun soll. Das kann so zur Gewohnheit werden, dass es sich als Lebensmuster verfestigt. Da sind natürlich die Eltern gefragt. Das Kind fragt und fragt und fragt. Es braucht diese Orientierung, die Vorbilder. Aber irgendwann sollte die Gegenfrage der Eltern kommen: *Und was möchtest DU?*

Hannes steht auf. Noch immer funkelt die schneebedeckte Eisfläche des Sees im Sonnenlicht. Er geht auf die Eisfläche. Jetzt mache ich bestimmt die gleiche wackelige Figur wie vorhin Lino. „Und du hast vier Beine, um dich zu stabilisieren!" Er dreht sich um. Lino zieht es vor, keine wackelige Figur mehr auf dem Eis zu machen. Aber er sieht aufmerksam nach seinem Herrchen.

Plötzlich werden Hannes' Beine schwach. Er kniet sich auf die Eisfläche. Er zieht seine Handschuhe aus. Er nimmt seine Brille ab. Er berührt mit seinen Händen den feinen Zucker aus Schnee. „Es tut mir so leid, Eva." Er fängt an zu weinen. „So lange waren wir verheiratet. Und so wenig waren wir wirklich miteinander verbunden."

Nun spürt er Linos Schnauze auf seinem Oberschenkel. „Na, hast dich doch wieder hergetraut, mein Kleiner!" Er spricht weiter. „Eva, hast du Angst gehabt vor dem Sterben?" Er denkt an die vielen spirituellen Bücher, die Eva in den Jahren vor ihrem Tod gelesen hat. Hat sie sich damit ganz bewusst vorbereitet?

Ich wünsche dir, liebe Eva, dass du bewusst loslassen konntest. Dein Leben ohne dich. Marion, sie ist dein Leben! Ihre beiden Söhne sind dein Leben. Nur jetzt eben ohne dich. Aber nicht wirklich ohne dich. Nur ohne deinen Körper. Nicht ohne deine Seele. Du Glitzern auf dem Schnee.

Eva, ich habe viel von dir genommen. Deine Energie. Habe ich nicht erst kürzlich darüber gegrübelt, dass Menschen sich psychisch von anderen ernähren? Wie mein Kollege damals, der sich immer vor den Spätschichten drückte. Habe ich es anders gemacht mit dir? Nein, ich habe viel genommen von deiner italienischen Lebensfreude. Das Bunte und das Sonnige, das kam von dir.

Wieviel darf man denn nehmen? Und wieviel muss man geben? Es muss einen Ausgleich geben. Doch was ist gerecht? Was ist das Maß für die Gerechtigkeit – und für die Gerechten, wie beispielsweise Signorelli sie gemalt hat?

Lino fängt zu fiepen an. „Ja, Lino, jetzt gehen wir." Auf dem Weg zurück über den Kiesweg nach oben zum Heim schlägt das Wetter um. Ein Wind kommt auf. Hannes ist froh, dass er seine Mütze mitgenommen hat. Als er den Hund so vor sich hersausen sieht, überlegt er, wo Lino wohl geboren ist. Was aus seinen Eltern wohl geworden ist. Er muss Olga bei Gelegenheit danach fragen.

Hannes erinnert sich an ein Gespräch, vor vielen Jahren, in seinem Bekanntenkreis. Ein Ehepaar hatte sich einen Hund zugelegt. Sie erzählten, dass sie aus fünf Hunden eines Wurfes einen auswählen konnten. Und dass der eine Hund, den sie schließlich nahmen, sich in irgendeiner Weise besonders verhalten hätte.

Wer ausgewählt wird, hat es gut getroffen. Gehen wir mal davon aus, wir haben es mit wirklichen Tierfreunden zu tun. Wie oft hängt es im Leben nur davon ab, ob wir für irgendetwas ausgewählt werden. Für einen Job oder für eine begehrte Wohnung. Oder auch für eine Spenderlunge.

Kurz vor dem Eingang bleibt Lino stehen und wartet auf Hannes. „Braver Lino. Bin schon da. Da zieht ja ein richtiger Schneesturm auf." Hannes denkt an die biblische Geschichte mit der Sintflut. Einige wenige Tiere wurden ausgewählt. Die durften mit in die Arche. Für die anderen kam der Tod. Wie beim Untergang der Titanic. Die kleinen Rettungsboote waren schnell voll.

Man muss vorbereitet sein, denkt Hannes. Sterben ist wirklich eine Aufgabe – DIE Aufgabe des Lebens.

43 Kennst du das Land, wo die Zypressen blühen

„Alessandra, du solltest ein Café aufmachen!" Hannes legt die Kuchengabel auf seinem Teller ab.

„Das habe ich ihr auch schon oft gesagt." Peer sieht lächelnd zu Alessandra, die neben ihm sitzt.

„Mal sehen. Kann sein. Ist alles möglich. Vielleicht … eines Tages … wenn wir zurück nach Italien gehen …?" Vorsichtig fragend blickt Alessandra zu Peer. Der zieht die Augenbrauen hoch und zuckt mit den Schultern.

„Zurück nach Italien? Haben Sie das vor?" Angelika sieht zuerst Alessandra, dann Peer an.

Nach einer kurzen Pause antwortet Alessandra. „Vielleicht …"

Hannes wendet sich an Alessandra und fragt: „Woher kommen Sie genau?"

„Aus Venedig."

„Ah …" Hannes blickt Alessandra mit großen Augen an. „Dein Vater, Peer", Hannes nimmt einen Schluck Kaffee, „dein Vater hat Italien ja sehr geliebt."

Peer nickt. „Und ich war auch oft mit ihm dort. Vor allem in der Toskana. Und … ich sage es ja ungern …" – Peer sieht Alessandra von der Seite an – „Er war auch gern in Venedig."

Mit dem lautstarken Kommentar „Na, wer ist nicht gerne dort?!" verteidigt Hannes Georgs geliebtes Reiseziel.

„Ah! So oft warst du schon in Italia? Daher sprichst du auch so gut Italienisch, mein Schatz."

Peer zieht wieder die Augenbrauen hoch. Zu Angelika und Hannes gewandt meint er: „Jetzt schmeichelt sie mir wieder ..."

„Das sage nicht nur ich, Peero mio! Anche la mia famiglia ... Alle sagen das!"

Peer zuckt mit den Schultern. Und trinkt von seinem Kaffee. „Beim letzten Mal, als wir in Venedig waren, es ist ungefähr zwei Jahre her, wollte mein Vater unbedingt nach San Michele."

Angelika sieht ihn interessiert an. „Das ist die Insel, auf dem Venedigs Friedhof liegt, nicht wahr?"

Peer nickt. „Ja, wir sind mit dem Vaporetto hinübergefahren. Dann wollte er allein sein."

Alle vier schweigen.

„Ich musste immer meinen halben Geburtstag auf San Michele verbringen – ich bin an Ognissanti geboren", seufzt Alessandra.

„Ognissanti? Ach ja – Allerheiligen! Klar, da pilgern alle Familien an ihre Gräber. Und ich erinnere mich: Im November bin ich ja schon einmal in den Genuss Ihrer köstlichen Kuchen gekommen! Die waren damals von ihrer Geburtstagsfeier übrig geblieben." Das war der Tag, als ich Lino kennenlernte und Georg vor Kleinholz bewahrte, erinnert sich Hannes.

Alessandra nickt. „Si, si. Peero hat mir erzählt!"

Hannes erinnert sich sehr gut an San Michele. Viele Venedigbesucher machen einen Ausflug dorthin. Dort, wo nur ein paar wenige Franziskanermönche leben. Franziskaner ...

Georg Franz Karl von Heeren ... Gräber, umgeben von Wasser. Und einer Vielzahl eleganter Zypressen.

San Michele ... Michele ... Michael ... Hannes denkt an das Fresko in der Katharinenkirche. Und an Georgs Bemerkung über den Erzengel Michael, der dort Luzifer in die Hölle stößt.

„Ja, Ihr Lieben ...", Peer blickt in die Runde, „Italien war sein Sehnsuchtsland ..."

Hannes nickt. Und denkt: Und es ist auch meines. Ohne wirklich nachzudenken, hört er sich selbst sagen: „Ich würde mit euch gerne hinfahren."

„Nach Italia?" Alessandra macht große Augen.

„Ja. Nach Italia." Hannes blickt in die Runde.

„Wir waren eigentlich gerade im Urlaub", meint Peer.

Hannes beugt sich nach vorn, stützt beide Ellenbogen auf den Tisch und legt den Kopf auf seine Hände. „San Francesco", sagt er auf einmal leise vor sich hin. Und noch einmal: „San Francesco."

„Wie San Francesco?" Alessandra spricht *Francesco* anders aus als Hannes. Mit einem laaangen *e*. Bei ihr klingt es lebhaft. Kraftvoll. Wie eine kleine Opernarie. Hannes hat das Wort leise ausgesprochen. Und melancholisch.

Nun lehnt Hannes sich in seinem Stuhl zurück. Er blickt stumm auf dem Tisch umher. Er denkt, Umbrien im Januar ist ja nicht gerade die ideale Reisezeit. Aber es muss sein.

„Hannes", Angelika beugt sich besorgt in seine Richtung, „was ist mit dir?"

Da plötzlich kommt ein Lächeln in Hannes' Gesicht. „Wer von euch hat nächste Woche ... KEINE Zeit?"

„Wie KEINE Zeit?" Diese Frage scheint aus Angelikas, Alessandras und Peers Mund gleichzeitig zu kommen? Alle drei sehen Hannes stirnrunzelnd an.

„Wir fahren nach Umbrien."

44 Sie säen nicht, sie ernten nicht

Die Sonne scheint durch die Fenster des Frühstücksraums. Die Goldbeschläge der alten Kommoden und Schränke glänzen. Das hätte Georg gefallen, denkt Hannes. Und auch er ist glücklich, dass sie so kurzfristig dieses kleine Hotel mitten in Assisi gefunden haben. Alessandra sei Dank. Eine kurze Recherche im Internet, ein paar Telefonate in italiano – und ihre Reise war gebongt.

„Quattro cappuccini, prego ..." Der Kellner stellt nacheinander die vier Kaffeetassen auf den Tisch.

Die Sonne scheint auf den Cappuccinoschaum. Eine glitzernde kleine Wolke. Ich bin das Glitzern auf dem Schnee, denkt Hannes.

„Wie lange ist es her, dass wir nachmittags bei euch am Tisch saßen? Vier Tage? Ich kann es kaum glauben." Angelika lehnt sich an Hannes' Schulter.

„Vier Tage, genau." Peer legt den Arm um Alessandras Schulter. „Ist doch immer gut, wenn man eine Italienerin an seiner Seite hat. Da ist man in null komma nichts in der Toskana, in Umbrien ..."

„... oder in Venezia!" Alessandra sieht Peer mit schelmischem Blick an.

„Keine Sorge, Venedig kommt auch bald dran!" Peer gibt Alessandra einen Kuss auf die Stirn.

„Ach, das hätte Papa gefallen, dass wir hier alle zusammen sind!"

„Das gefällt ihm!" widerspricht ihm Hannes. „Er ist live dabei – auf seiner Wolke sieben!"

Alle vier nicken.

„Ich habe Georg ja leider nicht kennengelernt", meint Angelika.

Wer weiß, ob sie sonst mit mir hier sitzen würde, denkt Hannes einen kurzen Moment. Doch dann entschuldigt er sich gleich bei Georg. Nein, das hättest du nicht gemacht, ich weiß, ich hoffe ... Dieser Prüfstein, lieber Georg, ist unserer Freundschaft Gott sei Dank erspart geblieben. Hannes überlegt, ob er in seiner Ehe jemals eifersüchtig war. Eigentlich nicht. Oder hatte er vorgebaut? Hatte Marga doch Recht mit ihren Vorwürfen? Hatte er Eva quasi kleingehalten, damit sie nicht ausbrechen, nicht irgendwo anders ihr farbenprächtiges Rad schlagen konnte?

Mit Angelika erlebt er ein neues Maß an Zweisamkeit. Er hat sie nun schon viele Male geküsst, gestreichelt. Aber geschlafen hat er noch nicht mit ihr. Bei der Organisation ihrer Assisi-Reise war es daher auch klar, dass sie – noch – kein gemeinsames Zimmer nehmen würden. Es fühlt sich gut an, denkt Hannes. Die kleinen Schritte fühlen sich gut an. Respektvoll fühlt es sich an.

Nach dem Frühstück spazieren die vier durch die Altstadt von Assisi. Im Januar sind nur wenige Touristen da. Italien außerhalb der Saison – das hat Hannes immer schon geliebt. Der letzte gemeinsame Toskana-Urlaub mit Eva war in einem milden November. Alessandra bleibt vor jedem zweiten Haus immer wieder stehen und erzählt irgendeine Geschichte. Teils auf Italienisch, teils auf Deutsch. Peer schenkt ihr dabei seine ganze Aufmerksamkeit. Angelika hört ihr ebenfalls gerne zu. Sie mag sie, denkt Hannes. Aber er – er will so schnell wie möglich nach San Francesco.

Dezent versucht er, Angelika zum Weitergehen zu bewegen. „Warte doch noch, Hannes. Alessandra möchte in diesen Laden dort noch hineingehen." Hannes seufzt. „Seid Ihr mir böse, wenn ich schon einmal vorgehe?" Angelika sieht ihn aus einer Mischung von Verwunderung und leichtem Beleidigtsein an. „Mir ist kalt. Ich würde gerne weitergehen." In Hannes steigt der Pegel des Genervtseins immer weiter an.

„In der Kirche ist es auch kalt, Hannes. Und in dem Laden dort werden sie ja wohl eine Heizung haben." Nun ist Angelika auch genervt.

„Tut mir leid." Hannes streichelt Angelika über die Schulter. „Ist schon gut. Ich komme mit."

Hannes macht gute Miene zur – für ihn – langweiligen und völlig überflüssigen Einkaufsrunde. Im Gegensatz zu Alessandra und Peer hat sich sein Bedarf am Kauf von edlen Seidenschals bereits erledigt. Nach circa zehn Minuten hat Angelika Erbarmen. Sie deutet auf zwei der zahlreichen Schals, die die Verkäuferin auf einem Glastisch ausgebreitet hat und meint: „Diese beiden finde ich besonders hübsch. Aber jetzt überlegt mal in Ruhe. Ich gehe mit Hannes schon mal vor nach San Francesco. Entweder wir treffen uns dort oder Ihr schickt uns eine SMS, wo wir euch dann treffen können."

An der Ladentür dreht Hannes sich noch einmal zu Alessandra und Peer um: „Wir gehen zuerst in die Oberkirche."

„Das war schon ein wenig unhöflich, Hannes." Arm in Arm setzen die beiden ihren Weg entlang einer Vielzahl von Andenkenläden fort. Hannes grummelt vor sich hin. Und Angelika lässt es damit gut sein.

„Ich würde gerne zuerst in die Oberkirche gehen, Angelika. Es ist ein so schönes Morgenlicht. Davon haben wir auch im Inneren der Kirche etwas. Sie ist zwar ohnehin die hellere der beiden Kirchen. Aber … ja, die Grabeskirche schauen wir dann später an, in Ordnung?"

Das Grab kann warten, denkt Hannes.

Angelika hakt sich fest bei Hannes unter und die beiden steigen die Freitreppe nach oben.

„Wie schlicht sie wirkt – und trotzdem blickt sie souverän auf die herrliche Landschaft, die sie umgibt." Angelika dreht sich einmal um sich selbst. „Die Kirche liegt ja schon etwas abgelegen von der Stadt."

„In meinem Reiseführer steht, dass hier früher einmal eine Hinrichtungsstätte war und dass es Francescos Wunsch war, hier begraben zu werden."

„Wann ist denn Franz von Assisi gestorben?" - „1226. Sein Grab ist in der Unterkirche. Dort gehen wir später noch hin."

Angelika nickt. Seit dem Frühstück im Hotel ist Hannes ungeduldig und steuert nun zielstrebig und Hand in Hand mit Angelika auf den Eingang zu. Die beiden gehen hinein.

„Ah. Nur ein großer Raum", flüstert Angelika.

„Ja, ein Hauptschiff. Keine Mittel- und Seitenschiffe. Die Franziskaner sind ja ein Bettelorden. Da musste es schon schlicht sein."

„Wobei – so schlicht und bettelarm sieht es hier ja doch nicht aus ..."

„Da waren sich die Franziskaner untereinander auch nicht einig. Es gab wohl zwei Fraktionen. Die einen wollten es schlichter, die anderen hatten gegen eine gewisse Pracht auch nichts einzuwenden."

„Hihi. Wie bei den Grünen damals. Die Fundis und die Realos."

Hannes lacht leise vor sich hin. „Genau. So ungefähr." Er gibt Angelika einen Kuss auf die Wange.

„Und jetzt wirst du gleich etwas sehen, was auch nicht gerade schlicht ist. Darauf freue ich mich schon die ganze Zeit."

„Deshalb bist du so ungeduldig ..."

Hannes zieht an Angelikas Arm. Sie gehen weiter – und finden sich schließlich inmitten eines prächtigen Gewölbes wieder. Hannes flüstert: „Siehst du, Angelika, hier wollte ich hin. Schon lange. Vor vielen Jahren war ich schon einmal da. Damals, mit meiner Familie. Aber jetzt ... seit Georg ... und seit er tot ist ... Komm ..." Hannes zieht Angelika noch ein Stück weiter. „Das hier, Angelika, sind die Fresken der Franziskus-Legende. Von dem berühmtem Giotto di Bondone."

Angelika nickt. Und atmet tief ein. „Was für herrliche Farben! Vor allem das Blau. Und wie fein die Tiere und Pflanzen dargestellt sind."

„Ja, das spiegelt die Zartheit von Franz von Assisi wider. Die Pflanzen und Tiere hat er geliebt. Sie waren für ihn wie Brüder und Schwestern."

Langsam schreiten Angelika und Hannes an den Bildern entlang. Sie sehen das Gemälde mit Franziskus auf dem Hauptplatz von Assisi, darüber eine Darstellung von Noah beim Bau der Arche. Dann die Szene, in der Franziskus seinem Vater die prächtigen Kleider zurückgibt.

Hannes geht noch einmal zurück zum ersten Bild, dem mit der Arche über dem ersten Franziskus-Bild. Nur die Landtiere brauchten die Arche, denkt er. Die Vögel waren fein raus. Als Vogel MUSS man nicht auf der Erde leben. Man kann ihr jederzeit entfliehen. Wenn es dort zu mühsam wird. Oder zu gefährlich. Oder einfach nicht mehr lebenswert. Was für ein Privileg. Die Vögel leben in ununterbrochener Verbindung zum Himmel. Wenn sie der Sonne entgegenschweben, zeigen sie der Welt, was wirkliche Freiheit ist. Denn sie kennen den Weg in das ewige Licht.

Hannes denkt an Hofackers Tiere auf dem Glastisch. Die reinste Arche, dieser Tisch. Und Eva, Marion, ich – wir alle drei – wir hatten Flügel. Der Pfau, das Entlein, der Falke. Und Angelika – sie ist meine Taube.

Und noch ein Gedanke kommt ihm. Ein paar wenige Tiere entkommen mit der Arche der Flut. Doch den Lastwägen, die in die Schlachthöfe fahren, entkommen die Tiere dieser Welt nicht. Der menschlichen Gier und Gedankenlosigkeit entkommen sie nicht. Die Rettung der Tiere – hier als Fresko in der Kirche – das sollte mal in unsere Küchen Einzug halten. Jeder Mensch sollte seine eigene Arche bauen.

„Hannes, kommst du weiter?" Angelika steht etwas ungeduldig ein paar Schritte von ihm entfernt. Hannes nickt.

Beim Bild mit der Vogelpredigt schließlich bleibt Hannes wieder stehen.

„Sie säen nicht, sie ernten nicht. Und unser himmlischer Vater ernährt sie doch." Angelika lehnt sich an Hannes' Schulter.

„Ja, das wird oft und gerne zitiert. Doch der Mensch bleibt gierig und unersättlich. Er verlässt sich nun wirklich nicht darauf, ob Gott ihn ernährt oder nicht."

„Sei nicht so gnadenlos, Hannes. Du Fundi!" Angelika stupst ihn mit dem Ellenbogen. „So ganz passiv funktioniert es nun auch wieder nicht. Mein Vater hat immer gesagt: *Du kannst mit Gott rechnen. Aber Gott rechnet auch mit dir.* Mein Vater war Pastor. Habe ich dir das eigentlich schon erzählt?"

„Nein. Das wusste ich noch nicht. Daher also dein engelsgleicher Name ..."

„Du denkst bei diesem Bild an Georg, nicht wahr?"

„Ich denke irgendwie ständig an Georg. Aber ja, bei diesem Bild besonders. Ich habe dir ja gesagt, dass er ein Vogelversteher war. Auf meiner Terrasse hat er sich gerne mit den Spatzen unterhalten. Und bald schon lud er sie zu sich auf seinen Balkon ein. Das haben sie verstanden. Und besuchten ihn seitdem regelmäßig." Hannes lächelt etwas abwesend vor sich hin. „Aber mir sind die Spatzen trotzdem treu geblieben. Manchmal hat mich auch ein einsames Rotkehlchen besucht. Aber das war nun schon lange nicht mehr da."

Hannes hebt den Kopf. Oberhalb des Gemäldes mit der Vogelpredigt ist eine Szene aus dem Neuen Testament dargestellt, die Himmelfahrt. Hannes macht einen tiefen Seufzer. Ja, Georg, da bist du nun. Dort ist der silberne Schwan hingeschwebt. Ich habe dich gesehen, am See, als du dorthin geflattert bist. Jeden Flügelschlag deiner magischen Schwingen hast du genossen. Denn deine Hüfte ist nicht mehr aus der Reihe getanzt!

Hannes' Handy vibriert. „Ah, Peer hat eine SMS geschickt. Sie sind schon wieder im Hotel. Ob wir zum Mittagessen dorthin kommen. Jetzt im Januar haben nur wenige Restaurants im Ort auf."

„Ja. Machen wir. Wollen wir noch in die Grabeskirche?"

Hannes schüttelt den Kopf. „Ain't no grave."

Angelika sieht ihn fragend an.

„Ist ein Lied von Johnny Cash. Ach nee, kein Grab jetzt. Lass uns lieber im Hotel einen schönen Aperitif nehmen."

Wie sie so gemeinsam zurück zum Hotel schlendern, denkt Hannes, wie pflegeleicht Angelika ist. Er kann entscheiden. Er führt durch die Kirche. Sie ist das Reisen wahrscheinlich nicht so gewöhnt. Eine einfache Frau ist sie, hat sie gesagt. Ja, das scheint so zu sein. Und das tut ihm gut.

45 Und ewig lockt der Streit

Wie er so an der Bar sitzt – Hannes fühlt sich auf einmal 50 Jahre jünger. Ein Hotel in einem alten Palazzo, ein Glas Prosecco, Oliven. Dazu das Hintergrundrauschen dieser klangvollen Sprache: Die Präsenz und Vitalität des Italienischen hatte ihn schon immer fasziniert. Das, was er eben selber nicht war. Das, was er sich mit Eva Bella an seine Seite geholt hatte: Die Geselligkeit, das Quirlige, Lebhafte. Zumindest für viele Jahre. Bis die Quelle dieser Lebhaftigkeit mehr und mehr in ihr versiegte. Und ihr einst so fröhlich buntes Äußeres schließlich zu einer oberflächlichen Dekoration verkommen war.

Verkommen ... verschwunden ... Hannes denkt an Marga. An das, was sie ihm vorgeworfen hat. Hatte er sich nicht selber immer darüber aufgeregt, wenn Menschen auf Kosten der Energie von anderen leben?! War auch er ein Vampir gewesen? Hatte auch er sich großzügig bedient und nur auf sich geschaut? Und dabei nicht nur sein Kind übersehen, sondern auch noch seine Frau? Hatte er durch sie so lange Italien in sich aufgesogen, bis diese Lebensart auch die seine war? Er wurde zum Einsiedler, der den Genuss und das Schöngeistige liebt. Und der sich davon gut und gesund ernährt. Der dadurch gedeiht. Doch Eva, sie wurde zu einem traurigen und kranken Einsiedler. Zu einem mageren Pfau, der seine bunten Federn verloren hat.

Alessandra ist hier in Assisi in ihrem Element. Ob Kellner, Zimmermädchen, andere Gäste – das Italienische sprudelt nur so aus ihr heraus. Als hätte jemand einen zugedrehten Wasserhahn geöffnet. Wie meine Eva zu ihren besten Zeiten, denkt Hannes. Gleichzeitig bemerkt er bei Peer eine zunehmende Genervtheit. Die sicherlich auch mit seinen begrenzten italienischen Sprachkenntnissen zu tun hat. Ob das für gemeinsame Umzugspläne nach Italien hilfreich ist?

„Was wollen wir denn morgen unternehmen? Vielleicht in eine andere Stadt fahren?" Peer nimmt den letzten Schluck aus seinem Proseccoglas.

„Eine andere Stadt ..." Hannes überlegt. „Ja ... Orvieto!"

„Orvieto?" Jetzt ist es Angelika, die etwas genervt dreinschaut.

„Das musst du sehen, Angelika! Der Dom ist etwas ganz Besonderes. Die Fresken dort ..."

„... kennst du doch schon ..." Angelika zieht einen Schmollmund und verschränkt die Arme vor der Brust.

Hannes beugt sich zu ihr und spricht ganz leise: „Was ist denn?"

Nach wie vor mit Schmollmund blickt Angelika an der Bar umher. „Ich habe den Eindruck, du willst deine alten Familienurlaube hier wiederbeleben ..."

„Ich will ... was?!" Jetzt seufzt Hannes genervt. „Ich will dir die Schönheiten Umbriens zeigen, meine Liebe." Er umarmt sie und küsst sie auf die Stirn. „Na Gott sei Dank, jetzt lächelst du wieder."

„Also, dann lasst uns morgen nach Orvieto fahren!" Peer nimmt sein Handy in die Hand. „Laut meiner App sind es 89 Kilometer und 1 Stunde 42 Minuten Fahrt."

Ob jung, ob alt – die Eifersucht ist doch wirklich das ewige Thema, denkt Hannes. Warum ist das so? Bevor er Eva kennenlernte, war er auch oft krank vor Eifersucht. Er kennt dieses schreckliche Gefühl durchaus. Er weiß noch genau, wie ihm einmal ein reiches Unternehmersöhnchen beim Tanzen die

Schwester eines Arbeitskollegen ausgespannt hat. Hannes war so verliebt gewesen in sie. Mit seinem wenigen Geld hat er sie mehrere Male ins Kino und zum Essen eingeladen. Und zum Geburtstag hat er ihr eine goldene Uhr gekauft. Helga hieß sie. Seit diesem einen Tanzabend hatte sie dann plötzlich keine Zeit mehr für ihn. Kurz darauf hat Hannes eine schwere Grippe bekommen. Wochenlang war er krank zu Hause. Das war ein richtiger Seelenschmerz.

Und auch, als er wieder gesund war, hat es ihn schon verrückt gemacht, wenn nur der Name des Söhnchens irgendwo genannt wurde. Oder der Name Helga. Er wäre diesem Typen am liebsten an die Gurgel gegangen. Was ihn dann quasi „gerettet" hat, war die Krankheit seiner Mutter. Bei ihr wurde in dieser Zeit Krebs diagnostiziert. Sie musste operiert werden. Und er kümmerte sich um sie. Das war eine sehr intensive Zeit zwischen ihnen beiden, für die er sehr dankbar ist. Über vieles haben sie in den Wochen und Monaten vor ihrem Tod gesprochen. Auch über seinen Vater. Was sie ihm bisher nie erzählt hatte. Hannes hat ihre tiefe Dankbarkeit über ihr Leben gespürt. Das doch überwiegend ein sehr einsames und beschwerliches Leben für sie gewesen sein muss. Und den Frieden, den sie mit sich und ihrer Krankheit gemacht hatte. Irgendeine Quelle muss sie in sich gehabt haben. Eine klare und gesunde Quelle, die ihr Hoffnung gab. Und Freude.

Er war dabei, als sie starb. Er hielt ihre Hand. Die auf einmal kraftlos in der seinen lag.

Während Angelika sich mit Peer unterhält und Alessandra lebhaft gestikulierend mit den beiden Kellern spricht, denkt Hannes an das schöne Gedicht von Kurt Tucholsky:

Mutterns Hände

Hast uns Stulln jeschnittn
un Kaffe jekocht
un de Töppe rübajeschohm –
un jewischt un jenäht
un jemacht un jedreht ...
Alles mit deine Hände

Hast de Milch zujedeckt,
uns Bonbons zujesteckt
un Zeitungen ausjetragen.
Hast die Hemden jezählt
un Kartoffeln jeschält …
Alles mit deine Hände

Hast uns manches Mal
bei jroßen Skandal
auch n'Katznkopp jejebn.
Hast uns hochjebracht.
Wir warn Sticker acht.
Sechse sind noch am Leben …
Alles mit deine Hände

Heiß warn se un kalt.
Nu sind se alt.
Nu biste bald am Ende.
Da stehn wer nu hier
un denn komm wer bei dir
un streicheln deine Hände.

„He … Hallo … Hannes." Angelikas Gesicht ist plötzlich ganz nah vor ihm. „Hast du eigentlich zugehört?"

„Wie? Bitte entschuldige. Was hast du gesagt?"

„Na, ob wir zum Essen rübergehen wollen ins Restaurant? Alessandra und Peer sind schon vorgegangen."

„Ja, natürlich. Gern."

„Also, weißt du, Hannes. Mir kommt es wirklich vor, als schwelgst du immer noch in Erinnerungen. An … deine Eva."

Hannes schüttelt den Kopf. Und das nicht nur, weil er Angelikas Mutmaßung mit einem Nein beantworten möchte. Sondern weil er einfach nicht glauben kann, wie dumm dieser Satz von ihr eben war. Und wie weh er ihm tut. Und wie ungerecht Eva gegenüber er ist.

„Bitte, lass das, Angelika. So ein Satz ist doch unwürdig. Unwürdig in Bezug auf unsere Freundschaft. Und auch unwürdig unser beider Vergangenheit gegenüber."

Wortlos nimmt Hannes seine Jacke. Wortlos gehen beide nebeneinander in das Restaurant gleich im Nebenraum des Hotels.

Diese schrecklichen Besitzansprüche! Hannes ist innerlich aufgebracht. Wie hatte er sich auf diesen Besuch in Umbrien gefreut. Auf die gemeinsame Zeit mit Angelika. Doch jetzt ... Wäre er am liebsten mit Georg hier ... Nur mit Georg ...

Wenn Georg jetzt dabei wäre, mit uns vieren ... Der alte Womanizer ... Wie wäre das für mich? Wenn ich sehen müsste, wie es in Angelikas Augen blitzt, während Georg seinen schillernden Mafioso-Charme spielen lässt? Angelika, meine Taube – Georg hätte sie sicher angefüttert ...

Ach komm ... Das darf doch nicht wahr sein! Ich bin an einem so wunderbaren Ort, mit sympathischen Menschen, werde gleich wieder ein wunderbares italienisches Menü genießen – und dann diese komplizierten und völlig überflüssigen Misstöne. Ich spiele schon lange in der verlängerten Spielzeit. Meine reguläre ist bereits abgelaufen. Diese Kostbarkeit der noch einmal geschenkten Zeit. Und Georg, mein lieber Freund, ist tot. Was maße ich mir an, nun so über ihn zu denken!

Mensch, dir ist doch wirklich nicht zu helfen in deiner Kompliziertheit und deinem Kleinklein.

Der restliche Abend verläuft in gebremster Stimmung. Die Wolken der Eifersucht schweben über beiden Paaren – die von außen im Moment so harmonisch wirken. Da sitzen sie, in diesem feinen Hotel. Rubinroter Wein funkelt in ihren Gläsern. Eine Köstlichkeit nach der anderen wird serviert. Zwei Paare sitzen dort, die sich eine solche Besonderheit leisten können. Zeitlich. Finanziell. Doch eines ist uns allen offenbar nicht bewusst, denkt Hannes. Dass unsere Zickigkeit einfach lächerlich ist. Dumm. Zeitverschwendung.

Ja, Georg, ich weiß, dass du jetzt lachst. Du ziehst jetzt irgendwo dort oben deine Kreise … Eigentlich war ich vor dir dran! Aber gut. Ich weiß ja, du wolltest nie allein sein. Du bist gegangen – bevor ich dich allein lassen würde. Aber soll ich dir etwas sagen: Ich glaube fast, ich möchte wieder allein sein. Ich bin zu alt für albernes Beziehungsgeplänkel.

Ich will wieder am See spazieren gehen. Mit Lino. Dann reden wir weiter, Georg.

46 Die Angst und das Leiden des Künstlers

Beim Frühstück haben Hannes und Angelika wenig gesprochen. Nun sitzen sie auf der Rückbank in Georgs schwarzem Mercedes. Bei Peer und Alessandra scheinen sich die Wogen wieder geglättet zu haben. Peer sitzt am Steuer und hat die Hand auf Alessandras Oberschenkel gelegt. Sie blättert in einem Prospekt über Orvieto. *Il mistero degli Etruschi* steht darauf.

Mit Georg wollte ich hier sein, denkt Hannes. Im Land der Etrusker. Im Land der eleganten Zypressen.

„Wie ist das gemeint, das mit dem Geheimnis der Etrusker, Alessandra?" Hannes beugt sich etwas nach vorn.

„Also ... Da steht ... Die Etrusker haben ab dem 8. Jahrhundert vor Christus hier in Mittelitalien gelebt. Ihre Geschichte und Sprache ist noch heute voller Geheimnisse. Nach der Eroberung durch die Römer ab 300 vor Christus verschwand dieses hoch entwickelte Volk auf mysteriöse Weise."

„Die Römer haben schnell mal ein Volk auf mysteriöse Weise verschwinden lassen. Nur bei den Galliern, da haben sie sich die Zähne ausgebissen." Peer grinst.

„Und das hat mit dem Zaubertrank von Asterix zu tun ... Ja, Peer, ich weiß, dass die Asterix-Hefte deine einzigen Geschichtsbücher sind ..."

„Ganz schön frech, die kleine Signorina hier ...". Peer kneift sie in den Oberschenkel. „Und außerdem war es nicht der Zaubertrank von Asterix, sondern von Miraculix!"

„Oh nein, entschuldige. Dass ich das vergessen konnte ..."

Angelika lächelt etwas verlegen. Nun legt Hannes seinen Arm um ihre Schulter – und zieht sie an sich heran. Sie legt den Kopf an seine Schulter. Beide seufzen. Dass zu zweit das Leben immer so kompliziert sein muss, denkt Hannes. Und vielleicht denkt es auch Angelika in diesem Moment.

„Allora, ich möchte gerne diese Underground Tour in Orvieto machen. Unter der Stadt gibt es ein richtiges Labyrinth von Kellern, Zisternen und Gräbern. Und das kann man besichtigen."

„Ja, stimmt", bemerkt Hannes. „Das liegt an dem Tuffsteinfelsen, auf dem Orvieto gebaut wurde. Diesen Stein konnte man aufgrund seiner relativ weichen Beschaffenheit gut aushöhlen."

„Da fährt man nach Italien, um auf einem Schweizer Käse rumzulatschen ... Die spinnen, die Römer. Oder die Etrusker. Oder wer auch immer." Alle lachen über Peers Kommentar.

„Soll ich dir noch etwas sagen, Peero mio: Da unten kann man sogar heiraten!"

„Heiraten ist für mich so oder so unterirdisch ..."

Alessandra verdreht die Augen. Dann sieht sie nach hinten zu Hannes und Angelika. „Und Ihr? Würdet Ihr mit mir in den Schweizer Käse hinabsteigen?"

„Ehrlich gesagt ...", Hannes wirft Angelika einen Blick zu, „mit Höhlen hab ich's nicht so ... Das ist mir zu eng ... Da kriege ich Platzangst ..."

„Mir geht's genauso, Alessandra. Für mich ist das auch nichts. Ich würde gerne als erstes den Dom besichtigen."

Hannes sieht Angelika mit großen Augen an. Das gibt's nicht, denkt er. Das gibt's nicht. Gestern noch die Szene an der Bar – und jetzt ... Und Gott sei Dank steht sie auch nicht auf Unterirdisches ... Das hätte nun wahrscheinlich das Fass zum Überlaufen gebracht.

„Schon komisch", ergänzt Angelika. „Den Felsen so extrem auszuhöhlen, auf dem man seine Stadt gebaut hat. Das ist doch, wie an dem Ast zu sägen, auf dem man sitzt."

Hannes nickt. Die Bemerkung von Angelika gefällt ihm. „Da hast du Recht, meine Liebe. Absolut. Wahrscheinlich ist es so wie oft im Leben: Jeder denkt sich, ach, das kleine Stück, das ich mir hier und dort nehme – das fällt doch nicht auf ... Doch wenn's alle machen, kann die Erde irgendwann kein Auge mehr zudrücken ... Aber jetzt kuckt mal nach vorne. Das ist Orvieto! Und das Ungetüm aus Tuff! Beziehungsweise Käse!"

„Und der Dom mit seiner hohen Fassade!" Auch Angelika ist hingerissen von diesem unvergleichlichen Anblick.

„In ein paar Minuten sind wir dort", erklärt Peer, „und können auch ganz in der Nähe parken. Alessandra und ich gehen dann in den Untergrund. Und Ihr in den Dom."

„Und ich suche uns ein schönes Lokal. Da lassen wir uns später den Orvieto Classico schmecken."

Alle sind mit Alessandras Vorschlag einverstanden. Am Parkplatz verabschieden sie sich für die nächsten Stunden. „Und bevor Ihr heiratet, schickt bitte eine SMS. Wir wollen dabei sein!", ruft Hannes ihnen noch hinterher.

„Dann komm ich doch lieber mit in den Dom!" ruft Peer noch im Weggehen. „Dort können wir auch gerne heiraten!" Mit energischer Zartheit packt Alessandra ihn am Arm. Sie bleiben stehen, umarmen und küssen sich.

Hannes und Angelika spazieren Hand in Hand durch die Gassen. Wie sie so einen Fuß vor den nächsten setzen, denkt Hannes an die vielen unterirdischen Hohlräume. Dünnes Eis.

Sehr dünnes Eis, auf dem wir uns bewegen. Hier in dieser Stadt weiß man es. Aber an anderen Orten und ganz generell im Leben, da macht man sich das nicht bewusst. Jeder Schritt kann der letzte sein. Hannes denkt an seine letzten Schritte am See. Damals. Als Georg ihm das Leben rettete. Und er denkt an das Blitzeis. An dem Abend, an dem er Georg allein gelassen hatte.

Der plötzliche Anblick des Doms, der auf einmal vor ihnen auftaucht, reißt ihn aus seinen Gedanken. Gewaltig und stolz zeigt sie sich ihnen, die selbstbewusste Fassade.

„Was für ein Anblick!" ruft Angelika. „Ich bin platt."

„Ja, mit San Francesco in Assisi und diesem Prachtwerk haben wir uns schon die zwei besten Rosinen herausgepickt!"

„An deine Spatzen denkst du wohl auch, wenn du im Urlaub bist!" Angelika gibt ihm einen Kuss.

Jetzt bleibt Hannes stehen. Er packt Angelika fest, aber liebevoll an beiden Oberarmen. „Ja, an die Spatzen. Nicht aber an vergangene Urlaube. Ok? Ich bin mit DIR hier. Und es ist schön mit dir. HIER und JETZT." Angelika nickt. Sie sagt nichts.

Sie gehen weiter Richtung Eingang. Dann zieht Hannes Angelika nach rechts. „Ich möchte mir hier an der Fassade etwas ansehen." Sie gehen zum rechten Sockelpfeiler. „Das Jüngste Gericht. Hier als Marmorrelief, innen im Dom als wunderbares Fresko."

„Mein Gott, diese vielen kleinen Details. Das muss ja eine Ewigkeit gedauert haben, so etwas anzufertigen." – „Ganz bestimmt." – „Das mit dem Jüngsten Gericht, das beschäftigt dich, nicht? Glaubst du denn daran?" Hannes seufzt. „Sagen wir mal so: Diese Vorstellung einer finalen Gerechtigkeit, die fasziniert mich. Und es berührt mich, wie verschiedene Künstler mit diesem Thema umgegangen sind. Oder noch immer umgehen. Ob Maler, Musiker, Dichter. Die Angst, die jeder vor dem Tod hat. Jeder muss sich irgendwann damit konfrontieren. Früher oder später. Und ich denke mir, Künstler mit dieser besonderen Mission, sie machen es früher. Und der Weg, den sie gehen, kann sehr lang und beschwerlich sein. Und sehr einsam. Sie sind fasziniert von etwas Unaussprechlichem. Vor dem sie gleichzeitig Angst haben. Faszination hat ja auch immer einen Anteil Angst dabei. Und sie konfrontieren sich damit. Das lässt etwas Neues in ihnen entstehen. Weil sie einen neuen Weg finden MÜSSEN. Um es irgendwie auszuhalten. Das lässt sie wachsen. An ihrem Werk. An dem Weg ihrer Seele. Hin zu ihrem wahren Selbst."

Hannes denkt an eine Ausstellung von Kunstwerken, die Überlebende und Ermordete des Holocaust angefertigt hatten. Malen inmitten des Grauens, den sicheren Tod vor Augen. Malen, was Worte nicht beschreiben können.

Angelika sieht ihn an. Mit offenem Mund. Mit großen Augen. „Hannes ... Was du da eben gesagt hast ... Das ... hätte ich mir gerne aufgeschrieben ... Das ... hat mich sehr berührt ... So habe ich noch nie ein Kunstwerk betrachtet. Oder eine Kirche betreten. Mit solchen Gedanken, meine ich."

Hannes nimmt sie an der Hand. „Und ich habe ständig solche Gedanken. Auch wenn ich nicht in einer Kirche bin. Aber jetzt komm weiter."

Sie gehen ein paar Schritte. Dann bleibt Angelika noch einmal stehen. „Bitte sag mir noch ein paar Sätze dazu, zu deinen Gedanken, meine ich ..."

Hannes atmet tief ein. Überlegt einen Moment. „Womit ich nicht so viel anfangen kann, ist die körperliche Vorstellung beim Jüngsten Gericht. So wie Signorelli es darstellt, also ... dass wir wieder in unseren Körpern auferstehen ... Ich ... ja ... wie soll ich sagen ... wissen tut es ja keiner ... aber ich selber glaube tatsächlich an einen Abschied vom Körper ... nach dem Tod ... ich glaube, dann kommt ein unbeschreibliches Licht, eine unbeschreibliche Weite ... Dann kommt ... Staub zu Staub ... Erst der Staub ... Dann das Licht ..." Sternenstaub.

47 When the Man Comes Around

Auch wenn er schon einmal hier war, mit Eva und Marion – es fühlt sich alles neu an für Hannes. Jetzt, im Inneren des Doms, inmitten dieser Fülle von Genialität und Pracht, strömt alle Helligkeit und Weite des Kirchenraums in ihn ein. Wenn er sich vorstellt, wie Alessandra und Peer sich in diesem Moment durch die Enge der unterirdischen Höhlen zwängen … Das Vormittagslicht strahlt durch die Fenster. Er muss tief Luft holen. Kostbar, unendlich kostbar erscheint ihm die Luft, die er hier atmet. Das rechte Maß für den Atem will er nun suchen. Nicht zu viel nehmen. Jetzt wird der Atem ruhiger. Nun kommt das rechte Maß.

Er spürt Angelikas Hand in seiner, fühlt eine Verbindung strömen. Zu ihr. Jetzt erst fangen sie wirklich an, sich kennenzulernen. Unzählige Details könnten sie noch miteinander entdecken. Doch sie haben nicht mehr die Zeit, wie sie die Künstler damals hatten. Beispielsweise die Schöpfer der filigranen Marmorreliefs der Domfassade. Doch Hannes freut sich an jedem kleinen Detail. In der Kunst wie in der Liebe. Er ist dankbar dafür. Und nicht anders wie bei den ersten Liebschaften in seiner Jugend: Die Eifersucht, die Missverständnisse, das Genervtsein, das sich eingeengt fühlen machen eben auch um die Liebe im reifen Alter keinen Bogen.

Der schwere Steinboden, auf dem sie stehen, mag so gar nicht zu dem dünnen Eis Orvietos passen. Der Schein kann eben trügen.

Sie sind in der Kathedrale umhergewandert. Für Hannes ein Spaziergang, der ihn beim Anblick der Säulen, Balken, Statuen, Farb- und Formenpracht wieder und wieder das rechte Maß suchen lässt. Um nicht nur zu staunen und mit den Augen zu nehmen. Auch um zu geben – die Achtung den Künstlern. Erspüren mussten sie das Unaussprechliche, sich auf die Suche machen nach rechter Größe und Form. Nach dem rechten Material, dem rechten Platz. Dem rechten Blick ihrer Figuren, den rechten Farben, dem rechten Körper.

Ähnliche Ungeduld wie bei Giottos Fresken in San Francesco zieht Hannes nun zu den Fresken Luca Signorellis. Seit seinem Besuch vor vielen, vielen Jahren sind sie ihm nicht mehr aus dem Kopf gegangen. Als er Georg das erste Mal besuchte, die italienische Zypresse mit ihrer eleganten Lebensart kennenlernte, da wünschte er sich, diese Bilder noch einmal zu sehen.

Seit vielen Minuten hat Hannes kein Wort gesprochen. Auch Angelika nicht. Sie liest leise in einem kleinen Buch, das sie am Eingang des Doms gekauft hat. Es ist nicht die Zeit, Worte auszusprechen. Es ist gar keine Zeit. Es ist nur Raum.

Die beiden stehen am Altar der Cappella di San Brizio. Hannes blickt auf das Gewölbe. Die Fresken. Das rechte Maß, das man dafür braucht. Er erinnert sich an seinen Besuch mit Georg in der Katharinenkirche. Der Sohn aus reichem Haus. Der die Geschichte von Franz von Assisi kannte. Der wusste, dass Francesco seinem Vater die schönen Kleider zurückgab, weil er einzig das nackte Leben haben wollte.

Georg, er hätte alles gegeben. Wenn er nur das nackte Leben seines Bruders zurückbekommen hätte. Und damit sein eigenes.

Hannes betrachtet das Fresko mit der Predigt des Antichristen. Was ist Schein, was ist Wirklichkeit? Was ist ein fester Untergrund, was ist dünnes Eis?

Wer diese Augen malen kann, die Augen des Antichristen – der weiß, wie das Böse einen verwirren kann. Wie das Böse

Wege findet, um andere zu zerstören. Hannes blickt auf die Personen, denen sich der Antichrist im nächsten Moment zuwenden wird. Sie sind bereit, sich verwirren zu lassen, sich von sich selbst zu entfernen. Eine Frau lässt sich für Prostitution bezahlen. Ein Mann erwürgt einen anderen.

Am linken Bildrand hat Signorelli sich selbst dargestellt. Und auch Fra Angelico, den Künstler, der vor ihm in dieser Kapelle gewirkt hatte. Von Kopf bis Fuß beide in Schwarz.

Mitten in der Renaissance malt Signorelli die Schrecken des Mittelalters. Blickt zurück in die Zeiten von Folter und Gottesurteil.

„Hannes ..." Angelika flüstert. „Störe ich dich in deinen Gedanken?"

Hannes schüttelt den Kopf.

„Ich habe eben gelesen, dass ein Sohn von diesem Maler ... Signorelli ... ermordet wurde. In seinem Schmerz ließ er ihn nackt ausziehen und malte ihn, während er tot vor ihm lag."

Hannes nickt. „Ja, so wird der Künstler selbst zum Schöpfer. Dann kann neues Leben entstehen. Jenseits aller Körperlichkeit. Wenn es in Demut geschieht ..."

„Wie schön du das sagst, Hannes ... Ich krieg gleich ´ne Gänsehaut ... Aber wie, wie meinst du das mit der Demut?"

„Ich meine ... Der Künstler ... beispielsweise Signorelli ... er malt Menschen, die Angst haben, verzweifelt sind, furchtbare Qualen erleiden ... Doch auch er stellt sich diesen Qualen ... Er steigt selbst hinab in solche Schmerzen, liefert sich ihnen aus ... In Signorellis Fall dem Schmerz über den Tod seines Kindes ..."

Hannes' Handy vibriert. „Ah, das wird Peer sein", flüstert er und nimmt das Handy aus seiner Manteltasche. „Nein, es ist eine unbekannte Nummer. Ich gehe nach draußen."

„Ich komme mit."

Als Hannes und Angelika wieder vor der Fassade des Doms stehen, hat das Vibrieren des Handys aufgehört. Nun ruft Hannes die angezeigte Nummer zurück.

„Hallo. Hier ist Sieberg. Haben Sie eben versucht, mich zu erreichen? ..... Frau Kelch ... Was ist ... Ja ... Wenn Sie meinen ... Moment ... Ja, da vorne können wir uns kurz hinsetzen ... Ja ... Ich sitze jetzt ... Frau Kelch, was ..."

Hannes und Angelika sitzen auf zwei großen Terrakotta-Blumentöpfen. Hannes hält sein Handy fest an sein Ohr gepresst. Er atmet schwer. „Nein ... Nein ...". Er lässt seinen Kopf nach vorne fallen. Angelika steht auf, kniet sich vor ihn hin. Ihre Hände umfassen seine Knie. Hannes fängt an zu zittern. Er nimmt Angelikas linke Hand. Er drückt sie ganz fest. Still nickt er immer wieder vor sich hin. Sagt manchmal „Oh mein Gott". Und dann: „Wir wollten übermorgen wieder zurückfahren ... Aber ich denke, wir kommen morgen ... Ja, danke ... "

Hannes macht das Handy aus. Er umfasst es fest, mit beiden Händen. Dann öffnet er die Hände wieder. Er blickt noch eine Weile auf das Display. Als ob er dort noch etwas lesen möchte. Oder noch einmal nachfragen möchte. Oder wartet, dass es noch einmal läutet. Aber das Handy, es bleibt stumm.

48 Der einzige Theatergast (Parkett, Reihe 3, Platz 62)

Anstelle des Orvieto Classico steht eine Flasche Grappa auf der Bar. Und vier Gläser. Keiner sagt einen Ton. Auch der Kellner, der eben noch hinter der Bar stand, hat sich zurückgezogen.

Schließlich nimmt Peer sein Glas und setzt sich an einen kleinen Tisch am Fenster. Stumm blickt er hinaus auf den Domplatz. Erst jetzt, wo er Peer im Profil sieht, merkt Hannes, wie ähnlich er Georg sieht. Wegen des Fußballerbarts, den er trägt, war ihm das bisher nicht aufgefallen.

Hannes schenkt sich noch einen Grappa ein. Als er die Flasche zurück auf die Bar stellen will, sieht er Angelika und Alessandra an. „Entschuldigt bitte … Wollt Ihr auch noch ein Glas?" Die beiden nicken. Die Frauen unterhalten sich leise an der Bar. Hannes nimmt sein Glas und setzt sich zu Peer.

Peer schüttelt wieder und wieder seinen Kopf. „Wie verrückt das Leben sein kann … Wie verrückt und wie grausam …"

Hannes nickt schweigend. Er hat die Arme vor seiner Brust verschränkt. Wie Peer blickt er hinaus auf den Domplatz und die Fassade des Doms. So viel Schönheit, so viel Besonderes gibt es auf der Welt zu entdecken, denkt Hannes. Gerade auf die jungen Leute, auf sie wartet die Schönheit der Welt. Und nun hat ein junger Mensch ein Leben zerstört. Und damit auch sein eigenes. Ich habe neben ihm gesessen, habe ihn getröstet, hab ihn weinen sehen. Damals. In Olgas Wohnung. Er hat sich doch so schnell beruhigt. Er hat es eingesehen.

Ich war zu lasch mit meiner Aussage bei der Polizei. Ich sagte, für mich sei er kein Psychopath. Ich ging von mir aus. Von meinen Erfahrungen mit Liebeskummer und Verzweiflung. Mein Gott. Wenn ich mich anders verhalten hätte, dann würde Olga noch leben.

„Warum?" Peer fängt an zu weinen. „Warum?"

Hannes atmet tief ein. „Das weiß man noch nicht. Vermutlich Eifersucht."

Peer trinkt den letzten Schluck Grappa aus seinem Glas. Wieder und wieder schüttelt er den Kopf. Nun kommen die beiden Frauen und setzen sich zu Hannes und Peer an den Tisch.

Keiner spricht ein Wort.

Schließlich steht Hannes auf. Er geht zum Kellner an die Bar und bezahlt. Dann dreht er sich zu Angelika, Peer und Alessandra: „Ich möchte noch einmal in den Dom, bevor wir fahren." Alle drei nicken.

Das dünne Eis, denkt Hannes bei jedem Schritt, der ihn weiter in Richtung Dom bringt. Die zerbrechliche Erde von Orvieto. Orvieto ist überall. Der Antichrist, er ist überall. Die Prostitution, sie ist überall. Der Mann, der den anderen erwürgt ... Tränen laufen Hannes übers Gesicht. Er schluchzt und weint. Alles tut ihm weh. Das Atmen, das Schlucken. Seine Füße aber, sie laufen wie von selbst. Hannes spürt sie kaum. Bis er schließlich wieder in Signorellis Kapelle steht. Allein. Niemand ist hier außer ihm.

Ganz genau sieht sich Hannes die Augen des Antichristen an. Sie spiegeln die Konzentration wider, mit der der Teufel ihm das Böse einflüstert. Der kalte Hauch einer zerstörerischen Botschaft findet seinen Weg zum falschen Erlöser. Seine Predigt bringt Qual und Tod.

Nun will Hannes weg von diesen Augen. Er geht zurück in den Hauptraum. Da sieht er, wie Angelika ihm entgegenkommt. Er ist froh, sie zu sehen. Mit schnellen Schritten geht sie ihm entgegen. Sie hakt sich bei ihm unter und zieht ihn in Richtung Ausgang. Da bleibt Hannes stehen. Er lässt den Kopf nach unten hängen und fängt wieder an zu weinen. „Erst Georg ... Jetzt Olga ..."

„Komm, Hannes. Lass uns dort hingehen." Angelika zieht ihn in eine Kirchenbank. Sie setzen sich. Angelika nimmt Hannes' Hand, umfasst sie mit ihren beiden Händen.

Hannes schnieft noch immer: „Dieser Junge ... Stefan ... Er muss sich vollkommen verrannt haben, Angelika. Ich hatte doch mit ihm gesprochen. Damals. Dass er zu so etwas fähig ist ..."

Ganz fest streichelt Angelika Hannes' Hände. „Es gibt eben das Böse in der Welt."

„Aber wie soll man damit umgehen? Es ist so schwer ... Wenn ein alter Mensch stirbt, der sein Leben gelebt hat, das ist der Lauf der Welt. Aber ein junger Mensch, der ermordet wird ..." Wieder fängt Hannes zu weinen an.

„Tja, wie soll man damit umgehen?" Angelika blickt ernst nach unten. Auf ihre und Hannes' Hände. „Weißt du, Hannes, ich habe schon als Kind viele Gespräche über den Tod mitbekommen. Auch über gewaltsame Tode. Natürlich war das meiste davon nicht für meine Ohren bestimmt. Aber als Einzelkind ist man ja immer mit einem Ohr bei den Eltern."

Hannes denkt an Marion. Wenn auch sie oft mit einem Ohr bei ihm und Eva war, dann hat sie auch mehr mitbekommen, als ihm lieb sein konnte. Seine Komplimente, seine Bewunderung für Eva. Ihre Figur, ihre Kochkünste, ihre Belesenheit. Wie musste sich sein pummeliges kleines Entlein da in seinem Kinderzimmer gefühlt haben ...

„Mein Vater war ja wie gesagt Pastor. Und er hat die Seelsorge für seine Gemeinde sehr ernst genommen. Er war immer für andere da. Zu jeder Tages- und Nachtzeit konnten die Leute zu ihm kommen. Und er war auch ... Gefängnisseelsorger."

Hannes horcht auf.

„Oh ..."

„Ja ... Meine Mutter hat sich all die Jahre gefragt, wie er das aushalten kann ... Weder sie noch ich kannten irgendwelche Details von den Häftlingen oder ihren Vergehen. Das unterliegt ja alles der Schweigepflicht. Mein Vater hat immer gesagt: *Jeder Mensch hat es verdient, dass man ihm zuhört.* Zuhören konnte mein Vater wirklich gut. Ich glaube, das fehlt vielen Menschen heutzutage. Die kreisen nur um sich selbst."

Hannes nickt. Er denkt an die Sätze von Marga: *Du bist doch dein Leben lang nur um dich selbst gekreist.* Der Falke, der zwar über den anderen kreist, der stets meint, alles im Blick zu haben, alles aus höherer Warte zu sehen – der ist immer nur um sich selbst gekreist. „Ich kann mich erinnern, dass Stefan in unserem Gespräch damals erwähnt hat, dass sein Vater ihm nie zugehört hat. Ihn nie in den Arm genommen hat. Aber was ..." Hannes fängt wieder zu weinen an „ ... was ... konnte Olga dafür?"

Die Worte in seinem Inneren sind: „Was kann ich denn für mein Kreisen um mich selbst? Ich hatte auch nie einen Vater, der mir hätte zuhören können!!"

Hannes fühlt sich so klein. So einsam.

Doch wie muss es einem Vater gehen, der gerade erfährt, dass sein Kind ermordet wurde. Und der sich fragt: Wie kann Gott das zulassen?

„Das Böse ist eben eine Realität in unserem Leben. Mein Vater hat immer gesagt: *Gott hat uns den freien Willen gegeben. Und wenn wir uns für das Böse entscheiden, dann lebt es durch uns. Dann schaffen wir das Böse in der Welt. Das Böse ist etwas vom Menschen Geschaffenes. Nicht von Gott.*"

„So habe ich das noch nie betrachtet ..."

„Solche Gedanken können natürlich helfen. Aber trotzdem bleibt bei den Familien meist die Verzweiflung. Dieser Blick auf das Böse bleibt oft ein Versuch, ein kleines Steinchen auf dem Weg, das Schreckliche zu verarbeiten. Übrigens ist auch Herr Hofacker in der Gefängnisseelsorge tätig."

Hannes hebt den Kopf. Er nickt nachdenklich.

Angelika spricht weiter: „Mein Vater und er waren quasi Kollegen. Auch wenn mein Vater wesentlich älter war als Robert."

„Robert?"

„Herr von Hofacker ... Ich glaube, jetzt sollten wir langsam gehen. Peer und Alessandra warten. Wir fahren ja knapp zwei Stunden zurück nach Assisi. Und dann müssen wir noch packen."

Hannes nickt.

Im Hinausgehen denkt Hannes an Angelikas transplantierten Lungenflügel. Wenn wir wüssten, dass ein Spenderorgan von einem Mörder kommt – würden wir es dann nicht nehmen?

49 Der See an Ostern

Alessandra scheint ihre Quirligkeit im Hotel in Assisi zurückgelassen zu haben. Mit verschränkten Armen und nachdenklichem Gesichtsausdruck sitzt sie auf dem Beifahrersitz. Die italienische Quirligkeit sprudelt lediglich aus dem Autoradio. Nun dreht Peer das Radio leiser.

„Du kannst auch ausmachen," sagt Alessandra zu ihm.

„Wenn das Radio leise vor sich hinschnattert, ist es ok für mich. Für euch auch?" Peer sieht fragend in den Rückspiegel.

„Jaja, für uns auch." Er beugt sich zu Angelika und fragt leise: „Oder?"

Angelika nickt.

Hannes lehnt sich zurück und nimmt Angelikas Hand. Durch das leise Klanggewaber des Radios vorne bei Peer und Alessandra haben er und Angelika quasi ein Abteil für sich. So fühlt es sich für Hannes an. Wie sonst im Speisesaal des Heims, denkt er. Erst wenn ein gewisses Hintergrundrauschen da ist, hat man wirklich seine Ruhe.

„Hast du auch mit Hofacker über seine Arbeit als Gefängnisseelsorger gesprochen?"

„Ja ... Schon." Nach einer kleinen Pause spricht Angelika weiter. „Nicht über Details. Klar. Aber zum Beispiel, wie er dazu kam. Er erzählte mir einmal, dass er so etwas wie einen Ruf in sich vernommen habe. So etwas zu machen. Er meinte, diese scheinbare Unvereinbarkeit, das Verbrechen, die Gewalt auf der einen Seite – und das Verzeihen auf der anderen, das sei für ihn immer wieder aufs Neue ein Versuch, ein kleiner Schritt. Einmal wurde er bei einem Gespräch von einem Häftling mit einem Messer angegriffen. Das hat ihm einen schweren Schock versetzt. Doch er hat weitergemacht. Seit dieser Zeit steht das Bild von Dietrich Bonhoeffer auf seinem Schreibtisch. Das gibt ihm Kraft, sagt er."

Hannes nickt. Er erinnert sich an das Bild auf Hofackers Schreibtisch.

„Robert sagt immer: Wenn er an Dietrich Bonhoeffer und sein Leben und Sterben denkt, dann ist für ihn Ostern. Denn voller Zuversicht ist dieser Mann seinem Tod entgegen gegangen. Seine letzten Worte sollen gewesen sein: *Dies ist das Ende, für mich der Beginn des Lebens.* Schon als junger Mann hatte Bonhoeffer sich viel mit Tod und Auferstehung beschäftigt. Doch nicht als Weltflucht. Mein Vater sagte auch immer: *Wir müssen beides sein. Bereit für die Ewigkeit – aber auch offen für das, was die Erde uns schenkt und auch von uns fordert.*"

Hannes nickt. Ja, Ostern. Er denkt an seinen Baum am See. Wie das Wasser leuchtet. Und die Blätter rauschen. Dann sagt er leise, fast tonlos: „Ich wollte Sinn machen auf der Erde ..."

„Es müssen nicht immer große Ziele erfüllt werden, Hannes. Auch und ganz besonders die kleinen Wege, die sind wichtig und wertvoll. Schau, in seinen Gesprächen mit den Häftlingen erlebt Robert Hofacker auch immer wieder Rückschritte, Enttäuschungen. Aber manchmal ergeben sich wirklich neue Wege. Dass ein ehemaliger Häftling tatsächlich wieder zurück in ein neues Leben findet. Ein resozialisiertes. Aber es ist sehr schwer. Denn selbst wenn jemand den festen Vorsatz hat, in ein neues Leben zu starten – die Kontakte, die diese Leute haben, machen es ihnen oft unmöglich, das Alte hinter sich zu lassen. Die Verführung bekommt dann schnell ihre alte Macht zurück ..."

Hannes nickt schweigend. Er denkt an Marion. Sie hat sich lange nicht gemeldet. Ob es ihr gelingen wird, das Alte hinter sich zu lassen? Ob sie nicht zu sehr verstrickt ist mit ihrer Vergangenheit? Allein durch ihre Kinder ist sie verstrickt. *Wenn sie ein Vöglein wär ...* Hannes denkt an das alte Volkslied.

Ja, die Macht der Verführung. Er denkt an den Teufel in der Kapelle in Orvieto. Wie fest er den Antichristen im Blick und im Griff hat. Er sieht die traurigen Augen der jungen Prostituierten in der Nähe des Antichristen vor sich. Sie trägt ein rotes Kleid. Ein alter Mann mit grauem Haar gibt ihr Geld.

Und er sieht, wie jemand erwürgt wird. Es ist eine Frau. Mit blondem Haar. Und blauen Augen.

Olga. Ihre lächelnden blauen Augen, wenn sie ihm morgens seinen Kaffee brachte. Jetzt liegt sie in einem Kühlraum in der Pathologie. Doch nicht sie liegt da ... Nur ihre Hülle ... *Steh weinend an meiner Bahre nicht ... Ich bin nicht da ... Ich schlafe nicht ... Ich bin das Glitzern auf dem Schnee ... Ich bin das rasche Aufflattern der Vögel, die still ihre Kreise ziehen ...*

Nun liegt sie nackt auf einer Bahre. Nackt und kalt. Ihre Eltern werden sie so sehen. Mein Gott. Das zarte Gesicht, die langen blonden Haare, ihre schöne Haut. Sie werden die Würgemale sehen. Mein Gott. Blaue und rote Würgemale werden sie sehen. An ihrem zarten Hals.

Hannes läuft ein Schauer über den Rücken. Das Rotkehlchen. Oh mein Gott. Das Rotkehlchen. Auf meiner Terrasse. Es wollte zu mir. Es hat mich besucht. Immer alleine. Bis es schließlich nicht mehr kam.

Da liegt es nun. Erwürgt. In Signorellis Kapelle. Das hübsche Rotkehlchen mit den blauen Augen. Da weint sie, die junge Frau mit dem roten Kleid. Und verhüllt ihren Unterleib.

Hannes geht zu den beiden schwarz gekleideten Malern am linken Bildrand. Sie nicken ihm zu. Sie grüßen ihn. Sie nennen ihn bei seinem Namen.

Hannes wird kalt. Er fängt an zu zittern.

Angelika scheint seine plötzliche Unruhe zu spüren. „Hannes, was ..."

„Peer ...". Hannes beugt sich nach vorne. „Machen wir am Gardasee wieder eine Pause?"

Peer nickt.

Hannes hält Angelikas Hand noch immer fest in seiner Hand. Nun drückt er sie. Sie sieht ihn besorgt an. Doch er versucht zu lächeln.

Als die vier später in einer Bar am Südende des Gardasees sitzen, entschuldigt sich Hannes. Er geht nach draußen. Es weht ein kühler Wind. Doch die Sonne scheint. Er setzt seine Mütze auf. Er klappt den Mantelkragen hoch. Er geht an dem kleinen Hafen vorbei. Weiter den Uferweg entlang. Bis er an einer Stelle unterhalb des Weges einen langgezogenen Kiesstrand entdeckt. Hannes geht hinunter. Ganz nah ist er nun am Wasser. Die sanften Wellen schwappen bis kurz vor seine Schuhspitzen.

Hannes geht in die Hocke. Er schließt die Augen. Er hält seinen Kopf der Sonne hin. Golden leuchtet es unter seinen geschlossenen Augenlidern. Auf einmal faltet sich ein bunter Fächer auf. Alle Farben sieht er leuchten. Jede ist wichtig, jede gehört dazu. Ein warmes Licht strahlt in sein Herz. Immer wärmer durchströmt ihn ein sanfter Wirbel von bunten Strahlen. Er hört seinen eigenen Atem. Immer lauter wird sein Atem. Sein Brustkorb hebt und senkt sich. Er sieht die beiden schwarz gekleideten Maler aus der Kapelle in Orvieto vor sich. Sie kommen auf ihn zu. Sie sprechen ihn an. Sie nennen ihn ... *Siegfried*. Nun bewegt sich der bunte Fächer. Er spürt einen kühlen Windhauch neben sich. Links und rechts. Aus dem Hauch wird ein starkes Wehen. Ein Flattern. Laut flattert es neben ihm. Er spürt, wie er leicht wird. Ganz leicht. Seine Fußspitzen nehmen noch eine sanfte Berührung wahr. Was ist es? Was war es?

Jetzt ist es ... Licht.

Printed in Poland
by Amazon Fulfillment
Poland Sp. z o.o., Wrocław